MARIO LÜDDEMANN

REICH IN 60 MINUTEN

MARIO LÜDDEMANN

REICH IN 60 MINUTEN

Investieren wie die Profis

DEUTSCHER
WIRTSCHAFTSBUCH
VERLAG

Bibliografische Information der Deutschen Nationalbibliothek
Die Deutsche Nationalbibliothek verzeichnet diese Publikation in der Deutschen Nationalbibliografie; detaillierte bibliografische Daten sind im Internet über
dnb.dnb.de abrufbar.

Wir freuen uns auf eure Anregungen und Fragen
info@deutscherwirtschaftsbuchverlag.com

Wichtiger Hinweis
Die im Buch veröffentlichten Empfehlungen wurden von Verfasser und Verlag erarbeitet und geprüft. Der Inhalt dieses Buches beruht ausschließlich auf den persönlichen Erfahrungen des Autors und erhebt keinen wissenschaftlichen Anspruch. Die benutzten Begrifflichkeiten sind wertfrei. Eine Garantie kann dennoch nicht übernommen werden.
Ebenso ist die Haftung des Verfassers bzw. des Verlages und seiner Beauftragten für Personen-, Sach- und Vermögensschäden ausgeschlossen.

1. Auflage 2026

Christoph-Rodt-Straße 11, 86476 Neuburg an der Kammel
www.deutscherwirtschaftsbuchverlag.com

Auch wenn eine gendergerechte Sprache wünschenswert ist, gibt es aus Sicht des Verlages bisher keine befriedigende, gut lesbare Lösung. Der leichten Lesbarkeit zuliebe haben wir des Öfteren von der Doppelung männlicher und weiblicher Formen Abstand genommen. Selbstverständlich liegt es uns fern, dadurch einen Teil der Bevölkerung zu diskriminieren.

Redaktion: Ilona Jaeger
Korrektorat: Anke Schenker
Satz: inpunkt[w]o, Wilnsdorf (www.inpunktwo.de)
Cover- und Umschlaggestaltung: www.b3k-design.de, © 2026 Andrea Schneider & diceindustries
Druck: GGP Media GmbH, Pößneck
Printed in Germany

ISBN Print: 978-3-69066-184-3
ISBN E-Book (PDF): 978-3-69066-186-7
ISBN E-Book (EPUB, Mobi): 978-3-69066-185-0

INHALT

VORWORT

Kennst du dieses Gefühl, wenn du morgens aufwachst und sich alles anfühlt wie ein einziger endloser Kreislauf? Du stehst auf, gehst zur Arbeit, gibst dein Bestes und bekommst dafür auch Gehalt. Vielleicht bist du auch selbstständig und verdienst damit bereits gutes Geld. Trotzdem arbeitest du nach wie vor FÜR dieses Geld, und davon, dass dein Geld für DICH arbeitet, bist du weit entfernt. Auch wenn du schon investierst: Am Monatsende bleibt kaum mehr Geld übrig. Von echtem Vermögensaufbau ganz zu schweigen.

Es fühlt sich an, als würdest du in einem Hamsterrad deine Runden drehen. Du reißt dir gewissermaßen jeden Tag den Hintern auf – aber dein Geld sitzt derweil faul auf dem Konto und macht nichts. Egal, wie schnell du läufst, egal, wie viel du schon investiert hast – du kommst nicht wirklich vom Fleck.

Damit bist du nicht allein. So geht es Millionen von Menschen. Sie arbeiten hart, sparen, bemühen sich, alles richtig zu machen, und sind und bleiben dennoch weit entfernt von echter finanzieller Freiheit. Ich weiß, wovon ich spreche, denn ich habe genau das erlebt. Mein Vater war Schichtarbeiter, meine Mutter stand im Einzelhandel an der Kasse. Und als mein Vater früh starb, wurde es finanziell von einem Moment auf den anderen bei uns sehr eng. Wir mussten jede D-Mark umdrehen. Das war kein schönes Erlebnis, und für mich wurde damals klar: So möchte ich nicht dauerhaft leben. Ich wollte etwas verändern, wollte finanziell frei sein, nicht mehr auf das Geld schauen müssen. Andere schafften das doch auch, oder? Also sollte es möglich sein, dass Geld auch für mich nicht mehr jeden Tag ein Thema sein musste! »Wenn ich finanziell frei sein will, muss ich mein Geld für mich arbeiten lassen«, das wurde mir mehr und mehr klar. Nicht umgekehrt, so wie die meisten Menschen das machen.

Die meisten Deutschen sparen sehr diszipliniert und brav. Nur leider verlieren sie dabei trotzdem, denn ihr Erspartes wird in Zahlen zwar manchmal sogar mehr, wenn sie fleißig sind und fast jeden Euro zurücklegen, aber die Kaufkraft dieses Geldes wird trotzdem immer weniger. Im Schnitt liegt die Sparquote in Deutschland bei rund 10 Prozent, das heißt, von je 100 Euro werden etwa 10 Euro gespart.[1] Das ist nicht wenig, wenn du überlegst, wie stark die Mieten gestiegen sind und wie viel teurer der Einkauf im Supermarkt heute im Vergleich zu dem vor zehn Jahren ist. Trotz all dieser Sparerei sind die meisten Deutschen nicht reich, und trotzdem lieben sie weiterhin ihr Sparbuch, das Tagesgeldkonto, Festgeld, also alles, was sicher klingt. Aber sicher heißt in diesem Fall leider: sicher ineffizient. Im Durchschnitt liegt die Rendite[2] der deutschen Sparer bei 2,2 Prozent. Bei einer Inflation von 3 Prozent bedeutet das: Unser Geld verliert jedes Jahr real an Kaufkraft. Kein Wunder, dass viele sich fühlen, als würden sie in Full Speed im bereits erwähnten Hamsterrad auf der Stelle treten. Was also ist die Lösung? Investieren!

---

1 https://www.destatis.de/DE/Presse/Pressemitteilungen/Zahl-der-Woche/2024/PD24_44_p002.html

2 Die Rendite zeigt, wie viel Gewinn dein Investment im Verhältnis zum eingesetzten Kapital abwirft – meist in Prozent pro Jahr. Sie ist ein zentraler Maßstab für den finanziellen Erfolg deiner Strategie.

VIELE ANLEGER – EIN PROBLEM

Die meisten Menschen, die anfangen, sich mit Geldanlage zu beschäftigen, tun das mit besten Absichten. Sie sparen fleißig, sie stecken ihr Geld in »sichere« Anlagen, vertrauen auf Ratschläge von Banken, Versicherungen oder Freunden. Und trotzdem passiert oft nichts oder nur wenig, die Renditen bleiben überschaubar oder, noch schlimmer, das Vermögen schrumpft, weil sie falsche Entscheidungen treffen. Und dann fragen sie sich eines Tages frustriert: Wieso funktioniert das mit dem Vermögensaufbau bei mir nicht? Was mache ich falsch?

Ich habe das alles selbst durchlebt. Als ich begonnen habe, zu investieren, hatte ich mein Depot[3] von 5000 auf 50.000 D-Mark ausgebaut. Dann habe ich alles in eine einzige Aktie gesteckt – BID[4] hieß die. Zwei Tage später wurde deren Handel ausgesetzt,[5] und die Aktie fiel um 90 Prozent. Innerhalb von 48 Stunden war ich wieder bei 5000 D-Mark. Ich habe damals völlig fassungslos zu meiner Frau gesagt: »Wir haben alles verloren.« Ihr Gesicht werde ich nie vergessen. Ich kam mir vor wie der letzte Versager. Das war mein emotionaler Tiefpunkt. Aber genau daraus habe ich gelernt, demütig zu sein, Risikomanagement zu betreiben – und vor allem, dass man an der Börse nicht zocken darf.

---

3 Ein Depot ist dein persönliches Konto für Wertpapiere wie Aktien oder ETFs. Dort werden Käufe, Verkäufe und dein aktueller Bestand verwaltet.

4 Die Aktie mit dem Kürzel BID bezieht sich auf die Beteiligungen im Diskontbereich AG, ein spekulatives Investmentvehikel aus den 1990er-Jahren. Das Unternehmen erregte kurzfristig Aufmerksamkeit durch hohe Kurssteigerungen, war jedoch kaum reguliert und intransparent. Nach der plötzlichen Aussetzung des Handels im Jahr 1997 kam es zu einem massiven Kurseinbruch von über 90 Prozent, was viele Kleinanleger hart traf. Der Fall gilt heute als klassisches Beispiel für die Risiken hochspekulativer Einzelwerte ohne fundamentale Substanz.

5 Das bedeutet, dass eine Aktie oder ein ganzer Markt **vorübergehend nicht gehandelt werden darf**. Gründe sind meist starke Kursbewegungen oder wichtige Nachrichten. Die Pause soll Panik verhindern. Danach geht's normal weiter – oft mit einer kräftigen Kursreaktion.

Wenn ich mit Menschen spreche, die Geld anlegen, höre ich immer wieder dieselben Sätze:

- »Ich habe doch extra einen Fonds[6] gekauft – aber der bringt kaum was ein.«
- »Ich habe das Geld auf dem Tagesgeldkonto – da ist es wenigstens sicher.«
- »Ich habe keine Zeit, mich mit Aktien auseinanderzusetzen.«
- »Ich habe kein großes Startkapital – also lohnt sich das mit dem Investieren für mich ohnehin nicht.«

Und weißt du was? All diese Aussagen sind verständlich. Aber sie sind auch gefährlich. Denn sie basieren auf Mythen, Halbwissen und einem veralteten Verständnis von Geldanlage. Genau hier beginnt das eine Problem. Den meisten Menschen fehlt nicht der Wille, finanziell frei zu werden, sondern das Wissen, wie es geht.

Viele Privatanleger glauben, dass es ausreicht, ein wenig zu sparen oder ein Finanzprodukt zu kaufen, und dass sich der Rest dann von allein regelt. Aber das tut er nicht. Denn in der Finanzwelt gilt: Wer nicht weiß, was er tut, der zahlt Lehrgeld. Und glaube mir, ich spreche da aus Erfahrung. Ich habe selbst schon reichlich Lehrgeld gezahlt.

Dabei gibt es reichlich Alternativen zu »irgendwelchen Finanzprodukten«. In Ländern wie Italien oder den USA investieren deutlich mehr Menschen in Aktien als hierzulande und erzielen durchschnittliche Renditen von 7 bis 9 Prozent. Diese Zahlen zeigen klar, dass finanzieller Erfolg nicht am Einkommen liegt, sondern vielmehr an der Entscheidung, dass du dein Geld arbeiten lässt – und zwar richtig.

Und genau hier komme ich ins Spiel.

---

6 Ein Fonds ist ein Investmentprodukt, in dem das Geld vieler Anleger gebündelt wird, um es breit gestreut in Aktien, Anleihen oder andere Werte anzulegen. Professionelle Fondsmanager treffen dabei die Anlageentscheidungen – mit dem Ziel, eine möglichst stabile Rendite zu erzielen und das Risiko zu streuen.

MEINE GESCHICHTE

Ich habe vor über 30 Jahren angefangen, mich intensiv mit dem Kapitalmarkt zu beschäftigen. Damals betrug mein Startkapital 5000 D-Mark. Das war kein Vermögen, doch für mich war es eine Menge Geld, und ich hatte damit viel vor: Ich wollte frei sein, finanziell unabhängig und nicht wie meine Eltern täglich schuften, um gerade so über die Runden zu kommen.

1996 gab es eine Werbung mit Manfred Krug. Er war für: »Die Volksaktie – kaufen Sie Telekom«. Also habe ich damals meine 5000 D-Mark genommen und in die Telekom-Aktie investiert. Ich saß dann direkt nach meiner Investition vor dem Fernseher und sah bei n-tv, wie der Kurs gleich am ersten Tag 20 Prozent nach oben schoss. Da habe ich mir gedacht: Wenn Börse so funktioniert, dann will ich das lernen!

Heute bin ich nicht nur selbst Investor, sondern zeige jährlich auch Tausenden Menschen, wie sie ihr Geld erfolgreich anlegen – mit klarer Strategie, gesundem Menschenverstand und ohne, dass sie jeden Tag Stunden vor dem Rechner hängen müssen. Denn dein Geld für dich arbeiten zu lassen ist einfacher, als du denkst. Du musst nur verstehen, worauf es WIRKLICH ankommt. Und genau darum geht es in diesem Buch.

Dieses Buch ist für alle, die ihre Geldentscheidungen endlich selbstbewusst und klar treffen wollen. Für alle, die sagen: »Ich will wissen, wie ich mein Geld für mich arbeiten lassen kann. Ich will Investitionen verstehen. Und ich will es besser machen als bisher.« Dieses Buch ist für alle, die finanziell frei sein wollen, genauso wie ich es heute bin.

IRREN IST MENSCHLICH – FALSCH HANDELN DÄMLICH

Auch du kannst dir ein Vermögen aufbauen – selbst dann, wenn du kein hohes Startkapital hast. Ich selbst habe mit besagten 5000 D-Mark begonnen. Einige Jahre später, im Alter von 33, hatte ich die ersten 100.000 Euro auf dem Konto. Und ich kann euch sagen: Die ersten 100.000 sind die schwersten. Danach ging es viel schneller – mit 35 hatte ich bereits die erste Million. Und das alles aus meinen 5000 D-Mark Startkapital. Nicht durch Glück – sondern durch Wissen, Disziplin und eine klare Strategie.

Diese Strategie, mit der es auch dir gelingen kann, finanziell frei zu werden, werde ich im Laufe dieses Buches mit dir teilen. Doch vorab lass uns über das sprechen, was dich bisher zurückgehalten hat. Wahrscheinlich hast du nie gelernt, wie du richtig investierst, oder dich auf Empfehlungen von Bekannten oder YouTubern verlassen. Vielleicht hast du auch gedacht: »Aktien sind nur was für Zocker« oder »Dafür habe ich doch meinen Banker«. Vielleicht hast du schon zahlreiche Fehler gemacht – aber ganz ehrlich: Wer hat das nicht? Die meisten Fehler entstehen nicht aus Dummheit, sondern aus falschen Versprechungen. Und genau da setzen wir an.

Vielleicht wurdest du von Menschen beraten, die keine Verantwortung für dein Ergebnis tragen. Oder du hast auf Produkte gesetzt, die dem Anbieter mehr nutzen als dir. Ich will dich oder diese Anbieter gar nicht verurteilen – im Gegenteil. Es ist menschlich, sich auf das zu verlassen, was einem »sicher« erscheint. Und die Anbieter dieser Produkte möchten auch Geld verdienen, so funktioniert die Branche nun einmal. Doch wenn du eines Tages finanziell unabhängig sein willst, dann ist jetzt der Moment, umzudenken.

In diesem Buch zeige ich dir, wie du ab sofort den Spieß umdrehen kannst. Wie du wegkommst von zinslosen Konten, teuren Fonds und Angst vor der Börse und stattdessen dein Geld gezielt und klug einsetzt. Du musst dafür kein Finanzprofi sein. Aber du musst bereit sein, alte Denkmuster und Glaubenssätze zu hinterfragen.

Denn genau das ist der Punkt: Die richtige Einstellung zu Geld ist mindestens so wichtig wie die richtige Strategie. Wenn du nicht denkst wie ein Investor, dann nützt dir die beste Methode nichts – du wirst dich unbewusst selbst sabotieren. Deshalb wirst du in diesem Buch immer wieder auf Kapitel stoßen, in denen es um Mindset, Glaubenssätze und typische Fehler geht. Vielleicht auch mehrfach. Und das ist Absicht.

Zu verstehen, wer du bist und warum du finanziell dort stehst, wo du gerade stehst, ist entscheidend, um langfristig Vermögen aufzubauen. Wenn du schon investierst, kennst du manches davon vielleicht. Lies es trotzdem. Vielleicht entdeckst du bei dir noch den ein oder anderen Denkfehler, den du bisher bei deiner Strategie übersehen hast.

Und wenn du lieber gleich loslegen willst – kein Problem. Du kannst direkt zur Strategie springen und sofort praktisch einsteigen. Dann blättere jetzt weiter zum Kapitel »Dein Umsetzungsplan in 7 Schritten«. Und wenn du schon investiert bist und noch tiefer einsteigen willst: Für Fortgeschrittene gibt es im Anhang zusätzlich vertiefende Materialien, Rechenbeispiele und Profi-Strategien.

Am Ende entscheidest du selbst, wie tief du in die Materie eintauchst. Lies dich ein, probiere aus und finde heraus, was zu dir passt.

Bevor wir in die Details einsteigen, lass uns kurz über das sprechen, was dich vielleicht – ohne dass du es merkst – schon seit Jahren bremst. Denn die meisten Menschen scheitern nicht an fehlendem Wissen, sondern an dem, was sie über Geld zu wissen glauben.

Vielleicht kennst du manche dieser Glaubenssätze:

- »Aktien sind gefährlich.«
- »Schließ lieber eine Lebensversicherung ab, das ist sicher.«
- »Nur die Reichen werden immer reicher.«
- »Sparen ist das A und O.«

Diese Sätze haben sich über Jahre bei vielen von uns eingebrannt, und genau deshalb landen viele Menschen bei Sparkonten, die nichts abwerfen, Versicherungsprodukten oder staatlich geförderter Altersvorsorge. Du glaubst, dein Geld sei dort gut aufgehoben – bis du eines Tages merkst, dass nichts passiert. Dein Vermögen wächst nicht. Deine Rendite dümpelt irgendwo zwischen 0 und 1 oder 2 Prozent herum – wenn überhaupt.

Und genau jetzt kommt das Traurige: Viele, die ihr Geld so angelegt haben, geben eines Tages ganz auf und stellen fest: »Das bringt nichts. Dann gebe ich mein Geld lieber aus, so habe ich wenigstens etwas davon.« Und genau diese Denkweise verbaut vielen Menschen die Chance auf ein besseres Leben. Vielleicht geht es dir gerade genauso. Vielleicht spürst du, dass da noch mehr möglich ist, aber du weißt nicht genau, wo du anfangen sollst. Genau dafür ist dieses Buch da.

Hier ein Beispiel: Ein Teilnehmer von meinem letzten Mentoring hatte über Jahre hinweg brav in eine klassische private Lebensversicherung eingezahlt. Und zwar insgesamt rund 5000 Euro. Als die Versicherung fällig war, lag der Auszahlungsbetrag bei 3700 Euro. Er war fassungslos. Er hatte auf das gehört, was ihm von seiner Bank empfohlen wurde, und musste nun entscheiden, wie es weitergehen sollte – mit weniger Geld als vorher.

Ein anderer Kunde – selbstständig, Anfang 50 – kam zu mir mit der Frage, ob er überhaupt noch etwas tun könne, um für das Alter vorzusorgen und zudem zu investieren. Er dachte, es sei bereits zu spät und er hätte keine Zeit mehr. Außerdem hatte er kaum Geld übrig, um es anzulegen. Heute weiß er: Zeit ist nur dann ein Problem, wenn man keine Strategie hat. Und Geld ist nur dann zu wenig, wenn man es nicht arbeiten lässt. Mit einem klaren Plan hat er innerhalb weniger Monate eine solide Anlagestruktur aufgebaut und ist heute auf einem richtig guten Weg, das Beste aus seiner verbleibenden Zeit und seinen finanziellen Möglichkeiten zu machen.

Was ich dir damit sagen will: Es ist nie zu spät. Und du benötigst kein Studium in Finanzmathematik oder die neuesten, hochkomplizierten Aktien-News, um klüger zu investieren. Du brauchst nur das richtige Wissen und den Mut, alte Denkweisen loszulassen.

Ich selbst habe reichlich Fehler gemacht auf meinem Weg. Ich erinnere mich noch gut an die Zeiten, bevor ich angefangen habe, mein Geld für mich arbeiten zu lassen. Eines Tages lag ein grauer Brief von der Bank im Briefkasten: 40.000 D-Mark Schulden. Meine Eltern konnten nicht helfen. Meine Freundin – heute meine Frau – hat damals für mich gebürgt. Sie sagte: »Mario, obwohl du hier Mist gebaut hast, glaube ich an dich.« Das werde ich ihr nie vergessen, und ich habe mir damals geschworen, ab sofort alles anders zu machen. Zwei Jahre später war ich schuldenfrei. Zwei weitere Jahre später hatte ich meine erste Million.

Vergiss alle vermeintlichen Fehler, die du bisher gemacht hast. Ich mag das Wort »Fehler« sowieso nicht. Denn es waren keine Fehler, sondern Erfahrungen. Und dieses Buch ist der Anfang, es ab jetzt besser zu machen: mit der einfachsten Investmentstrategie der Welt.

DIE EINFACHSTE INVESTMENTSTRATEGIE DER WELT

Was du in diesem Buch lernen wirst, ist eine verblüffend einfache, praxiserprobte Strategie, die du auch als Einsteiger anwenden kannst. Und wenn du dich bereits mit Investments auseinandergesetzt hast, dann wird dir diese Strategie aufzeigen, wie du mit weniger Aufwand, als du vermutlich bisher betreibst, mehr erreichen kannst. Du brauchst ab sofort keine weiteren 100 Bücher oder stundenlange YouTube-Videos, keine komplizierten Chartanalysen[7] und auch keine stundenlange Recherche, um dein Geld erfolgreich zu investieren. Die beste Investment-

---

7 *Chartanalysen* (auch technische Analysen genannt) untersuchen Kursverläufe von Aktien, um Muster und Trends zu erkennen. Anhand dieser Muster versuchen Anleger, zukünftige Kursbewegungen vorherzusagen – unabhängig von den wirtschaftlichen Kennzahlen des Unternehmens.

strategie der Welt existiert bereits. Ich habe sie für dich getestet und optimiert und werde sie dir in diesem Buch Schritt für Schritt vorstellen.

Über die letzten Jahrzehnte hat es mich immer fasziniert, wie große Investoren es geschafft haben, zu Lebzeiten enorme Vermögen aufzubauen. Angefangen damals mit André Kostolany, aber vor allem mit Warren Buffett, der es geschafft hat, über 150 Milliarden US-Dollar Gewinn zu erzielen.

Daraufhin habe ich mich gefragt: Wie agieren eigentlich diese Investoren? Was haben sie gemeinsam? Aus dieser Überlegung entstand die Idee, die 144 größten Investoren genauer zu analysieren und zu schauen, in welche Aktien sie investieren. So konnten wir die größte Schnittmenge herausarbeiten, und genau diese nutzen wir für die Strategie »Reich in 60 Minuten«, um die entsprechenden Aktien zu handeln. Und diese Strategie funktioniert seit Jahrzehnten nahezu perfekt, das werde ich dir im Verlauf dieses Buches anhand von glasklaren Zahlen aufzeigen.

Dabei ist mir etwas Entscheidendes aufgefallen: Obwohl diese Informationen öffentlich zugänglich sind – sie stammen aus den sogenannten 13F-Daten der US-Börsenaufsicht SEC (mehr dazu, was das für Daten sind, erfährst du im Verlauf dieses Buches) –, nutzen nur wenige dieses Wissen wirklich konsequent. Genau darin liegt dein Vorteil: Du bekommst mit diesem Buch einen echten, legalen Informationsvorsprung an die Hand. Die »Reich in 60 Minuten«-Strategie ist ein Werkzeugkasten, der dich unabhängig macht, selbst wenn du kein Börsenprofi bist. Alles, was du brauchst, ist etwas Neugier und die Bereitschaft, dein Geld selbstbestimmt zu verwalten.

Aber Achtung: »Reich in 60 Minuten« heißt nicht »Reich von selbst«. Es bedeutet nicht, dass du nichts tun musst. Lies mit offenem Geist, triff kluge Entscheidungen und hab den Mut, loszugehen. Dieses Buch präsentiert dir keine Fantasie. Es gibt dir Werkzeuge an die Hand. Und wie bei jedem guten Werkzeug gilt: Es bringt dir nur dann etwas, wenn du es auch nutzt.

Deshalb findest du am Ende jedes Kapitels die drei wichtigsten Schritte, die du sofort umsetzen kannst. Denn auch wenn viele vom »schnellen Geld« träumen – echter Vermögensaufbau benötigt Klarheit, Disziplin und den Mut, loszugehen. Zwar sieht es so aus, als ob manche Menschen über Nacht reich werden, doch in Wahrheit ist ihr Erfolg nur das Ergebnis jahrelanger Vorbereitung.

Wenn du konsequent dranbleibst und die »Reich in 60 Minuten«-Strategie wie in diesem Buch beschrieben umsetzt, sind langfristig 12 Prozent pro Jahr realistisch. In unseren Backtests[8] erreichen wir sogar mehr[9], und ich habe lange überlegt, ob ich hier eine höhere Zahl nennen soll. Schließlich klingen 15 Prozent besser als 12, und die Differenz kann schnell einige Hundert, Tausend oder sogar Hunderttausend Euro ausmachen, je nachdem, wie viel Geld du investieren möchtest. Doch ich habe mich bewusst dagegen entschieden. Denn der Markt schwankt, das ist völlig normal. Und Prognosen enthalten immer einen gewissen Grad an Unsicherheit. Deshalb nenne ich hier lieber solide 12 Prozent Rendite für die »Reich in 60 Minuten«-Strategie und werde dir im Verlauf des Buches einige Zahlen nennen, die diese Rendite belegen. Und das erreichst du ganz ohne Stress, ohne ständig dein Depot zu kontrollieren, ohne Panik bei jeder Marktbewegung zu kriegen. Einfach weil du dich an ein System hältst, das funktioniert. Weil du weißt, was du tust, anstatt zu raten, zu hoffen oder nach Bauchgefühl zu handeln.

Und noch ein klarer Hinweis, damit keine Missverständnisse aufkommen: Dieses Buch hat nichts mit Krypto, Daytrading oder spekulativen Produkten zu tun. Es geht nicht um kurzfristiges Zocken, sondern um ein klares System für den langfristigen Vermögensaufbau mit Qualitätsaktien.

---

8 Backtests sind rückblickende Simulationen, bei denen geprüft wird, wie eine Strategie in der Vergangenheit funktioniert hätte. Sie zeigen, ob ein Ansatz logisch und robust ist – auch wenn sie natürlich keine Garantie für zukünftige Ergebnisse geben.

9 Und zwar durchschnittlich 15 Prozent.

WEITER WIE BISHER? BITTE NICHT …

Du kannst natürlich weitermachen wie bisher: brav sparen, hoffen, dass dein Banker es richtet, während die Inflation dein Geld auffrisst. Oder du denkst heute um, nutzt das Wissen der Besten und siehst dein Depot wachsen. Nicht durch Glück, sondern weil du verstehst, wie Vermögensaufbau funktioniert.

Ab sofort liegt es in deiner Hand. Dieses Buch zeigt dir nicht nur das »Was«, sondern vor allem das »Wie«. Und wenn du bereit bist, wird es dir genau die Klarheit verschaffen, die du brauchst, um ab sofort anders mit deinem Geld umzugehen.

Weißt du, warum ich dir das mit einer solchen Bestimmtheit sagen kann? Weil ich selbst ganz unten angefangen habe. Ich komme nicht aus einer Unternehmerfamilie. Wie ich dir bereits berichtet habe, bin ich bei Eltern aufgewachsen, die hart gearbeitet haben, aber trotzdem am Monatsende jede D-Mark zweimal umdrehen mussten. Meine Geschichte werde ich dir in diesem Buch noch erzählen. Nicht, um mich selbst zu beweihräuchern, sondern um dich zu inspirieren. Denn heute darf ich sagen: Ich bin finanziell unabhängig, aber vor allem bin ich frei. Frei, meine Zeit selbst zu gestalten. Frei, das zu tun, was ich liebe. Und genau das möchte ich auch für dich.

Wenn du also willst, dass sich in deinem Leben wirklich etwas ändert, dann lies dieses Buch mit offenem Geist. Stell dir vor, wie es wäre, in ein paar Jahren auf dein Konto zu schauen und zu wissen: Das habe ich selbst aufgebaut. Für mich. Für meine Familie. Für ein freies Leben.

Jetzt fragst du dich vielleicht: Klingt gut – aber wie fange ich konkret an?

Reich wirst du nicht, weil du davon träumst, sondern weil du umsetzt. Weil du liest, verstehst und vor allem ins Handeln kommst. Vermögen entsteht nicht über Nacht – aber oft durch Entscheidungen, die in einem einzigen Moment getroffen werden. Und dieser Moment könnte genau jetzt sein.

Bevor wir gemeinsam Schritt für Schritt in die »Reich in 60 Minuten«-Strategie einsteigen, lass uns auch noch auf die schauen, die es uns vorgemacht haben. Welche Prinzipien haben Investoren wie Warren Buffett oder George Soros so erfolgreich gemacht? Und – noch wichtiger – was davon kannst du für dich übernehmen? Denn das, was die besten Investoren der Welt tun, ist der Kern der »Reich in 60 Minuten«-Strategie. Und sehen uns auch noch genauer an, was genau dich noch davon abhält, finanziell frei zu werden.

Dabei wirst du immer wieder auf Geschichten stoßen, manche aus meinem eigenen Leben, andere von Menschen, die ich begleiten durfte oder deren Weg mich inspiriert hat. Diese Beispiele sollen dir zeigen, was möglich ist, wenn du anfängst, anders zu denken, und welche Denkfehler dich unbemerkt kleinhalten.

Ich weiß aus eigener Erfahrung: Wohlstand beginnt nicht auf dem Konto, sondern im Kopf. Die meisten Menschen warten auf den perfekten Moment, auf mehr Wissen, auf Sicherheit und übersehen dabei, dass der erste Schritt immer im Denken passiert. Wenn du bereit bist, alte Überzeugungen loszulassen und neu zu lernen, wirst du überrascht sein, wie schnell sich etwas verändert.

Also: Lies weiter. Öffne dich für neue Perspektiven. In den nächsten Kapiteln schauen wir uns an, welche Fehler die meisten Anleger machen, wie die erfolgreichsten Investoren der Welt tatsächlich denken und handeln und wie du dieses Wissen in eine klare, einfache und funktionierende Strategie überführen kannst.

Egal, ob du ganz am Anfang stehst oder bereits investierst – in diesem Buch findest du beides: die richtige Denkweise für deinen finanziellen Erfolg, welche Grundlagen du benötigst, um loszulegen, und die konkrete Strategie, mit der du in nur 60 Minuten Zeitaufwand pro Jahr ein System nutzt, das wirklich funktioniert. Schritt für Schritt und sofort umsetzbar.

KAPITEL 1

DU HAST DEIN BESTES GEGEBEN

Wenn Menschen zu mir kommen, erzählen sie mir oft ähnliche Geschichten. Sie sagen: »Ich habe investiert, aber irgendwie läuft es nicht so richtig.« Oder: »Ich tue schon etwas, aber mein Depot bringt leider nicht den gewünschten Ertrag.« Fast immer frage ich dann: »Okay, wie und was hast du denn bisher gemacht? Erzähl mal!« Die Antworten, die ich dann erhalte, sind meist komplett unterschiedlich. Doch die Muster, die dahinter liegen, sind tatsächlich erstaunlich ähnlich.

In diesem Kapitel zeige ich dir deshalb die sieben häufigsten Fehler, die ich bei Anlegern immer wieder sehe, und was du konkret tun kannst, um sie zu vermeiden. Vielleicht wirst du dich in einigen Punkten wiederfinden – das ist kein Makel, sondern gut so. Denn solange du dir selbst vormachst, dass es schon *irgendwie laufen wird mit dem Vermögensaufbau*, wirst du nicht weiterkommen.

1. Kein konkretes Ziel

Viele Menschen legen einfach los. Sie kaufen ein paar Aktien, einen ETF[10] oder lassen sich »beraten«. Aber sie haben kein klares Ziel vor Augen. Kein Warum. Kein Wofür. Wenn du nicht weißt, wo du hinwillst, kannst du auch keinen Kurs setzen und verlierst dich im Nebel oder Beratungsdschungel. Wer ohne Ziel investiert, verliert die Motivation, sobald es mal nicht mehr rundläuft. Und genau das passiert irgendwann immer.

2. Kein System, sondern Bauchgefühl

Die meisten investieren nach Gefühl. Oder folgen Tipps auf YouTube, Instagram oder vom Nachbarn. Mal kaufen sie was, weil's gerade »gut läuft«. Mal verkaufen sie panisch, wenn's runtergeht. So entsteht keine Strategie – sondern ein Zickzackkurs mit schlechtem Ausgang.

Gefühle sind wichtig – aber nicht beim Investieren. Hier brauchst du einen Plan und eine Logik. Und die müssen zu dir passen. Alles andere ist Roulette.

3. Zu früh raus – aus Angst

Das hier ist einer der häufigsten und teuersten Fehler: Menschen kaufen ein Finanzprodukt – zum Beispiel eine Aktie oder einen Fonds –, und sobald es ein paar Prozent runtergeht, verkaufen sie wieder. Aus Angst. Sie wollen »Verluste vermeiden«. Aber genau diese Kurzschlusshandlung verhindert langfristige Gewinne.

Ich habe Kunden gesehen, die mit Top-Aktien eingestiegen sind – aber beim ersten Abwärtstrend ausgestiegen sind. Und dann dem Kurs hinterhergeschaut haben, während er sich verdoppelt hat. Schmerzhaft, oder?

Die Börse ist wie das Leben: Es geht nicht immer nur aufwärts. Durchhalten aber wird belohnt.

---

10 Ein ETF ist ein börsengehandelter Fonds, der einen Index wie zum Beispiel den DAX abbildet. Er ermöglicht eine kostengünstige, breite Streuung – ideal für passives Investieren.

4. Kein Verständnis für das Produkt

Viele wissen gar nicht, was sie da eigentlich kaufen. Sie vertrauen einem Bankberater, klicken auf einen ETF und hoffen auf das Beste. Hoffnung ist schön. Aber sie bringt keine Rendite.

Ich habe mal mit einem Kunden gesprochen, der dachte, sein ETF sei ein »Technologie-Fonds«. Das hörte sich in seinen Ohren großartig an. Technologie? Super, das hat Zukunft. Tatsächlich aber war es ein Mischfonds[11] mit 70 Prozent Anleihen. Kein Wunder, dass da keine Performance kam. Wenn du dein Geld irgendwo reinsteckst, solltest du auch verstehen, wo du es reinsteckst.

5. Fokus auf die Vergangenheit

Ein weiterer Klassiker: Menschen kaufen Produkte, weil sie »in den vergangenen Jahren so gut gelaufen« sind. Klingt logisch – ist aber gefährlich. Denn Rendite aus der Vergangenheit garantiert keine Rendite in der Zukunft.

Ich sehe das immer wieder: Anleger springen auf Züge auf, die längst abgefahren sind. Weil sie glauben, die bislang positive Entwicklung geht ewig so weiter. Das tut sie aber nicht zwangsläufig. Die besten Investoren schauen deshalb nicht zurück – sie analysieren die Zukunft. Genauso mache ich es auch, und ich bringe dir bei, wie du das auch für dich umsetzen kannst.

6. Zu viel Vertrauen in Berater

Versteh mich nicht falsch: Es gibt gute Berater. Aber viele verkaufen dir das Produkt, das sie verkaufen dürfen oder, noch schlimmer, *müssen* – nicht das, was für dich am besten wäre. Banken und Versicherungen sind keine Wohlfahrtsorganisationen. Sie sind Verkaufsorganisationen.

---

11 Ein Mischfonds ist ein Fonds, der nicht nur Aktien kauft, sondern auch Anleihen hält. Anleihen sind vereinfacht gesagt Kredite, die du Staaten oder Unternehmen gibst – sie bringen weniger Schwankung, aber meistens auch viel weniger Rendite als Aktien.

Ich habe unzählige Fälle gesehen, in denen Menschen über Jahre in Produkte mit hohen Kosten, miesen Renditen und ohne echten Plan investiert haben. Als sie dann erkannt haben, dass der versprochene Erfolg ausbleibt, war die Ernüchterung groß. In dieser Ernüchterung und der Erkenntnis, es ab sofort anders zu machen, liegt allerdings sehr viel Potenzial. Manchmal muss man erst durch den Schmerz durch, damit es besser wird, das kenne ich aus eigener Erfahrung.

7. Kein Durchhaltevermögen

Langfristiger Vermögensaufbau benötigt eins: Zeit. Und viele Anleger bringen genau die nicht mit. Sie erwarten schnelle Gewinne. Sie schauen täglich ins Depot. Sie ärgern sich über jede rote Zahl. Und vergessen dabei: Das Investmentspiel wird auf Jahre gespielt, nicht in Tagen, zumindest für die meisten Menschen.

Ich sage immer: Du brauchst Geduld, Disziplin und eine Strategie, der du vertraust. Dann kannst du vertrauen und durchhalten.

NUR WEIL ES ALLE MACHEN, IST ES NICHT RICHTIG …

Viele der Probleme, die ich dir gerade aufgezählt habe, habe ich über die Jahre immer wieder gesehen. Egal ob angestellt, selbstständig oder schon vermögend, es sind oft die gleichen Muster, die Menschen vom (weiteren) Vermögensaufbau abhalten. Und nein, es liegt nicht an mangelnder Intelligenz oder Disziplin. Sondern daran, dass diese Menschen einfach nicht wussten, worauf es wirklich ankommt.

Wie bereits erwähnt, vertrauen sie auf Bankberater, auf Lebensversicherungen oder auf ETF-Tipps aus Social Media und wundern sich, warum sie nicht weiterkommen. Genau deshalb habe ich mich vor ein paar Jahren entschieden, mein Wissen weiterzugeben. Nach vielen Jahren im Eigenhandel, in denen ich ausschließlich mit meinem Geld gearbeitet hatte, wollte ich mehr Menschen erreichen. Also habe ich eine professionelle Ausbildung ins Leben gerufen, um mein Wissen strukturiert weitergeben zu können. Heute bin ich Mentor und immer noch Investor. Ich weiß, wie es sich anfühlt, wenn eine Aktie absackt, in die du vor einem Tag investiert hast und bei der du plötzlich innerhalb weniger Stunden vermeintlich riesige Verluste auf deinem Konto siehst. Ich weiß aber auch, dass Nervosität beim Investieren ein miserabler Ratgeber ist und Geduld belohnt wird.

Damit du siehst, dass es nicht nur Theorie ist, sondern echte Menschen betrifft, möchte ich dir ein paar Geschichten erzählen – von Menschen wie dir, die Fehler gemacht haben, aber auch den Mut hatten, neu anzufangen. Von Menschen, die irgendwann gesagt haben: »So kann es nicht weitergehen.« Menschen, die Fehler gemacht haben, falschen Produkten vertraut haben, die verunsichert waren – und trotzdem den Mut hatten, etwas zu verändern.

Lies selbst. Vielleicht erkennst du dich in der einen oder anderen Geschichte wieder. Wenn du das tust, dann begreifst du zum einen, dass du nicht allein bist. Und zum anderen wird die »Reich in 60 Minuten«-Strategie dir helfen, Ordnung in deine Finanzen und deinen Weg zur finanziellen Unabhängigkeit zu bringen.

1. Sandra – Das Sparkonto, das sie heimlich arm machte

Sandra, 43, kaufmännische Angestellte, war eigentlich überzeugt, alles richtig zu machen. Sie hatte einen guten Job und legte jeden Monat 300 Euro zurück – auf ihr Tagesgeldkonto. Zusätzlich hatte sie zwei Bausparverträge aus ihrer Ausbildungszeit. »Lieber sicher als riskant«, sagte sie sich. Als sie zu mir kam, hatte sie über 20.000 Euro angespart. Stolz und gleichzeitig frustriert. Denn das Geld arbeitete nicht weiter für sie, obwohl sie fleißig sparte. Ihre Ersparnisse brachten keine weiteren Erträge.

2. Tobias – Der ETF-Hamster

Tobias, 36, Informatiker, war schon »investiert«. Zumindest dachte er das. Als er zu mir kam, zeigte er mir sein Depot mit fünf ETFs – alle aus verschiedenen Quellen empfohlen: Instagram, ein YouTube-Video, ein Kollege. »Ich wollte einfach starten«, sagte er.

Sein Depot war ein Flickenteppich. Keine Strategie, keine Risikostruktur, keine Kontrolle. Und das Schlimmste: Er wusste nicht, was die ETFs eigentlich abbildeten. Hauptsache »irgendwas mit MSCI[12]«.

3. Nina – Vollzeitjob, null Plan

Nina, 48, leitende Angestellte mit 60-Stunden-Woche, kam zu mir und meinte: »Ich weiß, ich müsste mich kümmern – aber ich habe einfach keine Zeit.« Ihre Finanzen waren ein Mix aus Versicherungspolicen, Fondsparplänen, einem alten Riestervertrag und zwei Depots bei unterschiedlichen Banken.

Sie war völlig überfordert. Jeder Berater hatte ihr mal etwas anderes verkauft, sie selbst hatte irgendwann abgeschaltet. Ihr Gefühl: »Ich mache was – aber irgendwie kommt nix dabei raus.«

4. Rainer – Panik im Crash

Rainer, 55, selbstständig, hatte 2020 mit Aktien begonnen. Als der Markt 2022 einbrach, hat er in einer Woche fast 30 Prozent verloren. In Panik verkaufte er. Und realisierte kurze Zeit später den Verlust. »Ich konnte nicht schlafen. Ich dachte, das war's mit der Börse.«

Als er bei mir war, hatte er monatelang nichts mehr investiert. Zu tief saß der Frust und auch die Angst, noch mal das Gleiche zu erleben.

---

12 MSCI steht für »Morgan Stanley Capital International« und bezeichnet eine Reihe weltweit genutzter Aktienindizes. Besonders bekannt ist der **MSCI World**, der über 1500 Unternehmen aus 23 Industrieländern abbildet und häufig als Basis für breit gestreute ETF-Investments genutzt wird.

5. Claudia – 15 Jahre Vertrauen, 0,8 Prozent Rendite

Claudia, 50, ausgebildete Krankenschwester, hatte eine klassische Lebensversicherung. Seit 15 Jahren zahlte sie jeden Monat ein – über 25.000 Euro waren inzwischen zusammengekommen. Aber die jährliche Rendite war ein Witz: 0,8 Prozent – und das vor Abzug der Inflation. Gebühren, Abschlusskosten und interne Verwaltungskosten fraßen einen Großteil der Rendite auf.

Claudia war wütend. Und gleichzeitig traurig. »Ich hab' gedacht, das Geld ist für meine Rente. Jetzt weiß ich, das war ein teurer Irrtum.«

Und, erkennst du dich wieder in diesen Geschichten? Dann ist es jetzt Zeit, deine Finanzen endlich selbst in die Hand zu nehmen!

ZWISCHEN ETF-STRATEGIEN, FINANZBLOGS UND YOUTUBE-VERWIRRUNG

Willkommen im Informationszeitalter. Wenn du »Geld anlegen« googelst, bekommst du über 70 Millionen Treffer. Finanzblogs, YouTube-Kanäle, Podcasts, Instagram-Coaches, TikTok-Trader. Jeder erzählt dir, was du tun musst, um »endlich finanziell frei« zu werden. Und das klingt oft so einfach – bis du anfängst, dich durch den Dschungel an Informationen zu wühlen.

Was bei den meisten allerdings bleibt, ist Überforderung und im schlimmsten Fall Stillstand.

Denn mal ehrlich: Wie viele solcher Angebote hast du dir schon angesehen? Vielleicht einen ETF-Vergleich hier, einen Börsenbrief da. Vielleicht sogar schon einmal einen Onlinekurs gebucht. Doch was ist dann passiert? Du hast gemerkt, dass dir plötzlich 20 ETFs empfohlen werden – aber keiner der Mentoren sagt dir konkret, welchen du jetzt nehmen sollst, weil er zu deinen Zielen passt. Oder du hast 30 Videos geschaut, aber am Ende doch nichts unternommen, weil du mehr Fragen als Antworten hattest.

Die meisten dieser Angebote haben ein Ziel, und das bist nicht du oder dein finanzieller Erfolg, sondern dein Geld. Beispiele gefällig?

- Dubiose WhatsApp- und Telegram-Gruppen – da sammeln sich »Insider«, die schnelle Tipps und vermeintliche Geheimtipps versprechen. Meist sind das laute Hypes ohne tieferen Inhalt mit vielen Meinungen, aber wenig Fakten: Solche Gruppen pushen kurzfristige Trades, fördern FOMO (Fear of Missing Out – die Angst, etwas zu verpassen) und enden oft in Verlusten oder in reiner Verwirrung.
- Börsenmagazine, die dir jede Woche eine neue »Geheimaktie« empfehlen – aber vor allem ein Abo für 49 Euro/Monat verkaufen, das du nach 6 Monaten kündigst, weil du keinen einzigen Tipp wirklich umgesetzt hast.
- Junge Coaches auf Instagram, die mit ihren Autos flexen und dir zeigen wollen, wie du »Day-Trading[13]-Profi« wirst – mit einem 14-Tage-Crashkurs für 999 Euro. Spoiler: Wenn du dort etwas »gewinnst«, dann höchstens eine ordentliche finanzielle Bauchlandung.
- Bankberater, die dir ein gemanagtes Fonds-Produkt andrehen – mit 5 Prozent Ausgabeaufschlag und 1,5 Prozent jährlicher Verwaltungsgebühr. Klingt harmlos? Ist es aber nicht. Denn diese Gebühren fressen auf Dauer deine komplette Rendite auf.
- Und dann gibt es noch die Klassiker: »Mit 3 Klicks zum Krypto-Millionär« oder »Die Top-Aktie, die alle übersehen«. Marketing-Schrott, der deine Aufmerksamkeit will – dir aber nichts bringt.

13 Day-Trading bezeichnet den kurzfristigen Handel mit Finanzinstrumenten – oft innerhalb eines einzigen Handelstags. Ziel ist es, von kleinen Kursbewegungen zu profitieren; dafür braucht es schnelle Entscheidungen, viel Marktbeobachtung und meist spezielle Handelssoftware.

Das Problem ist also nicht, dass es zu wenig Wissen gibt. Das Problem ist, dass das meiste davon entweder belanglos, oberflächlich oder eben auf Profit getrimmt ist – und zwar den des Anbieters, nicht deinen.

Wie erkennst du also nun, was wirklich zu dir passt?

Stell dir vor, du stehst vor einem riesigen Buffet. Es gibt alles: vegane oder fleischige ETFs, glutenfreie Kryptowährungen, zuckerfreie Immobilienfonds und scharf gewürztes Day-Trading. Alles sieht irgendwie interessant aus – aber was davon passt wirklich zu dir?

Hier sind ein paar Fragen, die du dir stellen solltest, bevor du dich auf ein Investment-Angebot stürzt:

- Verstehst du es oder gibt es ausreichend Informationen auf deine Nachfragen? Fühlst du dich gut aufgehoben und beraten?
- Will dir jemand unter Druck etwas verkaufen? Wenn du das Gefühl hast, du musst JETZT etwas buchen, kaufen oder unterschreiben – dann atme einmal tief durch. Gute Strategien haben kein Ablaufdatum.
- Verspricht es das Blaue vom Himmel? »50 Prozent Rendite ohne Risiko« ist wie »Schlank im Schlaf mit Schokokuchen« – klingt super, funktioniert aber nicht.
- Passt es zu deinem Leben? Du hast einen Vollzeitjob, Familie, Hobbys – und das Angebot setzt voraus, dass du täglich drei Stunden lang den DAX[14] analysierst? Dann ist es vielleicht nicht deins.

Und noch ein letzter Check, den ich dir aus der Praxis mitgebe: Wenn du nach dem Lesen oder Hören deutlich verwirrter bist als vorher, ist das kein Zeichen von Tiefe, sondern von schlechter Aufbereitung. Gute Finanzbildung macht dich klarer, nicht unsicherer.

---

14 Der DAX (Deutscher Aktienindex) ist der wichtigste Aktienindex in Deutschland. Er umfasst die 40 größten börsennotierten Unternehmen des Landes, gemessen an Börsenwert und Handelsvolumen, und gilt als Barometer für die wirtschaftliche Entwicklung der deutschen Wirtschaft.

Leider lassen sich viele Menschen von der Vielfalt der Angebote verwirren, und anstatt loszulegen, ziehen sie sich komplett zurück aus dem Investment-Spiel. Sie sagen: »Ich hab's probiert, war nix für mich.« Oder: »Ich bin nicht der Typ für Finanzen.« Oder: »Ich warte noch, bis ich mehr Zeit habe.« Und so verstreichen Jahre, während ihr Geld auf dem Girokonto versauert oder in schlechten Produkten gebunden ist. Da draußen gibt es leider viel Gerede – aber nur wenige, die wirklich liefern.

Ich habe in den vergangenen 30 Jahren mehr Finanzprodukte gesehen als die meisten Menschen in zwei Leben. Und ich werde liefern, versprochen. Denn das, was ich dir hier im Buch zeige, ist kein aufgeblasener Finanz-Onlinekurs und keine Insta-Strategie mit Filter und Schönrechner. Sondern ein System, das ich selbst anwende und das funktioniert. Und jetzt möchte ich dich nicht länger auf die Folter spannen.

REICH IN 60 MINUTEN

Vergiss zuerst einmal alles, was du bisher über Geldanlage gehört hast. Wir fangen bei Null an – aber mit dem Besten, was es da draußen gibt. Denn wir schauen uns jedes Jahr an, welche Aktien von den besten Investoren der Welt gekauft werden, und investieren genau dort. Klingt zu einfach, um wahr zu sein? Ist es aber nicht.

Denn was machen die erfolgreichsten Investoren anders? Sie kaufen nicht das, was gerade durch TikTok oder Finanzinfluencer gepusht wird. Sie investieren in Unternehmen, die Substanz, ein stabiles Geschäftsmodell und wachsende Umsätze haben, und vor allem ein starkes und nachhaltiges Momentum – operativ und, wo sinnvoll, auch im Preistrend. Und sie tun das nicht blind, sondern systematisch. Genau das machen wir bei Lüddemann Investments (mein Team) auch, und zwar systematisch, regelbasiert und damit wiederholbar. Klingt trocken – ist aber die Basis, auf der echte Vermögen wachsen.

Schau dir Warren Buffett an, den wohl bekanntesten Investor der Welt. Sein Vermögen hat er sich über Jahrzehnte aufgebaut, nicht über Nacht. Oder nimm Ray Dalio, der mit seinem Hedgefonds[15] Milliarden verwaltet.[16] Auch er verfolgt eine klare, datenbasierte Strategie, fernab vom kurzfristigen Hype. Weitere Investoren-Porträts habe ich in diesem Buch für dich aufbereitet. Sie alle haben eines gemeinsam: Sie analysieren, wählen gezielt aus und halten durch.

In diesem Buch bekommst du nicht nur einen Einblick in die Prinzipien dieser Ausnahmetalente. Du bekommst auch die Essenz ihrer Strategien, heruntergebrochen auf das Wesentliche, umgesetzt in ein System, das du ohne Vorwissen anwenden kannst. Ich habe mit meinem Team genau diese Erfolgsrezepte analysiert und daraus das System »Reich in 60 Minuten« entwickelt. Eine Strategie, bei der du – kein Scherz – nur etwa 60 Minuten im Jahr investieren musst, um einmal jährlich zu prüfen, wo die größte Schnittmenge an Aktien bei den Top-Investoren liegt, um dein Depot entsprechend anzupassen.

Kern des Systems:
Du wertest die Portfolios ausgewählter Top-Investoren aus, berechnest die Schnittmenge und Gewichtungen und rebalancierst einmal pro Jahr.

»Reich in 60 Minuten« ist anders. Es ist nicht laut, nicht reißerisch und auch nicht kompliziert. Es ist einfach, klar und genau deshalb so effektiv. Du brauchst weder Vorwissen noch zehn Stunden Zeit pro

15 Hedgefonds sind besondere Investmentfonds, die nicht nur auf steigende Kurse setzen, sondern auch bei fallenden Kursen Geld verdienen können. Sie nutzen viele verschiedene Strategien, um unabhängig vom Markt Gewinn zu machen – sind aber oft risikoreicher als normale Fonds.

16 https://www.businessinsider.de/wirtschaft/ray-dalio-nach-diesen-prinzipien-leitet-er-den-groessten-hedgefonds-der-welt/

Woche. Was du brauchst, ist die Bereitschaft, dich auf etwas Neues einzulassen. Du musst offen sein für ein System, das du vielleicht so noch nie kennengelernt hast – aber das dir genau das geben kann, wonach du suchst: finanzielle Unabhängigkeit.

Aber »Reich in 60 Minuten« heißt nicht, dass du dich zurücklehnen kannst und morgen Millionär bist. Es bedeutet stattdessen, dass du einmal im Jahr rund 60 Minuten Zeit investieren musst, dann, wenn du die Grundlagen verstanden und dein System aufgebaut hast. Und genau diesen Weg beginnen wir jetzt. Schritt für Schritt.

WAS DU HEUTE UMSETZEN KANNST

Bevor du anfängst, brauchst du eins: ein Gefühl dafür, wo du eigentlich hinwillst. Denn »finanzielle Freiheit« klingt zwar für jeden erst einmal gut – aber was heißt das konkret für dich? Geht es dir darum, jeden Monat 500 oder 1000 Euro zusätzlich zu haben, damit du endlich nicht mehr jeden Cent umdrehen musst? Oder willst du irgendwann komplett unabhängig vom Job leben – frei entscheiden, ob und wann du arbeitest, wohin du reist, was du mit deiner Zeit machst?

Viele Menschen starten mit dem Wunsch: »Ich will einfach mehr Geld haben. Ich möchte nicht mehr ständig über Geld nachdenken müssen. Ich will mehr als genug haben, um gut zu leben.« Doch was genau bedeutet das? Wie viel ist dieses »mehr«? Je klarer du weißt, wie viel »mehr« du brauchst, desto leichter wird der Weg dorthin. Und keine Sorge – du brauchst jetzt noch keine exakte Excel-Tabelle. Es reicht dein Bauchgefühl. Frag dich:

- Was kostet dein Leben aktuell?
- Was willst du dir vielleicht zusätzlich leisten – ohne dich zu verschulden oder zu rechnen?

- Wie sähe dein Alltag aus, wenn Geld keine Rolle spielt – oder zumindest keine Angstquelle mehr ist?

Manche wünschen sich Sicherheit. Andere Freiheit. Wieder andere einfach ein finanzielles Polster, um nachts besser zu schlafen.

Ganz egal, wie groß oder klein dein Ziel ist – du musst es kennen. Ohne Ziel weiß dein Geld nicht, wo es hinsoll. Und du wirst keine Motivation finden, dranzubleiben, wenn's mal holprig wird.

Dieses Buch zeigt dir, wie du den Weg dorthin zurücklegst – Schritt für Schritt. Und was du brauchst, um es auch wirklich zu schaffen. Aber der erste Impuls, der darf ruhig aus dem Bauch kommen. Stell dir also jetzt gerne vor, wie es sich anfühlen würde, wenn du morgens aufwachst und du arbeitest, weil du willst, nicht weil du musst.

Das ist finanzielle Freiheit. Und jetzt: Mach sie konkret. Schreib dir auf, was du glaubst, zu brauchen – nicht als starre Zahl, sondern als ersten Ankerpunkt.

KAPITEL 2

JETZT STARTEN!

Die nächsten Jahre entscheiden, ob du Freiheit oder Abhängigkeit erlebst. Doch bevor du entscheiden kannst, wohin deine finanzielle Reise geht, musst du wissen, wo du gerade stehst. Das bedeutet, dass du eine genaue Bestandsaufnahme deiner Vermögenswerte brauchst. Das klingt vielleicht im ersten Moment langweilig, insbesondere wenn du kein Zahlen-Daten-Fakten-Mensch bist. Doch zu wissen, wie viel Kapital dir bereits zur Verfügung steht und was bereits funktioniert hat und was eher nicht, ist die Basis für deinen zukünftigen Erfolg.

Kaum jemand nimmt sich die Zeit, zu Beginn einmal ehrlich auf die eigenen Zahlen zu schauen. Viele Privatanleger überspringen genau diesen Schritt. Sie stürzen sich Hals über Kopf auf den nächsten heißen Tipp, das neue Finanzprodukt oder den vermeintlichen Geheimtrick aus irgendeinem YouTube-Video und wundern sich dann, warum sie ihrem Geld weiter beim Herumdümpeln zusehen oder maximal einstellige Renditen erzielen. Genau an dieser Stelle entscheidet sich, ob du Vermögen aufbaust oder auf der Stelle trittst.

Ruf dir Kapitel 1 noch mal ins Gedächtnis: Dort haben wir bereits darüber gesprochen, warum deine bisherigen Ergebnisse nicht mehr das sind, was du dir zukünftig wünschst – obwohl du sparst oder auch hart für dein Geld arbeitest. Bisher kennst du einfach noch nicht die richtigen Strategien, um dein Geld wirklich für dich arbeiten zu lassen. Und weißt du was? Damit bist du nicht allein.

In der Zusammenarbeit mit unterschiedlichsten Menschen sehe ich es jeden Tag: Viele von ihnen haben gute Jobs, sparen brav, lassen fleißig ETF-Sparpläne laufen oder vertrauen mehr oder weniger blind ihrem Bankberater – und trotzdem stehen sie nach fünf, zehn oder noch mehr Jahren fast da, wo sie angefangen haben: bei einem Depot, das sich kaum bewegt, während die Inflation jeden Monat leise an ihrem Geld knabbert.

Hier einige typische Fehler, die mir und meinem Team immer wieder begegnen. **Finanzprodukte, die nur den Anbietern nutzen.** Viele unterschreiben Verträge, die sie nicht verstehen, nur weil der Berater »vom Fach« ist. Hohe Abschlussprovisionen, intransparente Gebühren, Null-Komma-irgendwas-Rendite – das klingt kompliziert und seriös, bringt aber in Wahrheit oft nur dem Anbieter Geld.

- **Angst vor Risiko.** Anstatt in starke Unternehmen zu investieren, lassen viele ihr Geld auf Tagesgeldkonten versauern oder kaufen Produkte, die angeblich »sicher« sind, und verlieren dadurch still und leise Kaufkraft.
- **Informations-Overkill.** ETF-Blogs, YouTube-Gurus, Social-Media-Tipps – die meisten wissen irgendwann gar nicht mehr, wem sie glauben sollen. Und wenn du alles ausprobierst, erreichst du außer maximaler Verwirrung ziemlich genau nichts.
- **Passivität.** Manche sind schon so oft auf die Nase gefallen, dass sie gar nichts mehr machen. Sie denken: »Bringt ja eh nix.« Genau das ist die größte Falle.

Erkennst du dich in einem dieser Punkte wieder? Dann mach dir bitte keine Vorwürfe. Denn das Problem ist nicht, dass du bisher vielleicht Fehler gemacht hast. Das Problem ist vielmehr, dass dir nie jemand einen klaren, einfachen Fahrplan vorgelegt hat, wie du dein Geld für dich arbeiten lässt.

Doch das ist mit diesem Buch vorbei, denn genau hier setzt meine Strategie »Reich in 60 Minuten« an. Ab jetzt hast du einen klaren Fahrplan – einfach, transparent und umsetzbar. Und wie bereits angekündigt, klären wir jetzt erst mal deinen Status Quo, bevor wir tiefer in die Strategie einsteigen. Denn wenn du verstehst, wo du stehst, können wir gemeinsam herausfinden, wo du hinwillst und wie du mit klaren Schritten dorthin kommst.

Wenn du diesen Punkt überspringst und dir nicht klarmachst, wo du heute stehst, dann kannst du auch keinen realistischen Plan machen, wie du dein Ziel erreichst. Genau das ist der erste große Unterschied zwischen erfolgreichen und erfolglosen Investoren: Die einen handeln planlos – die anderen kennen ihre Zahlen.

Ich erlebe das ständig, wenn ich mit angehenden Investoren spreche. Da sitzen Leute vor mir, die hart arbeiten, gutes Geld verdienen und meist richtig eisern sparen. Aber wenn ich sie dann frage: »Wie viel Rendite hast du mit deinem Depot im letzten Jahr erzielt?« – herrscht erst mal Stille. Sie wissen es einfach nicht. Und genau dieses Nicht-Wissen sorgt für Unklarheit, ein komisches Bauchgefühl und häufig ein »Flinte-ins-Korn-Werfen«.

Damit dir das nicht passiert, machen wir es jetzt anders. Kein Rätselraten mehr über deine Rendite. Keine Aussagen mehr wie: »Ich hoffe, dass es langfristig irgendwie passt mit meinem Depot und meiner Altersvorsorge«. Ab jetzt wirst du glasklar sehen, wo du stehst.

DEIN PERSÖNLICHER SELBSTCHECK

Also lass uns loslegen. Nimm dir einen Block, dein Smartphone oder öffne ein leeres Dokument am Rechner. Bevor wir über Strategien sprechen, brauchst du eins: Klarheit. Nicht in der Theorie. Sondern deine Zahlen und damit deine derzeitige finanzielle Realität. Die meisten Menschen wollen finanziell frei werden – aber kennen nicht mal ihren Kontostand. Mal ganz ehrlich, wie soll das funktionieren?

Beantworte nun die folgenden Fragen ehrlich für dich – niemand außer dir muss diese Antworten sehen. Und keine Sorge: Du brauchst keine perfekten Antworten aufzuschreiben oder Beträge bis auf den letzten Cent auszurechnen. Vielmehr sollen die Antworten auf die folgenden Fragen dazu dienen, dass du deine Ausgangslage realistisch einschätzt. Und ja, das kann vielleicht im ersten Moment unschön sein. Doch genau aus diesem Schmerz kann Veränderung entstehen. Wir Menschen verändern uns nur, wenn wir weg von einem Schmerz wollen oder hin zu mehr Freude. Und genau das schaffst du mit meiner Strategie.

Jeder von uns startet an einem anderen Punkt. Vielleicht hast du schon ein Depot, vielleicht aber auch nur ein Sparbuch. Manche haben schon große Ziele, andere trauen sich kaum, überhaupt über Geld nachzudenken. Und genau deshalb ist es so wichtig, dass du weißt, wo du dich selbst einordnen kannst. Nur dann weißt du, welche Schritte für dich als Nächstes sinnvoll sind.

Schluss mit Wegschauen. Zeit für Ehrlichkeit. Du kannst nur das verändern, was du kennst. Dein aktueller Status ist kein Zufall, sondern das Ergebnis deiner Entscheidungen. Was du heute auf dem Konto hast, ist das Ergebnis all deiner bisherigen Entscheidungen. Punkt. Und genauso wird das, was du in zehn Jahren auf deinem Konto hast, davon abhängen, welche Entscheidungen du ab heute triffst.

Wenn du keine Strategie hast, bist du das Opfer der Strategie anderer.

WAS HAST DU?

Wie viel Geld hast du auf deinem Giro-, Tagesgeld- oder Festgeldkonto?

Zähl alles auf, was du sofort nutzen könntest. Kein Schönrechnen, kein »bald kommt noch Gehalt« – jetzt zählt der IST-Zustand.

Wie hoch ist dein Depotstand – und was steckt da drin?

Mach eine kurze Liste: Welche ETFs, Aktien, Fonds besitzt du und wie viel steckt in jeder Position?

Wie viel sparst du – Monat für Monat?

Was bleibt nach deinen Fixkosten übrig und wie viel davon fließt wirklich in Investments? Wenn du aktuell nichts sparst, dann setz dir ab heute eine feste Sparrate. Auch wenn es nur 50 Euro sind – Hauptsache, du fängst damit an.

Tipp für dich, wenn du schon sparst – aber mit angezogener Handbremse:

Vielleicht hast du längst einen Sparplan – aber der läuft in eine Riester-Rente, eine klassische Lebensversicherung oder einen Bausparvertrag. Dann prüfe bitte ganz genau, was du am Ende dafür wirklich rausbekommst. Die versprochenen Renditen sind oft ein schlechter Witz, wenn du die Inflation und die Gebühren gegenrechnest. Viele Verträge bringen dir nach Jahren kaum mehr zurück als das, was du eingezahlt hast.

Frag dich, nachdem du dieses Buch fertig gelesen und die Strategie verstanden hast: Würde ich diesen Vertrag heute noch mal abschließen, mit meinem jetzigen Wissen? Wenn die Antwort Nein lautet, dann denk darüber nach, ob du dein Geld nicht gezielter investieren willst – zum

Beispiel über die Strategie, die du in diesem Buch lernst. Denn dein Geld kann mehr.

WO WILLST DU HIN?

Was bedeutet für dich »finanzielle Freiheit« – ganz konkret?
Keine Floskeln. Was konkret willst du? Fang an, es messbar zu machen. Du brauchst keine Antworten wie »mehr Geld« oder »besser leben«. Was GENAU willst du? Arbeite hierzu deine Antworten aus dem ersten Kapitel detailliert aus.

- Nicht mehr arbeiten müssen?
- 5000 Euro monatlich passiv?
- Drei Monate im Jahr reisen?

Finanzielle Freiheit beginnt nicht mit Geld.
Sie beginnt im Kopf – mit der Klarheit darüber,
was du brauchst und was du nicht brauchst.

Und vor allem brauchst du dein persönliches Warum. Ohne das wird jede Zahl bedeutungslos. Also, WARUM willst du nicht mehr arbeiten? WARUM drei Monate im Jahr reisen? Schreibe dieses Warum hinter deinen Begriff von finanzieller Freiheit.

Wie viel Geld brauchst du pro Monat, um diesen Zustand zu erreichen?

Rechne es grob aus. Kein Taschenrechner nötig – eine erste Näherung reicht. Beispiel: Du brauchst 3000 Euro netto im Monat.

Ohne Zielzahl wirst du nie wissen, ob du auf dem richtigen Weg bist.

Welches Gefühl willst du haben, wenn du finanziell frei bist?

Leichtigkeit? Unabhängigkeit? Sicherheit? Freude?

Und was bist du bereit, dafür zu tun – oder zu lassen?

Ohne Emotion keine Veränderung. Wenn dir nichts an finanzieller Freiheit liegt, wirst du es nicht durchziehen. Punkt.

WIE VIEL ZEIT GIBST DU DIR?

Jetzt kommt der ultimative Reality-Check.

In wie vielen Jahren willst du finanziell unabhängig sein?

10 Jahre? 15 Jahre? 20 Jahre?

Viele Menschen wollen finanziell frei sein, aber setzen sich dafür nie ein Datum. Das ändern wir heute.

Ohne Deadline ist jedes Ziel nur ein Wunsch.

WARUM SIND DIESE ANTWORTEN SO WICHTIG?

Vielleicht denkst du dir jetzt: *»Schon wieder Mindset? Schon wieder Profile? Ich will einfach nur wissen, wie die Strategie funktioniert!«* Und das ist völlig okay. Wenn du sofort loslegen willst – spring direkt zur Strategie.[17] Du wirst dort genau erfahren, wie du in nur 60 Minuten dein Vermögen wachsen lassen kannst.

Aber wenn du ehrlich hinschauen möchtest, warum du bisher so gehandelt hast, wie du handelst, dann lies hier weiter. Denn die beste Strategie der Welt nützt dir nichts, wenn du dich selbst sabotierst. Ohne die richtige Einstellung zum Geld, ohne Bewusstsein für deine eigenen Denkmuster wird jede Strategie irgendwann ins Leere laufen. Deshalb starten wir hier mit dem, was wirklich zählt: Selbsterkenntnis.

---

17 Im Kapitel »Der Umsetzungsplan in 7 Schritten« erkläre ich dir die Strategie Schritt für Schritt.

Viele überspringen diesen Teil, weil er unbequem ist. Sie denken: »Ach, ich fang einfach an, ich lese weiter, dann wird das schon.« Aber hier liegt der erste Schlüssel: Erst Klarheit, dann Strategie. Wenn du heute weißt, wo du stehst, wirst du später viel einfacher Entscheidungen treffen können – weil du genau siehst, welcher Hebel für dich den größten Unterschied macht.

Das ist auch der Grund, warum mein Team und ich die Strategie »Reich in 60 Minuten« entwickelt haben. Dieses Buch soll dir nicht nur eine Methode an die Hand geben, sondern dich befähigen, endlich selbstbewusst und klar über dein Geld zu entscheiden. Genau deshalb schauen wir genauer hin. Neben der Strategie bekommst du das nötige Hintergrundwissen und ein neues Geld-Mindset. Was du verlierst: blindes Vertrauen aufs Bauchgefühl und das schlechte Gewissen, bisher nicht optimal gehandelt zu haben. Oder nicht zu wissen, was genau dein nächster Schritt ist. Und – noch eins – ein schlechtes Gewissen. Wenn du bisher gezögert hast – okay. Vorsicht ist menschlich. Aber jetzt darfst du neu entscheiden.

Ich habe in den letzten Jahren Tausende Gespräche geführt – in Mentorings, auf Seminaren, in Webinaren – und dabei immer wieder festgestellt: Es gibt ein paar typische Anlegerprofile. Findest du dich in einem dieser Profile wieder, wirst du sofort merken, warum deine Investments bisher noch nicht so richtig funktioniert haben und was du ab heute anders machen kannst.

Profil 1 – Die Sicherheitsliebenden

Du hast dein Geld brav auf dem Tagesgeldkonto geparkt oder vielleicht sogar in einen Bausparvertrag gesteckt. Sicherheit ist dir wichtig, aber wenn du ehrlich bist, weißt du, dass die Inflation dein Geld auffrisst. Du machst nichts falsch. Du bist auch nicht naiv. Du hast einfach genau das getan, was dir jahrelang erzählt wurde: »Bring dein Geld zur Bank, da ist es sicher.« Doch dabei gibt es ein Problem: Bei 2 bis 3 Prozent Zinsen und einer Inflation von 5 Prozent oder mehr bedeutet das, dass dein Geld real und mit Sicherheit immer weniger wert wird. Leider ist das nicht die Sicherheit, die du dir gewünscht hast …

Profil 2 – Die Überforderten

Du hast vielleicht schon ein Depot. Du liest Finanzblogs, hörst Podcasts, folgst YouTube-Kanälen. Du hast schon mal von ETFs, Dividendenstrategien[18] und »Buy and Hold«[19] gehört. Aber du fühlst dich von all diesen Informationen eher erschlagen als inspiriert. Jeden Tag taucht ein neuer Guru auf, der dir die »beste« Strategie verspricht. Und am Ende machst du … nichts. Das liegt nicht an dir. Es liegt daran, dass die Informationsflut draußen so groß ist, dass du schlicht keinen Überblick mehr hast, was wirklich funktioniert. Genau deshalb brauchst du einen klaren Plan, der dir Schritt für Schritt aufzeigt, was für dich Sinn ergibt – und welche »garantiert todsicheren Informationen« du getrost ignorieren kannst.

Profil 3 – Die Draufgänger

Du bist mutig. Vielleicht zu mutig. Du hast schon Aktien gekauft, weil du irgendwo gehört hast, dass »da richtig was geht«. Du hast vielleicht sogar mal in Kryptowährungen investiert, ohne wirklich zu wissen, was du da tust. Und ja, manchmal hattest du Glück und ein paar Hundert oder sogar Tausend Euro mehr auf dem Konto – aber Hand aufs Herz: Genauso oft hast du Geld verloren. Das Problem ist nicht dein Mut. Der ist prinzipiell gut. Aber ohne System ist diese Art, zu investieren, wie Autofahren ohne Navi: Du bewegst dich – aber oft in die

---

18 Dividendenstrategien zielen darauf ab, in Aktien von Unternehmen zu investieren, die regelmäßig und zuverlässig Dividenden ausschütten, also Teile ihres Gewinns. Diese Erträge können reinvestiert oder als passives Einkommen genutzt werden und gelten als besonders attraktiv für langfristig orientierte Anleger.

19 Buy and Hold bedeutet, Aktien langfristig zu halten – unabhängig von kurzfristigen Kursschwankungen. Diese Strategie basiert auf Vertrauen ins Unternehmen und reduziert Transaktionskosten sowie emotionales Handeln.

falsche Richtung. Du musst also nicht weniger mutig sein, du brauchst einfach eine klare Strategie, die dir zeigt, welche Investments Sinn machen – und von welchen du lieber die Finger lässt.

Profil 4 – Die Spätstarter

Du bist vielleicht schon über 40 oder 50 und hast bisher wenig oder gar nichts fürs Alter zurückgelegt. Nun denkst du, dass es schon zu spät ist, überhaupt noch zu investieren. Doch nein, es ist nicht zu spät. Allerdings musst du anders vorgehen als jemand, der mit 20 anfängt, jeden Monat 200 Euro zu investieren. Wenn du vermeintlich »spät dran« bist, gilt es, die richtige Balance zwischen Risiko und Sicherheit zu finden, sodass du dir in relativ kurzer Zeit einen soliden Vermögensaufbau sichern kannst. Ich habe viele Kunden, die mit Mitte 50 gestartet sind und trotzdem Vermögen aufgebaut haben.

Profil 5 – Die Träumer

Du liest viel über finanzielle Freiheit, folgst Influencern auf Social Media und träumst von Villen, Yachten und Weltreisen. Aber bisher hast du keinen einzigen Euro investiert. Und genau das ist das Problem: Träumen allein baut kein Vermögen auf. Und hier und jetzt kommt der Punkt, an dem du dich entscheiden musst: Bleibst du nur Zuschauer und träumst weiter von der Yacht oder wirst du Teilnehmer am Finanzgame?

Egal, in welchem Profil du dich wiederfindest oder ob du sogar mehrere Eigenschaften einiger Profile in dir vereinst: Das Entscheidende ist, dass du ab heute bewusst handelst. Vielleicht musst du umdenken. Vielleicht musst du alte Glaubenssätze hinterfragen. Vielleicht musst du dich endlich trauen, überhaupt einmal Verantwortung für dein Geld zu übernehmen.

Und vielleicht macht dir das Ganze auch Angst. Doch nur, wenn du dranbleibst, wirst du mehr Freiheit, mehr Sicherheit und mehr Selbstbestimmung gewinnen, als du heute vielleicht für möglich hältst. Nur eines solltest du nicht mehr tun: zögern. Denn jede Entscheidung, die du heute triffst, bringt dich deinem Ziel näher. Keine Entscheidung zu treffen hält dich jedoch dort fest, wo du bist.

Zögern ist teuer

Ich kann dir gar nicht sagen, wie oft ich Sätze höre wie: »Mario, ich beobachte dich schon so lange, hätte ich doch ... « Ich erinnere mich noch gut an einen Teilnehmer einer Veranstaltung – nennen wir ihn Andreas. Er hat meine Inhalte bereits jahrelang verfolgt. YouTube, Vorträge, Workshops – alles. Und er hatte auch das Kapital, um zu investieren. Aber er hat nie angefangen, denn immer »war irgendwas«: Kinder, Jobwechsel, Auto kaputt. Als er dann endlich loslegte, war der Markt gerade auf dem Allzeithoch. Auf der Veranstaltung sagte er in der Pause zu mir: »Hätte ich nur schon vor fünf Jahren auf dich gehört.« Heute ist er investiert, aber der Preis war hoch – nicht aufgrund von Verlusten, sondern wegen verpasster Chancen. Viele Menschen warten viel zu lange mit dem Investieren. Manchmal fünf Jahre, manchmal zehn. Und wenn sie dann loslegen, sagen sie einige Zeit später fast immer: »Ich hätte einfach früher anfangen sollen.« Diese Menschen haben Geld verloren – nicht, weil sie falsch investiert haben, sondern weil sie gar nicht investiert haben.

Und damit sind wir beim Thema Opportunitätskosten[20] – einem der wichtigsten, aber unterschätztesten Konzepte beim Vermögensaufbau, und deshalb möchte ich hierauf besonders eingehen.

Zahn Jahre Abwarten kosten dich ein Vermögen

Angenommen, du legst 10.000 Euro an und erzielst mit einer simplen Strategie 8 Prozent Rendite pro Jahr – eine Zahl, die nicht nach übermäßig viel klingt, und mit der »Reich in 60 Minuten«-Strategie

---

20 Opportunitätskosten sind die entgangenen Gewinne, wenn du dein Geld nicht investierst. Wer abwartet, verliert also nicht nur Zeit – sondern auch Vermögen.

ist deutlich mehr Rendite für dich drin, doch dazu kommen wir später. Nach 20 Jahren hättest du aus diesen 10.000 Euro rund 46.600 Euro gemacht.[21] Wartest du aber erst noch 10 Jahre ab, bevor du mit dem Investieren startest, hast du nach denselben 20 Jahren nur rund 21.600 Euro. Das sind 25.000 Euro Unterschied – nur weil du gezögert hast.

So wächst dein Geld bei 8 % Rendite pro Jahr

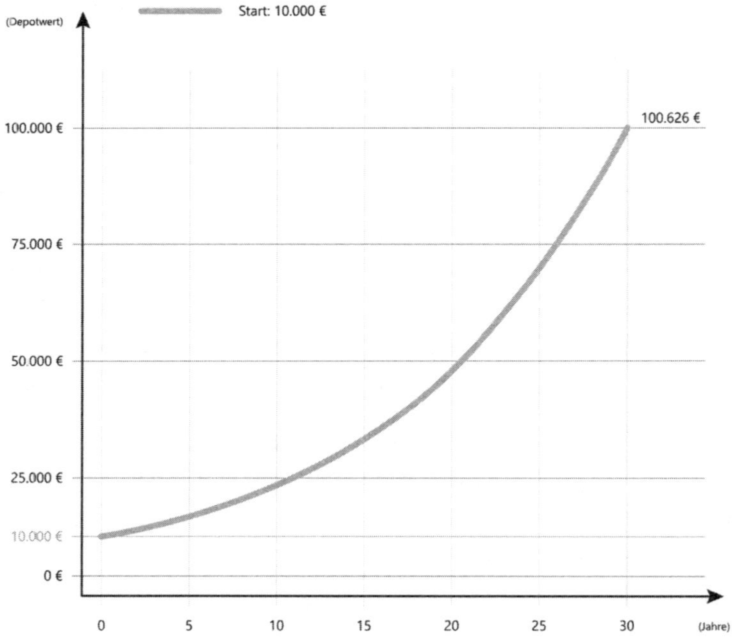

Und jetzt rechne das mal hoch: Stell dir vor, du sparst 300 Euro im Monat, 20 Jahre lang. Wenn du jetzt startest, sind das bei 8 Prozent Rendite rund 117.000 Euro mehr, als wenn du erst in 10 Jahren beginnst. Das ist kein Trick, das ist reine Mathematik.

21 Die genannten Beträge ergeben sich **nur**, weil alle jährlichen Gewinne automatisch wieder reinvestiert werden. Das heißt: Jeder Euro Rendite arbeitet im nächsten Jahr wieder mit – der Zinseszinseffekt sorgt dafür, dass dein Kapital immer schneller wächst.

Monatssparen: 300€ bei 8% Rendite – jetzt starten vs. warten

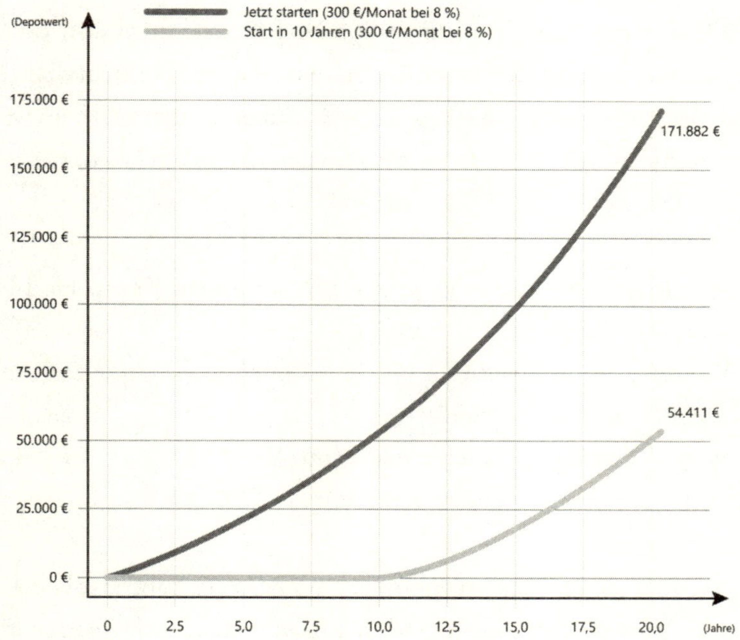

Die meisten Menschen denken: »Ich habe ja noch Zeit. Ich fange an, zu investieren, wenn die Kinder groß sind und das Haus oder die Kredite abbezahlt.« Aber dem Zinseszins[22] ist es völlig egal, ob du noch zehn weitere Jahre darauf warten möchtest, dass du endlich zum Investor wirst. An den Grafiken siehst du, dass dich jedes Jahr, das du verpasst, am Ende Zehntausende Euro kostet. Das Verrückte daran ist, dass du das gar nicht merkst. Es fühlt sich so an, als würdest du nichts verlieren, weil dein Geld ja noch da ist – auf deinem Sparkonto oder in irgendwelchen Produkten angelegt, die kaum Rendite bringen. Doch genau

22 Der Zinseszinseffekt beschreibt den Prozess, bei dem Erträge erneut investiert werden und dadurch selbst weitere Erträge erwirtschaften – ein sich selbst verstärkender Wachstumsmechanismus. Je früher du beginnst, desto mehr wirkt sich dieser Effekt langfristig aus.

diese Rendite, die du nicht bekommst, ist eine unsichtbare Rechnung, die dein Zukunfts-Ich irgendwann bezahlen muss.

Während du vielleicht noch denkst: »Ich bereite mich aber doch vor, ich informiere mich, bin doch nicht untätig«, verpasst du die besten Jahre für den Vermögensaufbau. Denn je früher du startest, desto weniger musst du später einzahlen, um dasselbe Ziel zu erreichen.

Drei Fragen, die du dir heute stellen kannst:

- Wenn ich heute nichts ändere – wie sieht mein Kontostand in zehn Jahren aus?
- Was wäre, wenn ich einfach nur 60 Minuten in die Umsetzung investiere – und es funktioniert?
- Wovor habe ich eigentlich mehr Angst: Vor einem kleinen Fehler? Oder davor, es nie versucht zu haben?

Die meisten erfolgreichen Investoren, die ich kenne, haben früh angefangen. Auch sie haben nicht von Anfang an perfekt und fehlerfrei investiert – aber sie sind gestartet. Der Unterschied zwischen Erfolg und Frust ist oft nur eine Entscheidung: Startest du heute oder verschiebst du es wieder?

Frag dich jetzt bitte einmal: Was kostet es mich, weiter nichts zu tun oder so weiterzumachen wie bisher? Schau dir die Zahlen in den Grafiken noch mal an. Zögern ist der teuerste Luxus, den du dir leisten kannst. Und genau deswegen zeige ich dir in den nächsten Kapiteln Schritt für Schritt, wie du aufhörst, zu zögern, indem du einen klaren Plan bekommst, der funktioniert. Du brauchst keine Angst vor Fehlern haben – das System, das wir hier aufbauen, ist einfach, logisch und sofort umsetzbar. ANFANGEN musst du selbst.

Der beste Zeitpunkt, dein Geld für dich arbeiten zu lassen, war gestern. Der zweitbeste ist heute.

Warum ist Zögern keine gute Idee? Der Grund ist simpel: Zinseszins. Wenn dein Geld für dich arbeitet, erhältst du nicht nur auf deine Einlage Rendite, sondern auch auf die Gewinne, die du schon gemacht hast. Jeder Monat, den du wartest, kostet dich also bares Geld. Und ich rede dabei nicht von »Peanuts« ...

Genau hier setzt die Strategie aus diesem Buch an. Wir schauen uns an, wohin dein Geld am besten fließt, wie du die Fehler der Masse vermeidest und wie du selbst mit kleinen Beträgen dein Vermögen systematisch aufbauen kannst. Aber eins muss dir unbedingt klar sein: Zögern hat seinen Preis. Und der Preis ist hoch.

Deshalb ist dieses Buch nicht dafür da, dass du es liest und dann wieder in den Alltag zurückfällst. Es ist dafür da, dass du ins Handeln kommst. Denn je früher du die ersten Schritte machst, desto größer ist dein finanzieller Vorsprung und desto näher bist du an echter Freiheit.

Du hast keine Zeit zu verlieren. Denn je später du anfängst, desto mehr musst du einzahlen, um das Gleiche zu erreichen. Und irgendwann reicht deine Lebenszeit nicht mehr aus, um es aufzuholen. Du willst sicher nicht in zehn Jahren zurückblicken und denken: *Ich wusste, wie ich mein Geld für mich arbeiten lassen kann, und habe trotzdem nichts getan.*

Deshalb ist mein Appell an dich: Mach's dir einfach. Denn stell dir vor, du sitzt in zehn Jahren am Küchentisch, schaust auf deinen Kontostand und merkst, dass du alles schon wusstest, um finanziell frei zu werden. Du hattest das Wissen. Du hattest die Möglichkeiten. Und hast trotzdem nicht gehandelt Dieses Gefühl ist unbezahlbar – im negativen Sinn. Lass es nicht so weit kommen. Fang an. Heute.

SO WEITERMACHEN WIE BISHER?

Ich weiß, manchmal klingt es so, als würde ich mit Absicht auf den Schmerzpunkten herumreiten oder immer und immer wieder über Glaubenssätze und Denkfehler reden – aber glaub mir, das mache ich nicht, weil es mir Spaß macht. Ich tue es, weil ich in den letzten Jahren erkannt habe, dass genau hier der Schlüssel liegt.

Wenn wir uns nicht bewusst sind, was in uns vorgeht, dann sabotieren wir uns selbst – immer wieder, und oft, ohne es zu merken. Wir treffen Entscheidungen aus Angst statt aus Klarheit, handeln impulsiv statt strategisch und wundern uns dann, warum wir trotz bester Absichten und allem Wissen über Geld und Investments nicht wirklich vorankommen.

Genau deshalb beharre ich nicht nur in meinem Buch, sondern auch bei Gesprächen mit Kunden, in meinen YouTube-Videos und auch Workshops und Seminaren immer wieder auf diesen Punkten. Nicht um dich oder andere Menschen zu nerven, sondern um wachzurütteln. Denn der Unterschied zwischen Menschen, die langfristig Vermögen aufbauen, und denen, die immer wieder von vorn anfangen, liegt selten in der Intelligenz oder im Einkommen. Er liegt im Bewusstsein und damit der Fähigkeit, sich selbst zu verstehen.

Vielleicht kennst du das Beispiel der Lottospieler: Die meisten von ihnen sind nach wenigen Jahren wieder pleite. Nicht, weil sie zu wenig Geld gewonnen hätten, sondern weil sie nicht gelernt haben, wie man damit umgeht und wie man denkt wie ein Investor. Sie haben ihr altes Mindset, das meist nicht auf Millionär gepolt ist, einfach mit mehr Geld multipliziert. Das Ergebnis ist immer dasselbe: Das Geld verschwindet genauso schnell, wie es gekommen ist.

Wenn du lernst, anders zu denken, wirst du auch anders handeln. Und wenn du anders handelst, wirst du andere Ergebnisse erzielen.

Übrigens einer der absoluten Grundsätze für Veränderungen im Leben, nicht nur beim Thema Investments.

Darum bleibe ich bei diesem Thema dran. Wenn du bereit bist, dich ehrlich zu betrachten, Verantwortung zu übernehmen und dich nicht mehr kleinzumachen, dann hast du alles, was du brauchst, um erfolgreich zu investieren, dauerhaft und mit innerer Ruhe.

Und ich möchte dir absolut glasklar machen, dass jeder Tag, den du zögerst, dich bares Geld kostet. Genau deshalb bin ich so hartnäckig. Also machen wir jetzt einen Test: Was kostet dich dein Zögern wirklich?

Nun wird's persönlich, denn jetzt rechnen wir nicht mehr mit meinen Zahlen, also irgendwelchen Beispielen, sondern deinen Zahlen. Denn das, was dich das Warten tatsächlich kostet, hängt nur von deiner Situation ab.

Nimm dir erneut einen Block und einen Taschenrechner oder öffne die Notizen-App auf deinem Handy. Und dann rechnen wir einmal in drei einfachen Schritten durch:

Schritt 1: Definiere deinen Startbetrag

Überlege dir, wie viel Geld du heute investieren könntest. Das kann alles sein:

- 5000 Euro Startkapital
- oder auch nur 50 Euro pro Monat.

Es geht nicht um die Höhe, sondern um einen Anfangspunkt.

Schritt 2: Setze eine realistische Rendite an

Wir rechnen hier erst einmal nur mit 8 Prozent Durchschnittsrendite pro Jahr. Klingt vielleicht wenig, aber du wirst gleich sehen, wie ertragreich das ist.

Schritt 3: Vergleiche »Start heute« mit »Start später«

Jetzt kommt der spannende Teil: Stell dir vor, du schiebst deinen Start um fünf Jahre auf.

Hier ein Beispiel mit 200 Euro monatlicher Sparrate, jährlicher Verzinsung und 8 Prozent Rendite:

- **Start heute (30 Jahre):** ca. **284.000 Euro**
- **Start in 5 Jahren (25 Jahre):** ca. **183.000 Euro**
- **Start in 10 Jahren (20 Jahre):** ca. **115.000 Euro**[23]

Siehst du das? Fünf Jahre Warten kosten dich fast 100.000 Euro. Zehn Jahre Warten kosten dich über 150.000 Euro. Dieses Geld ist für immer weg, und zwar ohne, dass du es je in der Hand hattest.

Hier siehst du, wie massiv der Unterschied sein kann, wenn du wartest. Bei 8 Prozent Rendite verlierst du durch einen Start in zehn Jahren schon über **169.000 Euro**. Bei 12 Prozent Rendite sind es sogar **über 430.000 Euro**. Und bei 15 Prozent Rendite reden wir von rund 860.000 Euro, die dir entgehen.

---

23 Berechnet mit Beispielrechner unter: https://marioclueddemann.com/zinsrechner – hier kannst du auch selbst berechnen, wie viel Geld dich das Zögern kostet.

Opportunitätskosten: Wie Warten dein Vermögen kostet

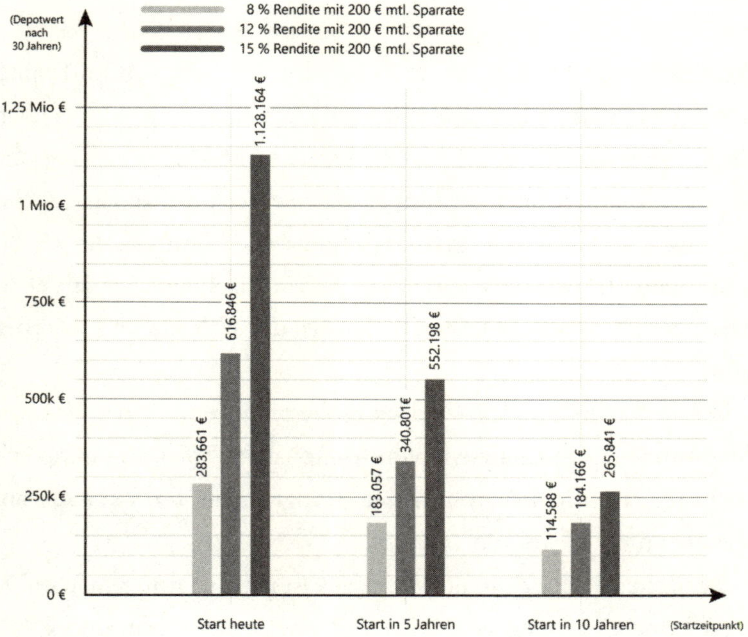

Genau das sind Opportunitätskosten: Geld, das du nie bekommst – nur weil du gezögert hast. Nicht zu entscheiden kostet dich ein Vermögen. Jeder Monat zählt.

Je früher du anfängst, desto mehr Zeit arbeitest du für dich.

Je länger du zögerst, desto mehr arbeitest du für andere.

Genau deshalb habe ich einen Weg entwickelt, der einfach funktioniert, auch wenn du null Vorwissen hast. Du brauchst kein Mathegenie zu sein, um diese Strategie umzusetzen. Du brauchst keine Wall-Street-Analysesoftware. Nur das Verständnis darüber, wie dein Geld wächst und wie die größten Investoren der Welt denken und investieren. Und dann heißt es dranbleiben.

REICH IN 60 MINUTEN – DEIN FAHRPLAN ZUR FINANZIELLEN FREIHEIT

Jetzt bekommst du einen ersten Vorgeschmack, bevor du im Kapitel »Dein Umsetzungsplan in 7 Schritten« die komplette Strategie erfährst. Die Strategie »Reich in 60 Minuten« ist keine Zauberei und garantiert kein »Schnell-reich-über-Nacht«-Versprechen. Es ist eine praxisnahe, einfache und extrem wirkungsvolle Methode, die wir bei Lüddemann Investments entwickelt haben, nachdem wir jahrelang analysiert haben, was die besten Investoren der Welt tun und was eben nicht.

Stell dir vor, du legst dein Geld wie die besten Investoren der Welt an – ohne stundenlange Analysen, ohne komplizierte Tools und ohne jede Woche die Nachrichten zu studieren. Klingt zu gut, um wahr zu sein? Ist es aber nicht.

Die Strategie »Reich in 60 Minuten« ist genau dafür gemacht: Du musst keine Charts studieren, keine Bücherberge wälzen und schon gar nicht raten, welche Aktie »heiß« sein könnte. Stattdessen schauen wir uns an, was die erfolgreichsten Investoren der Welt kaufen – die Milliardäre, die seit Jahrzehnten den Markt schlagen. Menschen wie Warren Buffett, George Soros oder Ron Barron und weitere. Wir nehmen die Essenz ihrer Strategien und machen sie für dich umsetzbar. Was ich beispielsweise von Buffett gelernt habe? Geduld an der Börse schlägt Panik. Und genau diese Erkenntnis ist ein Teil der 60-Minuten-Strategie.

Das Beste daran ist, dass du für die Umsetzung dieser Strategie nur etwa 60 Minuten pro Jahr brauchst (nachdem du alles dafür vorbereitet hast und du dir etwas Hilfe ins Boot holst). Diese Strategie ist kein Vollzeit-Aktienanalyse-Job, keine Zockerei, kein nervöses, tägliches Hin-und-Her. Einmal pro Jahr setzt du dich hin, analysierst die Portfolios der erfolgreichen Investoren oder nutzt unsere Liste als Hilfestellung, passt dein Depot an und lässt ab sofort dein Geld für dich arbeiten.

Das Entscheidende ist, dass du nicht mehr blind investierst. Du kaufst keine Bankprodukte mehr, bei denen nur der Anbieter gewinnt. Stattdessen setzt du auf ein System, das bereits seit Jahren funktioniert und das ich Schritt für Schritt in diesem Buch für dich aufbereite.

Du musst nur lesen, verstehen und umsetzen. Die Grundlagen für dieses System lernst du in den folgenden Kapiteln, und sobald du es verstanden hast, sind es jedes Jahr diese magischen 60 Minuten, die den Unterschied machen zwischen »Ich hoffe, dass ich irgendwann genug habe« und »Ich weiß, dass ich genug haben werde«.

---

60 Minuten – einmal im Jahr. Und der Rest läuft für dich.

Wir haben das System so entwickelt, dass es dir maximale Klarheit gibt:

- **was** du kaufen sollst,
- **warum** genau diese Aktien,
- **wie** du Schritt für Schritt vorgehst.

Du bekommst also keine endlosen Theorien, sondern einen konkreten, umsetzbaren Plan. Und dieses Buch führt dich Schritt für Schritt dorthin. Aber bevor wir ins Detail gehen, musst du noch eine Sache verstehen. Es geht hier nicht darum, morgen reich zu sein. Es geht darum, dir die Freiheit aufzubauen, dein Leben so zu leben, wie du es willst. Und ja – das geht einfacher, als du bisher dachtest.

DIE 60 MINUTEN – AUF EINEN BLICK

Damit du später wirklich mit nur 60 Minuten pro Jahr auskommst, musst du am Anfang etwas mehr Zeit investieren. Es braucht einmalig ein paar Stunden, um die Grundlagen zu schaffen: dein Depot einzurichten, die Strategie zu verstehen und deine ersten Investments sauber aufzusetzen. Danach läuft das System so, wie es gedacht ist: klar, einfach und ohne ständige Kontrolle.

Was passiert in dieser einen Stunde pro Jahr? Genau das hier: Dauer des gesamten Prozesses (circa)

1. **Check (circa 10 Minuten)**
   Starte mit einem kurzen Blick auf dein Depot. Prüfe, wie sich deine bisherigen Investments entwickelt haben und ob du noch alle 15 Positionen hältst.

2. **Update (circa 10 Minuten)**
   Jetzt folgt der wichtigste Teil: Finde heraus, welche Aktien die Top-Investoren im aktuellen Quartal oder Jahr gekauft haben. In diesem Buch lernst du Schritt für Schritt, wie du diese Informationen findest. Wir stellen dir hierfür mehrere Methoden vor, sei es über offizielle Plattformen wie EDGAR, aufbereitete Daten beispielsweise von Dataroma oder die einfachste Methode, die Lüddemann-Liste.[24]

---

24 Wenn du dir die Arbeit sparen willst, kannst du einfach die jährlich aktualisierte Top-15-Liste von Lüddemann Investments herunterladen – basierend auf den Daten von 144 der erfolgreichsten Investoren der Welt. Das ist deine Abkürzung zu geprüften Qualitätsaktien. Falls du die Ermittlung selbst vornimmst, benötigst du etwas mehr Zeit. Mehr zur Liste auf den folgenden Seiten.

3. **Anpassen (ca. 10 Minuten)**
   Vergleiche deine aktuelle Depotstruktur mit der neuen Liste:

   - Welche Aktien stehen noch auf der Liste?
   - Welche sind neu dazugekommen?
   - Welche Aktien sind nicht mehr auf der Liste?

4. **Rebalancieren**
   Rebalanciere dein Depot. Dafür ermittelst du, welchen Anteil die Aktien, die in dein Depot gehören, genau haben müssen. Hierfür gibt es mehrere Methoden, die wir dir im Verlauf dieses Buches weiter vorstellen werden.

   - Verkaufe die Werte, die nicht mehr dazugehören.
   - Reduziere Positionen, die nach dem Rebalancing einen zu großen Anteil in deinem Depot einnehmen.
   - Kaufe die neuen Aktien in den richtigen Anteilen nach.
   - So bleibst du konsequent am Puls der besten Investoren.

5. **Fertig**
   Kein tägliches Beobachten, kein nervöses Nachjustieren. Du hast dein System eingerichtet – ab nun arbeitet dein Geld für dich.

Wenn du jetzt noch nicht alles verstanden hast, bitte keine Panik. Im Kapitel »Der Umsetzungsplan in 7 Schritten« erfährst du im Detail, was du alles machen musst.

Was ist die Lüddemann-Liste?

Die Lüddemann-Liste ist ein kostenfreies Bonus-Angebot zu diesem Buch.

Sie hilft dir dabei, dein Aktiendepot in kürzestmöglicher Zeit nach der in diesem Buch beschriebenen Strategie auszurichten. Die Liste enthält eine übersichtliche Zusammenstellung ausgewählter Aktien.

Was enthält die Lüddemann-Liste?

- Eine kompakte Auswahl von Aktien, die zur »Reich in 60 Minuten«-Strategie passen, ausgewählt aus den Top-Aktien, denen 144 der erfolgreichsten Investoren der Welt vertrauen.
- Eine klare Struktur, die dir zeigt, welche Aktien für die »Reich in 60 Minuten«-Strategie relevant sind.
- Regelmäßige Aktualisierungen, damit die Liste nicht veraltet.

Musst du die Liste nutzen?

Nein. Die Strategie dieses Buches funktioniert auch ohne die Lüddemann-Liste vollständig.

Aber: Die Liste ist eine Abkürzung. Sie spart Zeit, schafft Orientierung und reduziert Komplexität, vor allem am Anfang.

Wo bekommst du die Lüddemann-Liste?
Du kannst die Lüddemann-Liste kostenfrei abrufen:
https://mariolueddemann.com/bonus-reich-in-60-minuten

Auf der Seite findest du zusätzlich weiteres Bonusmaterial zum Buch, zum Beispiel vertiefende Erklärungen zu Vorgehensweisen und zur praktischen Umsetzung.

DER ENTSCHEIDENDE UNTERSCHIED

Der Unterschied zwischen »Reich in 60 Minuten« und dem, was die meisten anderen tun, ist einfach: Wir arbeiten nicht mit Tipps aus TikTok-Videos oder kurzfristigen Hypes, sondern mit Daten, die auf Jahrzehnten erfolgreicher Investmentstrategien basieren. Wir folgen dem, was die Besten der Welt tun, und wir haben es so runtergebrochen, dass es auch für Einsteiger verständlich und machbar ist.

Wenn du jetzt direkt einsteigen willst, dann gehe direkt weiter zum Kapitel »Der Umsetzungsplan in 7 Schritten«, dort erkläre ich dir die Strategie ganz genau. Wenn du aber erst weiter an der wichtigen Basis arbeiten möchtest, dann bleib einfach dran und lies hier weiter.

WAS DU HEUTE UMSETZEN KANNST

Nun hast du deine Ziele formuliert und deinen Status quo ermittelt. Du weißt, wo du stehst und wo du hinwillst. Ab hier wird es spannend – denn jetzt geht es um erste Entscheidungen, die du treffen musst. Denn nicht zu entscheiden ist auch eine Entscheidung. Und meistens die teuerste von allen.

Vielleicht hast du beim Lesen der Beispiele gemerkt, wie viel dich Zögern kosten kann. Die Opportunitätskosten sind brutal, nicht nur finanziell, sondern auch emotional. Jeder Monat, den du wartest, ist ein Monat, in dem dein Geld nicht für dich arbeitet. Und die Zeit bekommst du nie zurück. Aber die gute Nachricht ist: Du kannst heute anfangen, das zu ändern.

Setz dich jetzt, nachdem du mehr über die Opportunitätskosten erfahren hast, noch einmal bewusst hin und schreib auf, wie deine finanzielle Zukunft aussehen soll. Vielleicht entscheidest du dich ja, auf deinen täglichen Starbucks-Kaffee zu verzichten und die 100 Euro monatlich zu investieren? (20 Kaffee à 5 Euro)? Wenn du keinen Kaffee trinkst, gibt es bestimmt anderweitig Potenzial für weniger Konsum. Du entscheidest: Gibst du 100 Euro im Monat für Kram aus, den du gleich wieder vergisst? Oder schaffst du dir Vermögen fürs Leben?

6. Entscheide, wie viel Freiheit du wirklich willst

- Willst du 300 Euro, 500 Euro oder 1000 Euro zusätzlich im Monat?
- Willst du dir mittelfristig ein Polster von 50.000 Euro aufbauen – oder langfristig ein Millionendepot?
- Geht es dir um Sicherheit, um Freiheit oder um beides?

Dein Ziel bestimmt deine Strategie.

7. Berechne, was dich Warten kostet

Schau dir genau an, was es bedeutet, mit dem Betrag, den du investieren möchtest, heute zu starten oder erst in fünf oder zehn Jahren. Such dir dafür einen Zinseszinsrechner aus dem Internet oder verwende unseren Rechner:

https://marioslueddemann.com/zinsrechner

Mach dir das bewusst: Zögern kostet Geld. Viel Geld. Und genau das ändern wir ab jetzt.

8. Bereite deinen Start vor

Bevor wir in den nächsten Kapiteln richtig in die Strategie einsteigen, triff eine Entscheidung:

- Leg deine monatliche Sparrate fest. Egal, ob es 50, 200 oder 500 Euro sind – Hauptsache, du fängst an.
- Schreib deinen Betrag auf einen Zettel und häng ihn gut sichtbar auf.
- Plane deinen Starttermin: Wann eröffnest du dein Depot? Wann tätigst du deinen ersten Kauf?
- Und vor allem: Committe dich selbst. JETZT ist der beste Zeitpunkt, zu starten. Nicht irgendwann.

KAPITEL 3

10 DENKFEHLER, DIE DICH ERFOLG KOSTEN

Du hast schon investiert? Prima. Also hast du vermutlich schon Bücher gelesen, Podcasts gehört, YouTube-Videos geschaut. Du weißt, was ETFs sind, hast schon mal was von Dividenden[25] gehört und vielleicht sogar Aktien gekauft. Wissen hast du genug gesammelt. Aber hat dich dieses Wissen wirklich weitergebracht? Hat es dich bereits dahin gebracht, wo du finanziell stehen willst? Bei den meisten Menschen lautet die ehrliche Antwort: Nein.

Du brauchst also nicht noch mehr Informationen. Du brauchst Klarheit, einen Plan und Informationen, welche Schritte wann sinnvoll sind – und welche du getrost weglassen kannst.

---

25 Die Dividende bezeichnet den Teil des Gewinns, den ein Unternehmen regelmäßig an seine Aktionärinnen und Aktionäre ausschüttet – meist quartalsweise oder jährlich. Sie ist für viele Anleger ein Zeichen finanzieller Stabilität und bietet neben Kursgewinnen eine zusätzliche Ertragsquelle.

Ich sehe täglich hochmotivierte Menschen, die sich durch Blogs, YouTube-Kanäle und Finanzforen wühlen. Stunden um Stunden verbringen sie damit, sich »schlauzumachen«. Aber am Ende stehen sie trotzdem verunsichert da – mit einem Bauch voller Zweifel und oft auch einem Depot, das eher nach Zufall aussieht als nach Strategie.

Und ich verstehe das. Ich war selbst mal an dem Punkt. Ich dachte, ich hätte den Aktienmarkt verstanden. Ich dachte, wenn ich nur genug lese, wenn ich nur genug über die »richtigen Aktien« weiß, dann werde ich schon Erfolg haben. Wissen ist toll. Aber Wissen allein macht dich noch nicht reich.

Ich selbst habe unzählige Fehler gemacht auf meinem Weg zum erfolgreichen Investor. Ich habe Tipps von Bekannten umgesetzt, mich von Hypes anstecken lassen, auf irgendwelche Top-Geheimtipp-Aktien gesetzt, weil gefühlt alle gerade diese Aktien gekauft haben. Und oft genug musste ich dabei zusehen, wie mein Depot nicht wuchs, sondern schrumpfte. Es waren schmerzhafte Lektionen – aber es war auch die Grundlage für alles, was ich heute tue und was ich gelernt habe, insbesondere was »Besserwisserei« angeht.

Und genau deshalb spreche ich immer wieder über Denkfehler. Nicht, um dich zu belehren, sondern um dich davor zu bewahren, dieselben Umwege zu gehen. Die meisten Anleger scheitern nicht am Markt, sie scheitern an sich selbst. An Ungeduld. Am falschen Timing. An der Illusion, es »besser zu wissen«. Wenn du aber verstehst, wo diese blinden Flecken liegen, kannst du sie vermeiden, und genau das bringt dich weiter als jedes neue Video über den nächsten Börsenhype. Deshalb reite ich so oft auf diesen Themen herum. Weil hier der wahre Unterschied liegt – zwischen »mal Glück gehabt« und langfristig erfolgreich investiert.

Die Börse verzeiht dir keine Arroganz.

Die Börse schert sich nicht um dein Bauchgefühl, nicht darum, ob der Kaffee bei Starbucks lecker war und sein »Geld wert«, und auch nicht darum, was dein Nachbar gekauft hat. Was an der Börse zählt, sind allein Zahlen und Strategien.

Genau hier trennt sich die Spreu vom Weizen. Erfolgreiche Anleger haben nicht mehr Wissen als andere – sie haben eine Methode. Und vor allem bleiben sie dieser Methode treu. Sie investieren nicht, weil irgendetwas gerade »angesagt« ist, sondern weil ihre Strategie ihnen genau sagt, wann sie kaufen und wann sie nichts tun müssen.

In diesem Kapitel schauen wir uns also die zehn häufigsten Denkfehler an, die dich aktuell davon abhalten, das zu erreichen, was du möchtest. Ich verspreche dir: Wenn du diese Fehler verstehst und beginnst, anders zu handeln, wirst du dein Depot, deine Entscheidungen und dein Verhältnis zu Geld völlig anders sehen. Die meisten dieser Denkfehler sind gut gemeint, fühlen sich sogar logisch an, kosten jedoch am Ende bares Geld. Hier erkläre ich dir die häufigsten – und wie du sie vermeidest. Und noch mal: Diese Fehler zu erkennen und an ihnen zu arbeiten kann den Unterschied zwischen deiner finanziellen Freiheit und dem Hamsterrad ausmachen. Investments sind Strategie, ja, aber vermutlich kennst du den Spruch aus dem Sport, der auch hier gilt:

Gewonnen oder verloren wird zwischen den Ohren.

1. »Ich weiß doch schon genug!«

Der Denkfehler: Du hast schon fünf Finanzbücher gelesen, folgst zehn YouTube-Kanälen und checkst täglich die neuesten Tipps auf TikTok. In deinem Kopf hast du längst das Gefühl: »Ich weiß, wie Börse läuft.« Die Realität? Du hast viele Einzelinformationen – aber noch kein funktionierendes System.

Ich hatte mal einen Teilnehmer im Seminar, der konnte mir alles über ETFs erklären – aber hatte nicht mal ein Depot. Ich fragte ihn: »Was hält dich denn noch davon ab, loszulegen?« Seine Antwort: »Ich will erst noch ein paar Meinungen einholen.« Das ist kein Wissen – das ist Aufschieberitis.

Pro: Wissen ist wichtig, weil es dich sensibilisiert und dich überhaupt ins Thema reinbringt.

Contra: Wissen allein macht dich nicht reich. Ohne Umsetzung ist dein »Wissen« nur eine Form von Aufschieberitis mit gutem Gewissen.

2. »Ich warte noch ab, bis der richtige Zeitpunkt kommt.«

Der Denkfehler: »Gerade ist der Markt zu unsicher.« »Die Kurse sind zu hoch.« »Vielleicht gibt's bald einen Crash.« Klingt alles im Grunde vernünftig, so zu denken ist aber einer der größten Bremsklötze überhaupt.

Warten kostet dich jeden Tag Geld. Während du überlegst, ob du jetzt startest, arbeiten andere schon mit dem Zinseszinseffekt und du verlierst Zeit, die du nie wieder aufholen kannst.

Ein Bekannter von mir – wir haben gleichzeitig gestartet – hat ständig gewartet: erst auf die nächste Wahl, dann auf die Zinsentscheidung der EZB. Heute sagt er selbst: Hätte ich damals mal einfach gemacht …

Pro: Einmal den richtigen Zeitpunkt treffen fühlt sich genial an.

Contra: 99 Prozent der Anleger erwischen ihn nie. Erfolgreiche Investoren investieren regelmäßig und nicht »irgendwann«.

3. »Mein Nachbar hat gesagt …«

Der Denkfehler: Wir lieben Tipps von Freunden, Kollegen oder der Familie. Alles klingt nett, spart Recherche und fühlt sich vertraut an. Dein Nachbar aber hat nicht deine Ziele, nicht dein Risikoprofil, nicht dein Leben. Warum also solltest du seinen Weg kopieren?

Ich hatte mal einen Kunden, der 25.000 Euro in eine Aktie gesteckt hat, weil »sein bester Kumpel« gesagt hat, das sei ein sicherer Geheimtipp. Ergebnis: Zwei Jahre später waren davon noch 5000 Euro übrig.

Pro: Empfehlungen können Inspiration geben.

Contra: Wenn du dich blind darauf verlässt, investierst du in fremde Träume, nicht in deine eigenen.

4. »Das bisschen Risiko … wird schon gutgehen.«

Der Denkfehler: Viele Menschen setzen viel Geld auf einen einzigen Trade, eine Aktie oder einen Fonds. »Das ist doch sicher, alle reden darüber!« Aber wenn dieser eine Wert fällt, geht dein ganzes Konzept mit ihm unter.

Ich erinnere mich noch gut an ein Ehepaar, das 80 Prozent seiner Altersvorsorge in einen einzigen Immobilienfonds gesteckt hat – weil der Bankberater das so empfohlen hat. Als der Fonds geschlossen wurde, waren über 70.000 Euro eingefroren.[26] Ziemlich blöd so kurz vor der Rente … Wenn deine ganze Altersvorsorge an einem einzigen Produkt hängt, ist das kein Investment, das ist ein Wagnis mit Ansage.

Pro: Risiko kann hohe Renditen bringen.

Contra: Ohne klare Diversifikation[27] spielst du russisches Roulette mit deiner Zukunft.

5. »Ich habe keine Zeit, mich mit Aktien zu beschäftigen.«

Der Denkfehler: »Finanzen sind kompliziert.« »Ich habe einen Job, Kinder und Verpflichtungen.« »Das kann ich später machen.« Aber mal ehrlich: Wenn du heute keine Stunde Zeit findest, um dich mit deinem Geld zu befassen, wirst du morgen Monate damit verbringen, dich über verpasste Chancen zu ärgern.

---

26 Eingefroren bedeutet, dass Anleger vorübergehend nicht an ihr Geld kamen, weil der Fondsanbieter die Rücknahme der Anteile ausgesetzt hat. Das passiert, wenn zu viele Anleger gleichzeitig verkaufen wollen und der Fonds nicht genug liquide Mittel hat, um das auszahlen zu können.

27 Diversifikation bedeutet, dein Kapital auf verschiedene Werte zu verteilen, um das Risiko zu streuen. Statt auf einzelne Unternehmen zu setzen, investierst du breiter – und schützt dich vor Totalausfällen.

Meine erfolgreichsten Kunden sind meist nicht diejenigen, die »Zeit haben«. Es sind die, die sich Zeit schaffen.

Pro: Ja, der Einstieg kostet ein bisschen zeitlichen Aufwand.

Contra: Aber wenn du jetzt keine Basis schaffst, arbeitest du für dein Geld – statt es für dich arbeiten zu lassen.

6. »Ich bin einfach nicht der Typ für Geld.«

Der Denkfehler: Vielleicht denkst du: »Ich war in Mathe nie gut.« Oder: »Ich verstehe diese ganzen Finanzbegriffe eh nicht.« Das sind Ausreden. Geldanlage ist keine Raketenwissenschaft.

Ich habe mit Menschen gearbeitet, die anfangs nicht den Unterschied zwischen Dividende und Depot kannten – heute managen sie selbstbewusst fünfstellige Summen. Der Unterschied war nicht ihr IQ, sondern ihr Mindset. Ich war selbst kein Überflieger in Mathe. Aber ich habe irgendwann beschlossen: Ich will das verstehen – für mich, für meine Familie.

Pro: Ja, du musst am Anfang ein paar Grundlagen lernen.

Contra: Wenn du dir selbst glaubst, dass du das nicht kannst, wirst du dich nie bewegen.

7. »Ich will alles sofort.«

Der Denkfehler: Viele Einsteiger suchen die schnelle Abkürzung: Pennystocks[28], Krypto-Hypes, geheime »Insider-Tipps«. Die Realität: Wer alles sofort will, verliert oft alles sofort.

Ich habe Kunden gehabt, die innerhalb eines Jahres fünfstellige Beträge verloren haben, weil sie jedem Trend hinterhergelaufen sind. Gleichzeitig haben andere über denselben Zeitraum ihre Rendite verdoppelt – mit Geduld, Disziplin und System.

Pro: Klar, Glückstreffer sind möglich.

---

28 Pennystocks sind Aktien mit sehr niedrigem Kurswert, oft unter 1 Euro oder 1 US-Dollar. Sie gelten als hochspekulativ, da sie starken Kursschwankungen unterliegen und meist von kleinen, wenig etablierten Unternehmen stammen.

Contra: Erfolgreiche Investoren bauen Vermögen innerhalb von Jahren auf, nicht von Wochen.

8. »Ich will keine Fehler machen – also mache ich lieber gar nichts.«

Der Denkfehler: Aus Angst, Geld zu verlieren, halten viele Menschen an ihrem Status quo fest. Das Problem: Stillstand ist auch ein Risiko – das Risiko, nie anzufangen.

Ich hatte eine Kundin, deren Geld seit 15 Jahren auf dem Sparbuch lag, weil sie »keinen Fehler machen wollte«. Nachgerechnet: Sie hat in dieser Zeit über 30.000 Euro an Kaufkraft verloren – ohne es zu merken.

Pro: Vorsicht schützt dich vor unüberlegten Entscheidungen.

Contra: Wer aus Angst nichts tut, trifft die schlimmste Entscheidung überhaupt: nämlich keine.

9. »Ich vertraue lieber auf Profis, die das für mich machen.«

Der Denkfehler: Viele Anleger lagern ihre Finanzen komplett aus: Bankberater, Versicherungsvertreter, Robo-Advisors[29]. Klingt bequem – ist aber oft teuer.

Ich sehe das immer wieder: hohe Ausgabeaufschläge, laufende Verwaltungsgebühren, versteckte Kosten. Am Ende verdient der Anbieter mehr an deinem Geld als du selbst.

Pro: Externe Expertise kann sinnvoll sein – wenn du weißt, was du tust.

Contra: Wenn du anderen blind vertraust, bezahlst du meist den Preis für fremde Entscheidungen.

---

29 Robo-Advisors sind digitale Vermögensverwalter, die mithilfe von Algorithmen automatisiert Anlagestrategien umsetzen. Sie wählen auf Basis deiner Risikobereitschaft passende ETF-Portfolios aus und übernehmen auch das Rebalancing – meist zu geringeren Kosten als klassische Finanzberater. Doch Vorsicht! Es gibt noch zu wenige Erfahrungswerte, ob diese Robo-Advisors wirklich dauerhaft positive Ergebnisse erzielen.

10. »Ich brauche keinen Plan, ich entscheide das aus dem Bauch heraus.«

Der Denkfehler: Bauchgefühl klingt nach Freiheit, fühlt sich spontan und clever an. Aber an der Börse gewinnt nicht der Intuitivste, sondern der Disziplinierteste.

Ich habe mal einen Trader beobachtet, der jede Entscheidung »aus dem Bauch« getroffen hat. Nach drei Jahren waren 80 Prozent seines Depots weg. Ein einziger klarer Plan hätte das verhindert.

Pro: Flexibilität ist wichtig.

Contra: Aber ohne Strategie steuerst du dein Geld wie ein Boot ohne Kompass und wachst eines Tages mit der Erkenntnis auf, dass dein Geld einen ganz anderen Weg genommen hat als du.

WARTEN KOSTET ERFOLG

Du hast jetzt gesehen, welche typischen Denkfehler dich davon abhalten, echte finanzielle Erfolge zu erreichen. Vielleicht hast du dich in dem einen oder anderen Punkt wiedererkannt – das ist völlig normal. Zu Beginn geht es fast allen Menschen so, die anfangen, ihr Geld an der Börse zu vermehren. Der entscheidende Unterschied zwischen denen, die irgendwann ihre finanzielle Freiheit erreichen, und denen, die weiter feststecken, ist nicht das Wissen. Es ist der Moment, in dem sie anfangen.

Denn wie du schon weißt, liegt hier die größte Falle überhaupt: Warten.

Warten, bis die Märkte günstiger sind.

Warten, bis du »endlich Zeit hast«.

Warten, bis du »genug weißt«.

Während du wartest, arbeiten andere längst mit ihrem Geld. Sie lassen den Zinseszinseffekt für sich arbeiten, und jeder Tag, an dem du nichts tust, kostet dich bares Geld. Nicht irgendwann oder theoretisch. Sondern jetzt. Ich weiß, ich höre mich gerade an wie eine Schallplatte, die einen Sprung hat. Doch dieser Punkt ist einfach immens wichtig, deshalb wiederhole ich ihn gerne so lange, bis du endlich verstanden hast, dass Warten dich bares Geld kostet.

Doch da ist noch eine weitere wesentliche Sache, die dich vom Erfolg abhält – dein Kopf.

WIE DICH DEIN KOPF VOM REICHWERDEN ABHÄLT

Möglicherweise hast du schon einige Bücher über ETFs, Aktien und Zinseszins gelesen. Du kennst die Begriffe, vielleicht hast du sogar Podcasts zum Thema gehört und YouTube-Videos geschaut. Aber trotz all dieser Informationen und trotz der Tatsache, dass du einige dieser Empfehlungen auch fleißig umgesetzt hast, bist du noch nicht da, wo du eigentlich hinwillst. Aber warum? Weil Wissen allein nicht reicht. Denn es gibt mächtige Gegenspieler in deinem Kopf, die dich davon abhalten können, finanziell wirklich frei zu werden: deine Glaubenssätze. Wenn diese Glaubenssätze nämlich nicht mit deinem Handeln zusammenpassen, sabotierst du dich selbst. Und zwar jeden Tag. Ohne es zu merken.

Ein Glaubenssatz ist nichts anderes als ein fest verankertes inneres »Programm«. Dieses Programm besteht aus Überzeugungen, die du so oft gehört oder erlebt hast, dass du sie für die Wahrheit hältst – egal, ob sie stimmen oder nicht.

Die meisten dieser Überzeugungen entstehen in der Kindheit:

Vielleicht hast du zu Hause gehört: »Geld wächst nicht auf Bäumen.«

Oder: »Reiche Menschen sind gierig.«

Oder du hast miterlebt, wie deine Eltern sich ständig über Geld gestritten haben.

Dein Unterbewusstsein hat diese Aussagen als Realität abgespeichert. Und jetzt im Erwachsenenalter navigierst du nach diesen Mustern durch dein Leben, ohne es zu merken. Dazu kommt die gesellschaftliche Prägung: In Deutschland herrscht oft eine Kultur der Sicherheit und Vorsicht. Viele setzen immer noch lieber auf ihr Sparbuch als auf Aktien, meiden lieber Risiken, als Chancen zu nutzen. Doch diese Haltung verhindert Wachstum.

Das Gute ist, dass ein Glaubenssatz kein Naturgesetz ist. Du kannst ihn erkennen, hinterfragen und durch neue Überzeugungen ersetzen. Genau das machen wir in diesem Kapitel.

Vielleicht hilft dir ein Einblick in meine eigene Geschichte für das weitere Verständnis davon, wie machtvoll Glaubenssätze sein können. Ich wurde nicht mit einem goldenen Löffel im Mund geboren. Im Gegenteil: Ich bin in einem ganz normalen Haushalt aufgewachsen. In meinem Elternhaus war Geld zwar immer ein Thema – nur meistens leider kein Positives. Als Kind habe ich oft folgende Sätze gehört:

- »Geld verdirbt den Charakter.«
- »Reiche Menschen sind egoistisch.«
- »Man muss hart arbeiten, um über die Runden zu kommen.«

Das waren Sätze, die ich übernommen habe und die sich unbewusst als Glaubenssätze in mir gefestigt haben. Diese Glaubenssätze haben mein Denken über Geld jahrelang geprägt. Ich dachte, ich müsste einfach nur »hart arbeiten«, um mehr zu verdienen, schließlich hatte sich dieser Grundsatz in mir gefestigt. Also habe ich genau das gemacht: 60, 70 oder manchmal sogar noch mehr Stunden pro Woche gearbeitet. Ich war damals im Vertrieb tätig und immer auf der Jagd nach dem nächsten Auftrag.

Mit dieser Jagd nach Aufträgen, Geld und Erfolg war ich zwar beschäftigt, aber ich kam trotzdem finanziell nicht richtig voran. Und irgendwann war ich gesundheitlich am Ende. Ich hatte einen Bandscheibenvorfall, konnte wochenlang nicht richtig laufen und musste plötzlich überlegen, wie es weitergeht. Genau dieser Moment war der Wendepunkt: Ich habe verstanden, dass ich zwar für mein Geld gearbeitet habe – aber mein Geld nicht für mich.

Damals habe ich angefangen, mich mit den Erfolgsstrategien der besten Investoren der Welt zu beschäftigen. Ich war auf Seminaren, habe Bücher verschlungen, in Mentorings investiert – alles, um rauszukommen aus diesen alten Denkmustern. Und ich habe mir geschworen: Nie wieder sollen mich alte Überzeugungen davon abhalten, die richtigen Entscheidungen zu treffen.

Heute weiß ich: Geld ist weder gut noch schlecht. Geld verstärkt nur das, was schon da ist. Es gibt dir Freiheit, Entscheidungen zu treffen – oder lässt dich abhängig bleiben, wenn du nichts tust. Genau deshalb habe ich die »Reich in 60 Minuten«-Strategie entwickelt: Damit du keine komplizierten Finanzsysteme brauchst, sondern einen klaren Plan hast, der funktioniert. Und vor allem, damit deine Glaubenssätze dich nicht mehr davon abhalten, finanziell frei zu sein.

Du musst für die Anwendung des Systems kein Finanzprofi sein. Du musst nicht mit Krypto zocken, nicht nächtelang Analysen machen und vor allem auch keine Angst vor der Börse haben. Was du brauchst, ist ein Mindset-Shift. Denn deine Gedanken über Geld entscheiden am Ende darüber, was du mit deinem Geld machst – oder eben nicht machst.

Also lass uns loslegen. Hier sind die zehn häufigsten Glaubenssätze über Geld, die dich blockieren können, und dazu ein Vorschlag, mit welchen neuen, positiven Glaubenssätzen du sie überschreiben kannst.

1. »Über Geld spricht man nicht.«

Ein Klassiker in Deutschland, besonders in der Nachkriegsgeneration. Geld war knapp, und man redete nicht darüber – schon gar nicht über Vermögen oder Gehälter.

Doch wenn du nicht über Geld sprichst, lernst du auch nichts darüber. Du übernimmst still die Fehler deiner Eltern oder tappst in dieselben Fallen wie alle anderen. Aber je offener du über Geld redest, desto mehr Wissen sammelst du.

Dein neuer Glaubenssatz:

Geld ist nichts Geheimnisvolles. Austausch schafft Klarheit – und Klarheit schafft Freiheit.

2. »Reiche Menschen sind gierig oder schlecht.«

Dieser Glaubenssatz ist gesellschaftlich tief verankert. Medien und Politik zeichnen oft das Bild, dass »die Reichen« auf Kosten »der kleinen Leute« leben. Wenn du unbewusst glaubst, dass Reichtum dich zu einem schlechten Menschen macht, wirst du dich selbst sabotieren, sobald Geld ins Spiel kommt.

Ich habe selbst lange Zeit gedacht, dass Vermögen »anrüchig« ist. Erst als ich meine ersten erfolgreichen Mentorings machte und gesehen habe, dass meine Kunden mit Geld viel Gutes tun konnten – die Familie absichern, Herzensprojekte starten, Zeit zurückgewinnen –, hat sich das Bild komplett gewandelt. Geld verstärkt, wie du bist. Wenn du gierig bist, macht Geld dich noch gieriger. Bist du großzügig, wirst du mit mehr Geld noch mehr geben können.

Dein neuer Glaubenssatz:

Geld verstärkt, wie ich bin. Mit Geld kann ich viel Gutes tun.

3. »Ich muss hart arbeiten, um reich zu werden.«

Kennst du den Satz: »Erst die Arbeit, dann das Vergnügen?« Ein Satz, den meine Eltern und Großeltern oft gesagt haben, und jahrzehntelang war in Deutschland Wohlstand gleichbedeutend mit Schuften.

Wenn du weiterhin glaubst, dass Geld nur durch harte Arbeit kommt, verpasst du die Chancen von passivem Einkommen. Du tauschst Zeit gegen Geld – und Zeit ist begrenzt.

Wie ich dir bereits erzählt habe, habe ich viele Jahre lang rund 60 bis 70 Stunden pro Woche gearbeitet. Dabei habe ich zwar reichlich

Geld verdient, aber irgendwie rann es mir trotzdem durch die Finger. Schließlich wollte ich mich belohnen: Wer viel arbeitet, darf sich auch einiges gönnen. Doch das war reiner Konsum, kein Aufbau von Wohlstand. Ich gab das Geld aus, das ich so mühsam erarbeitet hatte, für Dinge, die mir zwar nach außen einen gewissen Status verliehen, mich aber nur kurzfristig erfüllten. Erst als ich mein Mindset von »Für Geld arbeiten« hin zu »Geld für mich arbeiten lassen« geändert habe, hat das mein Leben verändert.

Dein neuer Glaubenssatz:

Reich werde ich nicht durch mehr Arbeit,
sondern durch kluge Entscheidungen und
Systeme, die für mich arbeiten.

4. »Investieren ist riskant, das verliere ich eh.«

Dieser Glaubenssatz basiert meist auf negativen Erfahrungen von Eltern oder Bekannten oder auf Panikmeldungen der Medien (»Börsencrash[30]!«, »Pleite!«). Und aus dieser Angst heraus tun die meisten Menschen – gar nichts. Doch das ist das größte Risiko von allen. Hier ein Beispiel: Geld auf dem Sparbuch verliert durch Inflation jedes Jahr an Wert. Nicht zu investieren ist also nicht »sicherer« – sondern im Gegenteil teurer. Risiko entsteht durch Unwissenheit. Wenn du die richtigen Prinzipien kennst, kannst du dein Risiko steuern.

Dein neuer Glaubenssatz:

Ich folge einer klaren Strategie und einem
langfristigen Ansatz und lasse mich
nicht aus der Ruhe bringen.

30 Ein starker, plötzlicher Kursrückgang an der Börse. Mit System und Ruhe kann ein Crash aber auch eine Kaufchance sein.

5. »Ich brauche erst mehr Geld, um anfangen zu können.«

Ein typischer Aufschieber-Glaubenssatz. Er kommt aus dem Mangeldenken: »Wenn ich mehr verdiene, dann kümmere ich mich um Geld.« Doch genau dadurch verpasst du die Zinseszinseffekte, die dich eigentlich unabhängig machen würden. Du wartest auf den »perfekten Moment« und verlierst Zeit, die du nie zurückbekommst. Ich habe es dir in diesem Buch in einem der vorherigen Kapitel schon aufgezeigt: Schon 50 Euro pro Monat, clever investiert, können dir langfristig sechsstellige Beträge einbringen.

Dein neuer Glaubenssatz:

Ich muss nicht reich sein, um zu investieren.
Ich werde reich, weil ich investiere.

6. »Ich habe doch keine Ahnung von Finanzen.«

Dieser Glaubenssatz stammt aus Schule, Elternhaus und auch der Gesellschaft. Wir lernen Mathe, Gedichtanalyse und Chemieformeln – aber kaum etwas über Geld. Viele Menschen glauben deshalb, sie seien »zu dumm« für Finanzen, und lagern die Verantwortung an Berater oder Banken aus. Das macht abhängig – und ist oft teuer.

Keiner kommt als Börsenprofi zur Welt – auch ich nicht. Alles, was ich heute weiß, habe ich mir Schritt für Schritt angeeignet. Und wenn ich das konnte, kannst du das auch. Du musst kein Profi sein, um erfolgreich anzulegen. Was du brauchst, sind einfache Regeln und eine klare Struktur – keinen Doktor in Finanzen.

Dein neuer Glaubenssatz:

Ich lerne jeden Tag dazu und
werde immer erfolgreicher.

7. »Sparen reicht doch.«

Traditionell war Sparen eine Tugend. Früher gab's Zinsen auf dem Sparbuch, heute nicht mehr. Wer heute nur spart, verliert Vermögen – schleichend, aber sicher. Bei 2 bis 4 Prozent Inflation jährlich wird dein Geld real immer weniger wert. 10.000 Euro auf dem Konto sind nach zehn Jahren effektiv nur noch etwa 8000 Euro wert. Sparen ist wichtig, aber nur als Grundlage. Der nächste Schritt ist, dein Geld für dich arbeiten zu lassen.

Dein neuer Glaubenssatz:

Ich lasse mein Geld für mich arbeiten.

8. »Die Bank wird's schon richten.«

Früher war die Bank »die Autorität« in Finanzfragen. Die meisten dachten: »Wenn's die Bank empfiehlt, wird's schon passen.« Viele Bankprodukte dienen nur leider nicht deinem Wohl, sondern der Provision des Beraters. Die meisten Bankprodukte zeichnen drei Dinge aus: Hohe Gebühren, komplizierte Produkte und geringe Renditen.

Ich wurde selbst viele Jahre lang schlecht beraten, habe es aber nicht gemerkt. Erst als ich verstanden habe, wie Banken tatsächlich ihr Geld verdienen, habe ich die Kontrolle über mein Geld wieder übernommen. Prüfe unbedingt, wem du vertraust und ob dessen Geschäftsmodell wirklich zu deinem Vorteil arbeitet.

Dein neuer Glaubenssatz:

Ich übernehme selbst
Verantwortung für mein Geld.

9. »Ich bin zu alt / zu spät dran.«

»Mit dem Investieren muss man früh anfangen.« Das sagt zumindest die Gesellschaft. Viele geben deshalb auf, bevor sie überhaupt beginnen, weil sie vermeintlich schon »zu alt« sind. Dabei ist es niemals zu spät, um sein Geld besser zu nutzen. Selbst mit 55 kannst du durch clevere Strategien in zehn Jahren große Effekte erzielen.

Dein neuer Glaubenssatz:

Der beste Zeitpunkt, um anzufangen, war gestern. Der zweitbeste ist heute.

10. »Das ist alles zu kompliziert.«

Die Finanzwelt, Medien und viele Berater haben ein Interesse daran, die Dinge komplex erscheinen zu lassen. Doch wer denkt, er versteht es sowieso nicht, fängt gar nicht erst an. Das hat ab heute ein Ende. Denn genau deshalb habe ich die »Reich in 60 Minuten«-Strategie entwickelt. Mein Ziel dabei war, maximale Einfachheit bei maximaler Wirkung zu erzielen.

Du brauchst keine Wall-Street-Studien, sondern einen klaren Plan und den Mut, die ersten Schritte zu machen.

Dein neuer Glaubenssatz:

Geldanlage darf einfach sein.

Nun hast du einiges über Glaubenssätze erfahren. Wichtig ist, dass du weißt, dass dein Mindset über Erfolg und Misserfolg entscheiden kann. Der wichtigste Hebel für deinen finanziellen Erfolg sitzt nicht an der Börse, sondern in deinem Kopf. Wenn du deine alten Glaubenssätze nicht erkennst und veränderst, wird dich kein System der Welt reich machen. Aber sobald du beginnst, anders über Geld zu denken, wirst du auch anders damit umgehen.

Denk bitte daran, dass all diese Glaubenssätze, die ich dir aufgezeigt habe, keine Naturgesetze sind. Sie sind anerzogen – durch Familie, Schule, Gesellschaft. Doch was du gelernt hast, kannst du auch wieder verlernen. Und genau dabei hilft dir dieses Buch. Denn wir brechen

Schritt für Schritt alte Muster auf und ersetzen sie durch klare Schritte, die funktionieren.

WAS DU HEUTE UMSETZEN KANNST

Bevor dein Geld für dich arbeitet, musst du in deinem Kopf aufräumen. Denn solange dein Denken blockiert ist, bringt dir kein Depot der Welt den Durchbruch. Wenn du tief in dir drin glaubst, dass Geld gefährlich ist oder Investieren nur was für Profis – dann wirst du dich selbst ausbremsen. Immer wieder. Und du merkst es nicht mal. Deshalb ist der erste Schritt, dir klarzumachen, was du ganz persönlich über Geld denkst und woher diese Überzeugungen kommen.

Hier sind drei Übungen, die dir dabei helfen, dein Mindset zu verändern und die Blockaden zu lösen, die dich bisher vom Investieren abgehalten haben.

Übung 1: Deine Glaubenssätze zu Geld entlarven

(Dauer: circa 10 Minuten)

Nimm dir Zettel und Stift und beantworte diese Fragen so ehrlich wie möglich:

1. Welche Sätze hast du als Kind über Geld gehört? Du kannst die Beispiele aus dem Kapitel nehmen, die folgenden oder auch solche, die dir sofort in den Sinn kommen. Schreibe diese Sätze auf.

   - »Geld wächst nicht auf Bäumen.«
   - »Über Geld spricht man nicht.«
   - »Wir können uns das nicht leisten.«
   - »Reiche sind arrogant.«

2. Überlege jetzt: Was hast du damals aus diesen Sätzen gelernt? Notiere das ebenfalls.

    - Hast du Sparen als Sicherheit verinnerlicht?
    - Hast du Angst bekommen, Fehler zu machen?
    - Hast du vielleicht unbewusst entschieden: »Lieber gar nicht anfangen, dann kann ich nichts verlieren«?

3. Wie zeigen sich diese Überzeugungen heute bei dir?

    - Investierst du gar nicht, obwohl du könntest?
    - Hast du Schuldgefühle, wenn du Geld ausgibst?
    - Vertraust du blind Beratern, anstatt selbst Verantwortung zu übernehmen?

Bitte schreibe auch das auf. Am Ende dieser Übung hast du eine Liste deiner »inneren Geldprogramme« und ihrer Auswirkungen auf dein Leben. Allein das Bewusstsein dafür ist der erste Schritt, um sie zu verändern.

Übung 2: Negative Glaubenssätze umkehren

(Dauer: circa 15 Minuten)
Dein Denken funktioniert wie ein Google-Algorithmus: Du bekommst immer das angezeigt, was du schon glaubst. Wenn du nach Risiko suchst, findest du Risiko. Wenn du denkst: »Investieren ist gefährlich«, wirst du nur die Horrorgeschichten wahrnehmen, die genau das bestätigen. Wenn du allerdings anfängst, andere Gedanken zuzulassen, eröffnest du dir neue Möglichkeiten.

So gehst du vor:

- Nimm dir deine Liste aus Übung 1.
- Wähle die drei größten blockierenden Glaubenssätze aus.

- Drehe jeden einzelnen um, indem du ihn positiv formulierst. Hier weitere Beispiele:
  - Aus »Ich habe keine Ahnung vor Finanzen« wird:
    → »Ich lerne Schritt für Schritt, meine Finanzen selbst in die Hand zu nehmen.«
  - Aus »Investieren ist riskant« wird:
    → »Ich entscheide bewusst, wie ich mein Risiko steuere und langfristig Vermögen aufbaue.«
  - Aus »Ich muss hart arbeiten, um reich zu sein« wird:
    → »Mein Geld arbeitet für mich – ich nutze Systeme, die mein Vermögen wachsen lassen.«

Mach deine neuen Glaubenssätze sichtbar. Schreibe sie auf und klebe sie an den Spiegel, an den Kühlschrank oder speichere sie auf deinem Handy, beispielsweise auf dem Sperrbildschirm. Hauptsache, du siehst sie jeden Tag und dein Gehirn lernt neu. Denn deine Glaubenssätze wirken unterbewusst und dein Unterbewusstsein verändert sich nicht über Nacht. Wiederholung aber programmiert deine Gedanken neu.

Übung 3: Dein neues Geld-Selbstbild entwickeln

(Dauer: circa 10 Minuten)
Stell dir jetzt einmal vor, du bist schon die Person, die mit Geld souverän und entspannt umgeht. Schließe kurz die Augen, fühl in dich hinein und beantworte diese Fragen dann schriftlich:

- Wie denkst du über Geld, wenn du bereits finanziell frei bist?
- Welche Gefühle hast du, wenn du deine Investment-App öffnest?
- Wie triffst du Entscheidungen – ruhig und strategisch oder unsicher und ängstlich?
- Wie sprichst du mit anderen über Geld und Investments?
- Und ganz wichtig: Wie sieht dein Alltag aus, wenn Geld keine Angstquelle mehr ist?

Wenn du weißt, wie sich finanzielle Freiheit anfühlt, wirst du automatisch so handeln, als wärst du schon an diesem Punkt angekommen. Je konkreter dein Bild ist, desto leichter wirst du automatisch die Entscheidungen treffen, die dich genau dorthin führen.

Und hier noch ein Extra-Tipp. Mach dir bitte unbedingt bewusst:

Dein Kontostand ist der Spiegel deiner Geld-Glaubenssätze.

Wenn du bisher dachtest »Investieren ist gefährlich«, hast du wahrscheinlich wenig investiert. Wenn du dachtest »Ich brauche erst mehr Geld«, hast du vielleicht nie angefangen. Doch das Gute: Sobald du deine Gedanken änderst, ändert sich auch dein Verhalten.

Deine ersten Schritte also heute:

- Schreib deine drei größten blockierenden Glaubenssätze auf.
- Formuliere drei neue, stärkende Überzeugungen.
- Lies sie dir jeden Tag bewusst durch.
- Fang an, eine einzige kleine Handlung umzusetzen, die deine neuen Überzeugungen unterstützt.
  Beispiele:
- Dein erster Dauerauftrag von 50 Euro ins Depot.
- Ein Telefonat mit deiner Bank, um die Gebühren zu prüfen.
- Das Löschen von drei Finanz-Apps, die dich nur verwirren und verunsichern.

Je kleiner der erste Schritt, desto größer der Effekt. Denn damit aktivierst du das, was wirklich zählt: deine Entscheidungskraft.

KAPITEL 4

WAS DIE ERFOLGREICHSTEN INVESTOREN ANDERS MACHEN

Wir haben jetzt viel über Mindset, Denkfehler und Glaubenssätze gesprochen. Vielleicht fragst du dich an dieser Stelle: »Okay, verstanden. Aber wie machen es denn die, die wirklich erfolgreich sind? Und was hat die »Reich in 60 Minuten«-Strategie damit zu tun?«

Genau da schauen wir jetzt hin. Denn während viele im Klein-Klein ihrer Zweifel stecken bleiben, handeln die Großen längst nach festen Prinzipien. Sie wissen, dass Emotionen an der Börse teuer sind und dass es sich auszahlt, mit System zu investieren statt mit Hoffnung. Sie wissen ebenfalls, dass schon kleine Anpassungen zu großen Veränderungen führen können, und vor allem ist ihnen bewusst, dass Glaubenssätze, Denkmuster und impulsives Handeln jeden Erfolg zunichtemachen können.

Schon Benjamin Graham, Warren Buffetts Mentor, hat in seinem Buch *The Intelligent Investor* aus dem Jahr 1949 geschrieben:

»The investor's chief problem – and even his worst enemy – is likely to be himself.«

Die Übersetzung: »Das größte Problem des Investors – und oft sein schlimmster Feind – ist er selbst.«

Also nimm das Thema Glaubenssätze und Denkmuster bitte ernst, ich kann es gar nicht oft genug betonen. Doch nun zurück zu den Zahlen:

Die meisten Anlegerinnen und Anleger unterschätzen dramatisch, welchen Unterschied schon wenige Prozentpunkte Rendite langfristig machen. Die Tabellen aus Kapitel 2 zeigen dir das Prinzip. Vermögensaufbau ist also kein Zufall, sondern das Ergebnis von Disziplin, Strategie und klugen Entscheidungen.

Und genau hier liegt der Unterschied zwischen durchschnittlichen Investoren und den Besten der Besten: Sie verlassen sich eben nicht auf Zufall oder Bauchgefühl, sondern folgen klaren Prinzipien.

Die erfolgreichsten Investoren der Welt haben eines gemeinsam: Sie setzen auf klare Strategien, konsequente Umsetzung und langfristiges Denken.

Bei Lüddemann Investments haben wir uns genau angeschaut, wie diese Menschen investieren und welche Prinzipien hinter ihren Erfolgen stehen. Und hier nun eine Überraschung: Diese Prinzipien sind keine Geheimwissenschaft. Du kannst sie lernen, anwenden und damit von genau denselben Effekten profitieren, die die »Großen« täglich erleben. Damit du nicht all diese Strategien einzeln studieren musst, haben wir das für dich getan und daraus die Strategie »Reich in 60 Minuten« entwickelt.

Damit du verstehst, welchen mächtigen Hintergrund deine neue Strategie hat, hier nun einige grundlegende Informationen zu denjenigen Investoren, bei denen wir sie uns »abgeschaut« haben.

DIE PRINZIPIEN VON BUFFETT & CO.

Keine Sorge – du musst kein Finanzprofi sein, um dieses Kapitel zu verstehen. Als ich angefangen habe, wusste ich auch nicht, was ein »Moat« ist oder warum Dividenden eine Rolle für finanzielle Freiheit spielen können.

Aber ich habe Schritt für Schritt gelernt. Und das kannst du auch.

In diesem Kapitel zeige ich dir deshalb, wie die erfolgreichsten Investoren der Welt denken und agieren und was du davon für dich nutzen kannst. Fachbegriffe erkläre ich dir einfach in den Fußnoten. Lies weiter und lerne dazu.

Dieses Wissen zahlt sich aus – wortwörtlich. Denn auf dem Wissen dieser Investoren (und noch weiterer) basiert die »Reich in 60 Minuten«-Strategie. Wie genau du diese Strategien anwendest, erkläre ich dir im Kapitel »Der Umsetzungsplan in 7 Schritten« genau. Nur vorab: Wir machen uns das Wissen von zehn dieser Investoren zunutze, indem wir in genau die Aktien investieren, die auch diese Meister auswählen. Das heißt, du musst herausfinden, in welche Aktien diese Investoren investiert sind und bei welchen Aktien es die größte Schnittmenge gibt. Und in genau diese Aktien investierst du dann nach einem festgelegten System. Das ist die »Reich in 60-Minuten«-Strategie.

Das klingt vielleicht jetzt noch kompliziert, aber ich werde dir später genau erklären, wie du das für dich umsetzen kannst. Und ich zeige dir auch noch eine Abkürzung auf. Doch erst einmal zu den Investoren. Wir starten mit:

WARREN BUFFETT – DER MEISTER DES LANGFRISTIGEN INVESTMENTS

Stell dir einen jungen Mann aus Omaha, Nebraska, vor. Über fünf Jahrzehnte lang hält dieser Mann einen erstaunlichen Cashflow-[31] und Rendite-Kurs – letztlich durchschnittlich mit rund 20 Prozent jährlich. Doch was Buffett macht, ist keine Zauberei. Er trifft einfach bessere Entscheidungen als andere. Mit System, Disziplin und dem Mut, den Lärm auszublenden.

Die Geschichte von Warren Buffett hat mich enorm inspiriert.

Er hat als junger Mann bei null angefangen: erst Pfandflaschen gesammelt, Kaugummi verkauft, später Golfbälle aus den Teichen auf dem Golfplatz geholt, sie sauber gemacht und wieder verkauft. Das war ein Riesengeschäft, bevor er dann mit den ersten Beteiligungen anfing. Ich fand das sensationell, weil es im Prinzip ähnlich ist wie bei mir: Er ist aus dem Nichts groß geworden. Mir fehlen zwar (noch) die 150 Milliarden Gewinn, aber seine Geschichte hat mich stark geprägt. Übrigens hatte ich ihn zu meinem 60. Geburtstag eingeladen, aber leider ist er nicht gekommen. Trotzdem, einen Versuch war es wert.

Buffett begann seine Karriere als Investor unter der weitsichtigen Lehre von Benjamin Graham – dem Vater des Value Investing[32]. Daraus entwickelte er dann sein eigenes Erfolgsmodell, das bis heute gültig ist:

---

31 Cashflow bezeichnet den Geldfluss in einem Unternehmen oder bei einer Person – also das, was an Geld tatsächlich hereinkommt und wieder ausgegeben wird. Ein positiver Cashflow bedeutet, dass am Ende des Monats mehr Geld übrig bleibt, als ausgegeben wurde – eine wichtige Voraussetzung für finanziellen Spielraum und Investitionen.

32 Value Investing ist eine Anlagestrategie, bei der gezielt unterbewertete Aktien gekauft werden – also solche, deren Börsenkurs unter dem inneren Wert des Unternehmens liegt. Dieser innere Wert ist das, was ein Unternehmen tatsächlich wert ist – basierend auf Umsatz, Gewinn, Zukunftsaussichten und Substanz. Die Idee dahinter: Geduldige Investoren profitieren langfristig davon, wenn sich der niedrigere Marktwert dem tatsächlichen Unternehmenswert wieder annähert.

Buffett sucht gezielt nach Unternehmen, deren tatsächlicher Wert deutlich über dem an der Börse gehandelten Aktienpreis liegt. Mit einem »Margin of Safety« kauft er gezielt günstig ein – das ist eine logische Grundlage, anstatt irgendwelchen Trends hinterherzujagen. Die »Margin of Safety« (Deutsch: Sicherheitsmarge) ist ein zentrales Prinzip im Value Investing. Das bedeutet, dass eine Aktie nur gekauft wird, wenn ihr Marktpreis deutlich unter dem geschätzten inneren Wert liegt, um einen Puffer für Bewertungsfehler oder unerwartete Entwicklungen zu haben.

Buffett setzt auf Firmen, die besondere Wettbewerbsvorteile haben – starke Marken, Kostenvorteile, Netzwerke –, Alltagsunternehmen, die er versteht und die langfristig bestehen bleiben.

Sein Investmenthorizont beträgt Jahrzehnte, kein Quartal. Er betrachtet Aktien wie eine Beteiligung am echten Geschäft und hält sie oft jahrelang, manchmal ein Leben lang. Denn Zeit ist sein bester Verbündeter.

Buffett hält zudem immer Cash-Reserven vor, um in Marktkrisen gezielt einzusteigen. Seine Devise lautet: Die beste Zeit zum Kaufen ist, wenn andere aus Angst verkaufen.

Außerdem investiert er grundsätzlich nur in Produkte und Branchen, die er versteht. Sein Credo lautet: »Stay within your circle of competence« (frei übersetzt: »Bleib bei dem, was du wirklich verstehst«). Also immer klar, statt kompliziert. Er bleibt gelassen, auch wenn die Märkte toben. Emotionen sind für Buffett der größte Feind – Disziplin und Geduld seine größte Stärke.

Beim Investieren konzentriert sich Warren Buffett auf das Wesentliche. Anstatt unzählige Aktien zu halten, setzt er auf wenige ausgewählte Investments. Er sucht nach den besten Chancen statt der größten Diversität.

Und all das immer mit seiner unverwechselbaren Haltung:

»Be fearful when others are greedy and greedy when others are fearful.«

Übersetzt bedeutet das: »Sei ängstlich, wenn andere gierig sind, und gierig, wenn andere ängstlich sind.«

Dieses Zitat fasst seine konsequente Einstellung zusammen: Ruhe bewahren, wenn alle jubeln, und zugreifen, wenn andere voller Panik verkaufen.

Was du davon mitnehmen kannst:

Vermögensaufbau ist kein Zufall. Es ist ein Prozess aus klaren Grundprinzipien, aus Verständnis statt Bauchgefühl, und aus langfristiger Geduld statt hektischem Aktionismus.

Wenn du erfolgreich investieren willst:

- Investiere nur in Unternehmen, die du wirklich verstehst.
- Setze auf langfristiges Wachstum statt kurzfristige Renditesprünge.
- Halte Reserven bereit. Das bietet dir Flexibilität.
- Lerne, in Panik nicht zu verkaufen, sondern mit klarem Kopf zu denken und zu handeln.

Deine Stärke liegt nicht im Timing des Marktes. Sondern in der Kraft deines Systems. All das beinhaltet die »Reich in 60 Minuten«-Strategie.

PREM WATSA – DER »KANADISCHE BUFFETT« MIT SICHERHEITSNETZ

Wenn du glaubst, man müsse in den USA sitzen, um eine Weltkarriere als Investor zu starten, dann schau dir Prem Watsa an. Der Mann hat es aus dem Nichts zum Milliardenvermögen geschafft und das mit einer Strategie, die dem Stil von Warren Buffett ziemlich ähnlich ist, aber mit einem eigenen Twist: Absicherung ist bei ihm kein Nebengedanke, sondern Teil des Systems.

Watsa kam mit 21 Jahren aus Indien nach Kanada – mit wenig Geld, aber großem Ehrgeiz. Er studierte Ingenieurwesen und später Wirtschaft. Und was dann kam, war kein Zufall: 1985 übernahm er eine kleine, angeschlagene Versicherungsgesellschaft namens Markel Financial, benannte sie um in Fairfax Financial Holdings und baute daraus einen Finanzriesen mit Milliardenumsätzen, der heute weltweit in Unternehmen, Immobilien, Rohstoffe und Anleihen investiert.

Fairfax ist so etwas wie ein kanadischer Mix aus Versicherungskonzern und Investmentholding – ähnlich wie Berkshire Hathaway bei Buffett. Die Versicherungsprämien fließen als Kapital in Investments. Watsa sorgt dafür, dass dieses Kapital nicht nur arbeitet, sondern dabei auch geschützt wird.

Das war auch für mich ein Aha-Moment in meiner eigenen Entwicklung: Ich habe früh erlebt, was passieren kann, wenn man sich nicht absichert. Ich erinnere mich gut, wie ich an einem Wochenende fast mein gesamtes Kapital pulverisiert habe. Seitdem ist für mich klar: Rendite ist wichtig, aber Sicherheit kommt zuerst. Und genau das lebt Watsa. Seine Strategie: Value Investing mit Airbag.

Er sucht gezielt nach unterbewerteten Unternehmen. Das sind Firmen, deren Börsenkurs niedriger ist als ihr tatsächlicher wirtschaftlicher Wert – also zum Beispiel, weil der Markt überreagiert hat, schlechte Quartalszahlen gepostet wurden oder die Branche gerade nicht »sexy« ist. Doch wenn du hinter die Kulissen schaust, siehst du: Die Firma verdient solide, hat ein gutes Geschäftsmodell und wird vom Markt schlicht unterschätzt.

Und genau dann, wenn andere die Aktie meiden, greift Watsa zu. Und das mit System – nicht aus dem Bauch heraus, sondern nach knallharter Analyse.

Gleichzeitig sichert er sich mit sogenannten Hedging-Strategien ab. Das heißt: Er kauft zum Beispiel Optionen[33], die im Fall eines Crashs im Wert steigen. Oder er setzt auf Marktmechanismen, die sein Port-

33 Optionen sind Verträge, mit denen du das Recht bekommst, eine Aktie zu einem festen Preis zu kaufen oder zu verkaufen – ohne dass du es musst. Sie werden oft genutzt, um sich abzusichern oder auf Kursbewegungen zu setzen.

folio schützen, wenn es turbulent wird. Ein Beispiel: In der Finanzkrise 2008 verlor fast jeder Investor Geld, doch Watsa machte Milliardengewinne. Warum? Weil er das System verstanden und sich rechtzeitig abgesichert hatte.

Ein weiteres Element seiner Strategie sind strukturelle Schutzmaßnahmen. Was bedeutet das? Ganz einfach: Watsa achtet darauf, dass das Grundgerüst seiner Investments stabil ist. Dazu gehören zum Beispiel:

- solide Bilanzen (niedrige Schulden, starke Eigenkapitalquote),
- Unternehmen mit verlässlichem Cashflow,
- diversifizierte Portfolios,
- eine konservative Kapitalstruktur.

So steht jedes Investment auf einem soliden Fundament, und das trägt selbst dann, wenn es an den Märkten kracht.

Was du von ihm lernen kannst:

- Investiere wie ein Unternehmer: Watsa denkt langfristig. Er kauft keine Aktien – er beteiligt sich an Geschäftsmodellen.
- Risiken gehören ins Konzept: Absicherung ist keine Schwäche, sondern Stärke.
- Geduld ist eine Waffe: Wenn es keine guten Chancen gibt, bleibt Watsa lieber in Cash. Er kauft nie aus Zwang.
- Vertraue deinem System, nicht dem Marktgetöse.

Ein Zitat von ihm begleitet mich bis heute:

»In good times and bad, I've never lost sight of the importance of protecting capital.«

Übersetzt heißt das: »In guten wie in schlechten Zeiten habe ich nie vergessen, wie wichtig der Schutz des Kapitals ist.«

Und genau deshalb passt er perfekt in dieses Buch. Denn all das, was Watsa lebt – Disziplin, Qualitätsbewusstsein, Sicherheitsdenken, Geduld –, ist fester Bestandteil der »Reich in 60 Minuten«-Strategie. Auch bei dieser Strategie geht es nicht um wilde Spekulation, sondern um klare Kriterien, klare Auswahl und einen klaren Plan, der dich durch jede Marktphase bringt.

RAY DALIO – DER ARCHITEKT DES »ALL WEATHER«-INVESTMENTS

Ein junger, börseninteressierter Mann, gerade Anfang 20, erlebt live die Auflösung der Goldbindung des US-Dollars und erkennt sofort, dass sich in der Finanzwelt damit fundamentale Regeln ändern. Dieser junge Mann ist Ray Dalio, der heute zu den erfolgreichsten Hedgefonds-Managern aller Zeiten zählt.

In den 1990er-Jahren entwickelte er das Konzept des All-Weather-Portfolios – ein Ansatz, der nicht darauf abzielt, die Zukunft vorherzusagen, sondern für alle wirtschaftlichen Wetterlagen gerüstet zu sein.[34] Es ist ein Konzept, das nicht erraten will, was als Nächstes ansteht, sondern ein Depot schafft, das in allen vier wirtschaftlichen Klimata funktioniert. Statt zu versuchen, Marktbewegungen vorherzusagen, baut Dalio also Portfolios auf, die alle Phasen gut überstehen.

Durch eine geschickte Mischung von Aktien, Anleihen, Rohstoffen und inflationsgeschützten Bonds entsteht so ein Portfolio, das stabil performt, egal welches Szenario eintritt.

---

34 Die All Weather-Strategie (übersetzt: *für jedes Wetter*) ist ein Anlagekonzept, das vom US-amerikanischen Hedgefonds-Manager Ray Dalio (Bridgewater Associates) entwickelt wurde. Ziel ist es, ein möglichst robustes Portfolio zu schaffen, das in allen wirtschaftlichen Phasen – also bei Inflation, Deflation, Wachstum oder Rezession – stabil bleibt.

Dalio misst Erfolg nicht an investiertem Kapital, sondern an verteiltem Risiko. In einem Risk-Parity-Ansatz[35] werden Anlagen so gewichtet, dass jede Asset-Klasse denselben Beitrag zur Volatilität[36] leistet – dadurch lässt sich die Effizienz steigern und Risiken können gezielt gesteuert werden. Als Asset-Klasse bezeichnet man eine bestimmte Kategorie von Geldanlagen, etwa Aktien, Anleihen, Immobilien oder Rohstoffe. Jede dieser Klassen hat eigene Chancen, Risiken und typische Verhaltensmuster am Markt.

Ray Dalio zeigt uns, dass Investieren kein Kaffeesatzlesen ist. Es ist Planen für alle Wetterlagen und kluge Verteilung statt Spekulation.

Was du von ihm lernen kannst:

- Baue ein Depot für jedes Szenario, nicht für dein Bauchgefühl.
- Verteile das Risiko, nicht nur das Geld.
- Reduziere das Risiko, ohne Rendite zu opfern.
- Lerne aus Zyklen. Nicht jedes Szenario kommt immer, aber du kannst vorbereitet sein.
- Setze auf Prinzipien statt auf Instinkt. Sie überstehen Blasen, Panik und Hypes.
- Absicherung ist Teil des Plans, doch ohne den Rest zu vergessen.

Ein Leitgedanke von Dalio bringt das alles auf den Punkt:

»Knowing how to deal well with what you don't know is much more important than anything you know.«

---

35 Beim Risk-Parity-Ansatz wird das Geld so auf verschiedene Anlageklassen (zum Beispiel Aktien, Anleihen, Rohstoffe) verteilt, dass alle ungefähr gleich viel Risiko zum Gesamtportfolio beitragen. Das Ziel: Kein Bereich soll das Depot dominieren. Dadurch kann das Portfolio stabiler durch verschiedene Marktphasen kommen – auch in schwierigen Zeiten.

36 Ein Maß dafür, wie stark die Kurse schwanken. Hohe Volatilität bedeutet größere Schwankungen – aber auch mehr Chancen.

Übersetzt bedeutet das: »Zu wissen, wie du mit Unwissen umgehst, ist viel wichtiger als alles, was du tatsächlich weißt.«

Gute Investoren kalkulieren das Unwissen mit ein – durchschnittliche Investoren hoffen einfach, dass alles gut geht.

GEORGE SOROS – DER SPEKULANT MIT SYSTEM UND HALTUNG

George Soros stammt aus Ungarn und floh nach dem Zweiten Weltkrieg nach England. An der London School of Economics studierte er nicht etwa Wirtschaft, sondern Philosophie – bei keinem Geringeren als Karl Popper[37].

Poppers Idee der »offenen Gesellschaft« – einer Welt, in der Kritik erlaubt ist und Fortschritt durch freie Diskussion entsteht – prägte Soros tief. Dieses Denken begleitete ihn nicht nur intellektuell, sondern auch in seinem späteren Wirken als Investor und als Förderer demokratischer Strukturen über seine Open Society Foundations.

Soros wurde einer der erfolgreichsten Hedgefonds-Manager der Welt. Spätestens seit dem 16. September 1992, dem »Black Wednesday«, kennt ihn jede Börsianerin und jeder Börsianer: Mit seiner Investmentfirma, dem Quantum Fund, wettete Soros damals gegen das britische Pfund, das im Europäischen Wechselkursmechanismus (EWS) überbewertet war. Er

37 Karl Popper (1902–1994) war ein österreichisch-britischer Philosoph, bekannt für seine Wissenschaftstheorie. Er prägte das Prinzip der Falsifizierbarkeit – also die Idee, dass eine Theorie nur dann wissenschaftlich ist, wenn sie widerlegt werden kann. Seine Gedanken werden auch in der Finanzwelt genutzt, um Dogmen zu hinterfragen und kritisch zu prüfen, was wirklich »wahr« ist.

baute eine riesige Short-Position[38] auf. Im Zuge dessen lieh er sich enorme Mengen britischer Pfund (rund 10 Mrd. US-Dollar), verkaufte sie sofort am Markt und wartete darauf, sie später billiger zurückzukaufen.

Damals versuchte die Bank of England verzweifelt, das Pfund künstlich hochzuhalten – sie erhöhte die Zinsen und kaufte selbst Pfund, um den Kurs zu stützen. Doch Soros wettete darauf, dass die britische Regierung diesen Kampf nicht durchhalten würde. Und genau so kam es: Am 16. September 1992 musste die Bank kapitulieren und den festen Wechselkurs aufgeben. Der Pfundkurs stürzte ab.

Soros kaufte seine zuvor verkauften Pfund nun zu einem viel niedrigeren Preis zurück – und machte an einem einzigen Tag rund eine Milliarde US-Dollar Gewinn.

Seit diesem Ereignis trägt er den legendären Spitznamen: »The man who broke the Bank of England«.

Doch Soros ist mehr als dieser eine Moment. Er war nie ein klassischer Langfristinvestor wie Warren Buffett, sondern ein strategischer Spekulant – im besten Sinne des Wortes. Er setzte gezielt auf große Wetten, wenn er überzeugt war, dass Märkte falsch bewertet waren. Dabei folgte er einem klaren Denkmodell:

- Märkte sind nicht rational, sondern reflexiv – sie beeinflussen sich selbst und verzerren die Realität.
- Wer diese Verzerrungen erkennt, kann daraus enorme Chancen ableiten.
- Mut zum Risiko ist nötig, aber immer mit konsequentem Risikomanagement.
- Flexibilität ist entscheidend: Soros änderte seine Meinung blitzschnell, wenn sich die Fakten änderten.

---

38 Eine Short-Position bedeutet, dass ein Anleger darauf setzt, dass der Kurs eines Vermögenswertes fallen wird. Technisch leiht man sich die Position (z. B. eine Währung oder Aktie), verkauft sie sofort und kauft sie später günstiger zurück. Die Differenz ist der Gewinn.

Mich beeindruckt besonders seine geistige Beweglichkeit. Soros hatte kein Problem damit, sich zu irren, im Gegenteil: Er sah es als Stärke, Fehler schnell zu erkennen und zu korrigieren. Dieser Pragmatismus hat ihn groß gemacht.

Er sagte einmal:

»It's not whether you're right or wrong that's important, but how much money you make when you're right and how much you lose when you're wrong.«

Übersetzt: »Es geht nicht darum, ob du recht hast oder nicht – sondern darum, wie viel du verdienst, wenn du recht hast, und wie viel du verlierst, wenn du unrecht hast.«

Ihn habe ich übrigens auch zu meinem 60. Geburtstag eingeladen – genauso wie Warren Buffett. Und, Überraschung: Er ist auch nicht gekommen. Aber das stört mich nicht. Wenn schon keiner der beiden auftaucht, bleibt mir wenigstens die Erkenntnis, dass man an der Börse mit Humor und Gelassenheit weiterkommt, und genau das lebe ich jeden Tag.

Was du von Soros mitnehmen kannst:

- Vermögensaufbau braucht nicht nur Geduld, sondern auch den Mut, Chancen zu erkennen und zu nutzen.
- Handle systematisch. Große Ideen brauchen klare Strukturen.
- Behalte dein Risiko im Griff: Gewinne entstehen durch Mut, Verluste durch fehlende Kontrolle.
- Fehler gehören dazu. Entscheidend ist, wie schnell du sie korrigierst.
- Flexibilität schlägt Starrheit: Der Markt hat immer recht, du musst dich nur anpassen.

George Soros zeigt, dass Erfolg nicht aus Starrsinn entsteht, sondern aus Anpassungsfähigkeit. Und genau diese Fähigkeit ist auch ein Kern der »Reich in 60 Minuten«-Strategie: ruhig bleiben, klar handeln, Chancen erkennen. Und zwar mit System statt Zufall.[39]

RON BARON – DER VISIONÄR MIT LANGEM ATEM

Es gibt Investoren, die denken in Quartalen. Und dann gibt es noch Ron Baron: Er denkt in Jahrzehnten.

Baron ist ein Mann mit einem feinen Gespür für Zukunftstrends. Seine Spezialität: Unternehmen erkennen, bevor sie alle anderen entdecken, und dann geduldig dabeibleiben. Jahrelang. Jahrzehntelang. Ganz egal, was der Markt zwischenzeitlich macht.

Das hat mich von Anfang an fasziniert. Ich erinnere mich noch gut, wie ich zum ersten Mal etwas über ihn gelesen habe – in einem Börsenmagazin, das seine extreme Geduld fast belächelte. Doch Baron hat schließlich Recht behalten. Er setzte früh auf Unternehmen, die später durch die Decke gingen: Tesla, SpaceX, Hyatt Hotels, Vail Resorts. Er blieb dabei, wenn andere längst ausgestiegen waren.

Wenn ich ehrlich bin: Ich selbst war nicht immer so geduldig. In meinen Anfangsjahren habe ich Aktien oft zu früh verkauft – ein paar Prozent Gewinn, und weg damit. Das war mehr Zocken als Investieren. Heute weiß ich: Die großen Gewinne entstehen nicht beim Kaufen oder Verkaufen, sondern dazwischen.

Baron hat mir das eindrucksvoll gezeigt. Er hielt an Unternehmen fest, während andere nervös wurden, und wurde dafür mit gigantischen Renditen belohnt. Gerade als Trader war das für mich eine harte Lektion. Ich musste lernen, nicht bei jedem Rücksetzer hektisch zu werden.

---

39 Soros' Open Society Foundations fördern heute übrigens weltweit über 120 Länderprojekte zu Bildung, Menschenrechten und demokratischer Entwicklung – finanziert aus einem Vermögen von über 30 Milliarden US-Dollar, das er selbst eingebracht hat.

Heute liebe ich es, ein Unternehmen über Jahre zu begleiten: zu sehen, wie es wächst, wie sich die Story entwickelt, wie mein Depot mitreift.

Ron Baron gründete 1982 seine Investmentfirma Baron Capital mit der Philosophie: Kaufe exzellente Unternehmen und halte sie ewig. Er interessiert sich nicht für kurzfristige Kursschwankungen oder Hypes. Stattdessen treibt ihn die Frage an: Wird dieses Unternehmen in 10, 20 oder 30 Jahren noch wachsen? Wird es Arbeitsplätze schaffen, Innovationen fördern, seine Branche prägen? Heute verwaltet Baron Capital über 45 Milliarden US-Dollar[40] und konzentriert sich auf wachstumsstarke, zukunftsfähige Unternehmen, die oft noch unter dem Radar der großen Fonds bleiben. Was seine Firma besonders macht: Sie investiert nicht blind in Zahlen, sondern in Menschen. Baron-Analysten besuchen regelmäßig die Unternehmen, sprechen mit dem Management und verstehen, wie das Geschäft wirklich funktioniert. Das ist kein reines Zahlenspiel – das ist Handwerk.

Bis heute veröffentlicht Baron Capital transparente Quartalsbriefe an Investoren, in denen die Firma offenlegt, welche Entscheidungen getroffen wurden und warum. Da wird nichts beschönigt, sondern erklärt. Genau das gefällt mir.

Natürlich braucht man dafür starke Nerven. Ein Beispiel dafür ist Tesla. Baron stieg früh ein, zu einem Zeitpunkt, als viele Elon Musk noch für einen Spinner hielten. Die Aktie stieg, fiel, stieg wieder, und viele Anleger gaben auf. Nicht Baron. Er blieb investiert, weil er an die Vision glaubte.

Seine Investmentstrategie ruht auf drei Eckpfeilern:

- Visionäre Unternehmen: Firmen mit klarer Zukunftsperspektive und Innovationskraft.
- Langfristige Partnerschaft: Baron versteht sich als Mitunternehmer, nicht als kurzfristiger Aktionär.
- Geduld und Vertrauen: Manche Investments benötigen Jahre, um sich auszuzahlen.

---

40 Stand 10/2025, Quelle https://www.baroncapitalgroup.com/

Diese Philosophie von ihm begleitet mich bis heute:

»Time is your friend when you invest in great businesses.«

Übersetzt: »Die Zeit ist dein Freund, wenn du in großartige Unternehmen investierst.«

Was du von Ron Baron lernen kannst:

- Wenn du ein gutes Unternehmen hast, dann bleib dabei, auch wenn es mal ruckelt.
- Vertraue einer fundierten Analyse und nicht den Schlagzeilen.
- Es geht nicht darum, schnell zu gewinnen, sondern langfristig zu wachsen.
- Geduld ist kein Mangel an Aktion. Sie ist die höchste Form von Entscheidung.

Ron Baron zeigt: Du brauchst nicht 100 Aktien. Du brauchst die richtigen 10 oder 15 und das Vertrauen, sie zu halten. Genau darauf baut auch die »Reich in 60 Minuten«-Strategie: klare Auswahl, starker Fokus, langer Atem.

DANIEL LOEB – DER AKTIVISTISCHE VERÄNDERER

Daniel Loeb ist keiner, der still zuschaut. Wenn er investiert, dann nicht nur mit Geld, sondern mit Meinung, Strategie und klarem Veränderungswillen. Er ist Gründer des Hedgefonds Third Point LLC, den er 1995 mit gerade einmal 3 Millionen US-Dollar Startkapital ins Leben rief. Heute verwaltet sein Fonds mehrere Milliarden US-Dollar und zählt zu den bekanntesten und einflussreichsten aktivistischen Hedgefonds der Welt.

Loeb verfolgt eine vielschichtige Anlagestrategie: Er kombiniert klassisches Value Investing mit Event-Driven-Investments – gezielten Einsätzen rund um Ereignisse wie Fusionen, Restrukturierungen oder Führungswechsel.

Was Third Point besonders macht, ist der aktivistische Ansatz: Loeb und sein Team investieren in unterbewertete Unternehmen und mischen sich aktiv ein, wenn sie Managementschwächen erkennen. Ihr Ziel: Werte freilegen, Entscheidungen beeinflussen, Kurssteigerungen anstoßen.

Beispiele? Loeb hat sich bei Yahoo!, Sony, Nestlé, Disney, Sotheby's und Shell engagiert und mit klaren Forderungen oft massive Veränderungen ausgelöst. Dabei nutzt er öffentlichkeitswirksame Strategien wie offene Briefe an Vorstände, die er pointiert und analytisch formuliert. Seine Schreiben sind berüchtigt und gefürchtet.[41]

Für Anleger bedeutet das: Third Point sucht gezielt nach Chancen, die andere übersehen, und scheut sich nicht, unbequem zu sein.

Was das für dich heißt: Loeb zeigt, dass Investieren nicht immer passiv sein muss. Manchmal braucht es mutige Impulse, klare Worte und die Bereitschaft, Dinge zu verändern, damit Werte sichtbar werden.

Er hat ein feines Gespür für unterbewertete Unternehmen – aber er verlässt sich nicht auf Geduld allein. Loeb analysiert, kommuniziert und fordert Veränderungen ein.

Was ich an Loeb besonders schätze: Er ist ein Typ mit Ecken und Kanten. Direkt, unbequem, aber extrem klug. Seine Briefe sind legendär. In seinen offen formulierten Aktivisten-Briefen scheut der Investor keine klaren Worte. Als er 2013 bei Sotheby's einstieg, schrieb er, das Auktionshaus sei »an old master painting in desperate need of restoration«.[42]

Ich selbst arbeite nicht so aktivistisch wie er, aber seine Klarheit hat mich beeindruckt. Wer investiert, darf Fragen stellen und nachhaken.

---

41 https://www.vanityfair.com/news/2013/10/dan-loeb-mean-letters

42 Übersetzung: »ein altes Meisterwerk, das dringend einer Renovierung bedarf«.

Und wenn du merkst, dass etwas nicht läuft, musst du nicht alles aussitzen. Auch das gehört zur »Reich in 60 Minuten«-Strategie: nicht hektisch reagieren, aber bewusst handeln, wenn es sinnvoll ist.

Was du von Daniel Loeb übernehmen kannst:

- Investieren heißt nicht: »einfach kaufen und hoffen« – sondern bewusst entscheiden und handeln.
- Wenn du siehst, dass ein Unternehmen Potenzial hat, aber falsch geführt wird, prüfe, ob du dabeibleiben willst oder Veränderungen brauchst.
- Ein kluger Investor denkt wie ein Unternehmer, nicht wie ein Zuschauer.
- Unbequem zu sein kann ein Vorteil sein, wenn es der Sache dient.

Was mich an Loeb besonders inspiriert: Er handelt nicht impulsiv, sondern strategisch. Und das ist gar nicht so leicht, gerade wenn es an den Märkten drunter und drüber geht. Eines seiner bekanntesten Zitate lautet:

»What people remember about the past is likely to warp their judgment of the future.«

Übersetzt: »Was Menschen aus der Vergangenheit in Erinnerung behalten, verzerrt oft ihr Urteil über die Zukunft.«

Loebs Satz hat mich persönlich getroffen, weil er beschreibt, was fast jeder Anleger irgendwann erlebt: Die Vergangenheit sitzt uns im Nacken. Eine schlechte Erfahrung kann dich jahrelang davon abhalten, eine gute Entscheidung zu treffen. Eine gute Vergangenheit kann dazu führen, dass du Risiken unterschätzt. Genau das ist der Unterschied zwischen Zocken und Investieren: Du handelst nur dann, wenn es in deinem System vorgesehen ist. Nicht früher, nicht später.

Ich kann dir aus eigener Erfahrung sagen: Das war bei mir nicht immer so. Gerade am Anfang bin ich oft dem Herdentrieb gefolgt. Aber mit der Zeit – und mit Vorbildern wie Daniel Loeb – habe ich gelernt, ruhig zu bleiben und meinem Plan zu vertrauen. Heute weiß ich: Innere Klarheit ist einer der größten Erfolgshebel überhaupt.

BILL ACKMAN – DER MANN MIT DEM MUT ZUR ÜBERZEUGUNG

Bill Ackman ist kein Investor, der leise vor sich hin arbeitet. Er ist einer, der mit Klarheit und Haltung auftritt. Und: Er liegt oft richtig, auch wenn das bedeutet, gegen den Strom zu schwimmen. Bill Ackman wurde am 11. Mai 1966 in Chappaqua, New York, geboren und ist Gründer und CEO des Hedgefonds Pershing Square Capital Management. Sein Fonds ist vor allem für aktivistisches Investieren bekannt: Ackman mischt sich oft aktiv in die Unternehmensführung ein, wenn er Schwachstellen oder Optimierungspotenzial sieht.

Bekannt wurde Ackman durch seine mutigen Wetten, aber eben nicht im Sinne von Zockerei, sondern fundiertem Research und einer messerscharfen Analyse. Einer seiner größten Coups: Im Februar 2020 – kurz bevor die Coronapandemie die Finanzmärkte erschütterte – setzte Ackman auf eine milliardenschwere Absicherungswette. Während viele Investoren die Krise noch nicht kommen sahen, kaufte er sogenannte Credit Default Swaps[43].

Diese Position kostete ihn rund 27 Millionen Dollar. Doch als die Märkte wenig später einbrachen und Anleihen stark unter Druck gerieten, explodierte der Wert seiner Absicherung. Innerhalb weniger

43 Ein Credit Default Swap (CDS) ist eine Art Versicherung auf Anleihen: Der Käufer zahlt eine Prämie, um sich gegen den Ausfall eines Kreditnehmers abzusichern. Wenn dieser tatsächlich ausfällt (zum Beispiel bei Insolvenz), springt der Verkäufer des CDS finanziell ein.

Wochen machte Ackman mit dieser cleveren Schutzmaßnahme einen Gewinn von rund 2,6 Milliarden Dollar.[44]

Was mich daran fasziniert: Ackman spielte Defensive und Offensive zugleich – wie im Profisport.

Defensiv bedeutet: Er schützte sein bestehendes Kapital gegen extreme Kursverluste – mit einer vorausschauenden Strategie, die im Fall der Fälle einspringt. Offensiv bedeutet: Er nutzte genau diesen Gewinn aus der Absicherung, um in der Marktpanik gezielt Qualitätsaktien günstig einzusammeln, während andere noch unter Schock standen.

Das ist Strategie auf höchstem Niveau: In der Krise nicht nur überleben – sondern handlungsfähig bleiben und Chancen nutzen. Für mich war das ein echtes Meisterstück. Nicht, weil er Panik verbreitet hätte, sondern weil er vorbereitet war.

Was mir an Ackman imponiert: Er spricht aus, was andere nur denken, und handelt, wenn andere zögern. Er sagt (und zitiert dabei gern Warren Buffett):

> *»If you are not willing to own a stock for 10 years, don't even think about owning it for 10 minutes.«*

Die Übersetzung: »Wenn du nicht bereit bist, eine Aktie zehn Jahre lang zu halten, solltest du nicht einmal daran denken, sie zehn Minuten lang zu besitzen.«

Auch seine Investmentfirma Pershing Square Capital Management verfolgt einen sogenannten aktivistischen Ansatz: Ackman investiert in Unternehmen, von denen er überzeugt ist, und versucht dann oft auch, das Management zu beeinflussen, um mehr Wert für Aktionäre zu

---

44 https://assets.pershingsquareholdings.com/2020/03/26222617/Pershing-Square-Capital-Management-L.P.-Releases-Letter-to-Investors-March-26-2020.pdf

schaffen. Das erfordert nicht nur Kapital, sondern auch Strategie, Hartnäckigkeit und ein gutes Gespür für wirtschaftliche Zusammenhänge.

Sein Stil: wenige, fokussierte Investments mit hoher Überzeugung. Qualität statt Quantität. Kein hektisches Rebalancing, kein Dauer-Trading. Sondern: Langfristig denken, konzentriert handeln – genau wie ich es auch mit der »Reich in 60 Minuten«-Strategie vermittle.

Natürlich wirst du als Privatanleger keine Vorstandsrunden umkrempeln wie Ackman. Aber du kannst dir seine Haltung abschauen: dieses Denken in Jahrzehnten. Die tiefe Überzeugung, dass ein gutes Investment Zeit braucht. Und den Mut, auch mal auszuhalten, wenn der Kurs temporär nicht das macht, was du willst.

Hier sind die drei größten Learnings von Bill Ackman:

- Langfristiges Denken ist entscheidend: Ackman investiert in Unternehmen mit klaren Wettbewerbsvorteilen und hält sie über Jahre – trotz kurzfristiger Schwankungen.
- Risikomanagement gehört zum Erfolg: Durch geschickte Absicherungen, wie zum Beispiel seine Credit Default Swaps in der Coronakrise, schützt er seine Investitionen nicht nur, sondern schafft aktiv Gewinnchancen.
- Aktiver Einfluss kann den Unternehmenswert steigern: Als aktivistischer Investor bringt er sich strategisch ein, um Firmen neu auszurichten und Potenziale freizusetzen – im Interesse aller Investoren.

Das alles fließt in meine Methode mit ein. Du musst keine Milliarden verwalten – aber du brauchst dieselbe Disziplin wie jemand, der das täglich tut.

MOHNISH PABRAI – DER BUFFETT-SCHÜLER MIT EIGENEM STIL

Mohnish Pabrai ist für mich so etwas wie der Beweis, dass man nicht von Anfang an alles wissen muss, um erfolgreich zu werden, sondern dass man lernen, kopieren und konsequent umsetzen darf. Und genau das hat er getan: Er hat Buffett studiert, verstanden und dann seinen eigenen Weg gefunden.

Pabrai wurde 1964 in Indien geboren und wanderte später in die USA aus. Er hatte keinen finanzstarken Hintergrund, keine Eliteausbildung in Harvard – sondern schlicht einen unbändigen Willen, zu verstehen, wie große Investoren denken. Und das tat er. Irgendwann verkaufte er seine IT-Firma und gründete 1999 den Pabrai Investment Funds mit nur einer Handvoll Investoren.

Das Besondere an seinem Fondsmodell: Pabrai kopierte das ursprüngliche Partnerschaftsmodell von Buffett aus den 1950er-Jahren fast 1:1. Das heißt konkret:

- Keine Verwaltungsgebühren, nur eine Performancegebühr[45] bei echtem Mehrwert für den Investor.
- Eine extrem schlanke Struktur, fast ohne Overhead[46].
- Nur wenige Investments, dafür mit Überzeugung.

Sein Mantra: Lieber 5 gute Unternehmen im Portfolio als 50 mittelmäßige.

Der Fonds wuchs in den Anfangsjahren explosionsartig. Zwischen 2000 und 2007 erzielte Pabrai eine jährliche Durchschnittsrendite von rund 28 Prozent – bevor die Finanzkrise kam. Auch wenn es danach einige schwächere Jahre gab: Seine Philosophie blieb dieselbe – langfristig denken, rational handeln, konzentriert investieren.

Was ich an ihm besonders schätze: Er bleibt radikal einfach. Sinngemäß sagt er:

---

45 Eine Performancegebühr ist ein erfolgsabhängiges Honorar, das Fondsmanager oder Vermögensverwalter zusätzlich zur fixen Verwaltungsgebühr erhalten.

46 Overhead bezeichnet die allgemeinen Fixkosten eines Unternehmens, die nicht direkt einem Produkt oder einer Dienstleistung zugeordnet werden können – zum Beispiel Miete, Verwaltung, Gehälter oder IT. Je niedriger der Overhead, desto effizienter kann ein Unternehmen operieren.

*»You don't make money when you buy stocks.
And you don't make money when you sell stocks.
You make money by waiting.«*

Übersetzt heißt das so viel wie: »Du verdienst an der Börse kein Geld, wenn du kaufst. Und auch nicht, wenn du verkaufst. Das Geld entsteht in der Zeit dazwischen – durch Geduld.« Geduld ist also der Schlüssel. Sein Stil: nicht überall mitmischen, sondern mit Fokus auf Qualität und Preis kaufen und dann durchhalten. Wenn du das Buch hier liest, wirst du vielleicht feststellen, dass viele Elemente der »Reich in 60 Minuten«-Strategie ganz ähnlich funktionieren. Und das ist kein Zufall.

Pabrai ist bekannt für sogenannte High-Conviction Investments, also Investments mit hoher Überzeugung. Das bedeutet: investieren nur dann, wenn du dir wirklich sicher bist. Keine halben Entscheidungen, kein »mal schauen«. Stattdessen: maximale Klarheit, volle Überzeugung und dann auch mit entsprechendem Gewicht im Depot.

Stell dir vor, du hast fünf mögliche Aktien. Drei davon findest du okay, zwei davon überragend. Ein Investor mit High Conviction kauft nur die zwei besten und konzentriert dort den Großteil seines Kapitals. Warum? Weil er weiß, dass echte Qualität selten ist und Mittelmaß langfristig kaum Ertrag bringt.

Pabrai, Buffett oder auch Ron Baron setzen genau auf diesen Ansatz: wenige, starke Investments mit voller Überzeugung. Das erfordert Mut, Wissen und Disziplin, aber es reduziert die Komplexität und steigert die Performance.

Besonders spannend: Pabrai investiert oft in Märkten, die andere übersehen – vor allem in Indien. Er sucht gezielt dort nach Chancen, wo der Wettbewerb geringer ist und Bewertungen noch attraktiv sind. Das ist nicht risikolos, aber genau dort findet er häufig außergewöhnliche Renditen.

Auch in der »Reich in 60 Minuten«-Strategie steckt eben dieser Gedanke: Wir kaufen nur Unternehmen, die die Besten der Besten auch kaufen. Kein Bauchgefühl, sondern klare Parameter. Und wenn eine Aktie von allen Top-Investoren gekauft wird, dann darf sie auch größer gewichtet werden. Wie genau das geschieht, das erfährst du noch im Verlauf dieses Buches.

Was du von ihm mitnehmen kannst:

- Halte die Dinge radikal einfach. Pabrai zeigt, dass du kein Investment-Lexikon im Kopf brauchst. Du brauchst ein paar starke Unternehmen, die du wirklich verstehst.
- Geduld schlägt Talent. Er erinnert dich daran, dass die Rendite nicht an dem Tag entsteht, an dem du kaufst oder verkaufst. Sie entsteht in der Zeit, in der du entspannt bleibst, auch wenn es mal unbequem wird.
- Setz auf das, wovon du überzeugt bist. Pabrai verteilt sein Geld nicht auf alles, was gerade schick aussieht. Er setzt bewusst große Beträge auf wenige Ideen. Mittelmaß bringt langfristig keine außergewöhnlichen Ergebnisse.

Ich habe mir von Pabrai vor allem eines abgeschaut: den Mut zur Vereinfachung und das Vertrauen, nicht jedem Trend hinterherzulaufen.

Übrigens hat Pabrai im Jahr 2007 650.100 US-Dollar für ein gemeinsames Mittagessen mit Warren Buffett bezahlt – gemeinsam mit seinem Freund Guy Spier[47]. Für mich ist das ein Symbol seiner Haltung: Wer bereit ist, so viel zu investieren, nur um besser zu lernen, zeigt, wie ernst er es meint mit Disziplin, Demut und Wachstum.

---

47 Guy Spier ist Investor und Fondsmanager, bekannt für sein Buch *The Education of a Value Investor* (2014). Darin beschreibt er seinen Weg vom ehrgeizigen Wall-Street-Banker zum werteorientierten Value-Investor, inspiriert von Warren Buffett. Spier leitet den Aquamarine Fund in Zürich und gilt als Vertreter eines langfristigen, ethisch geprägten Investmentstils.

CARL ICAHN – DER KOMPROMISSLOSE AKTIVIST

Wenn du mich fragst, wer an der Wall Street wirklich für Aufruhr gesorgt hat – dann ist es Carl Icahn. Ein Mann, der sich nicht scheut, großen Konzernen die Stirn zu bieten. Und das nicht hinter verschlossenen Türen, sondern öffentlich. Mit Klartext, Strategie und dem Mut, ganze Vorstände herauszufordern. Für viele war er lange der Inbegriff des »Corporate Raiders«.

Als Corporate Raider (Deutsch: »Unternehmensräuber«) bezeichnet man Investoren, die sich in großem Stil an Unternehmen beteiligen, um aktiv Einfluss auf deren Management zu nehmen, meist mit dem Ziel, Teile des Unternehmens zu restrukturieren, zu verkaufen oder durch Veränderungen im Vorstand den Unternehmenswert zu steigern. Der Begriff stammt ursprünglich aus den 1980er-Jahren und hatte damals einen eher negativen Beiklang, da diese Investoren oft aggressiv vorgingen. Heute nennt man solche Investoren meist aktivistische Investoren. Und Carl Icahn zählt zu den bekanntesten und erfolgreichsten Vertretern dieser Art.

Was ich an Icahn faszinierend finde, ist, dass er keiner von denen ist, die still im Hintergrund agieren. Er mischt sich ein, wenn er glaubt, dass ein Unternehmen ineffizient geführt wird, und kämpft aktiv für Veränderungen. Das erfordert Mut und Überzeugung. Auch ich habe als Unternehmer oft erlebt, wie schwer es ist, bestehende Strukturen zu hinterfragen. Das gefällt längst nicht jedem, doch Carl Icahn hat daraus ein Erfolgsmodell gemacht.

Sein Grundprinzip ist einfach: Er kauft sich bei unterbewerteten Unternehmen ein – nicht nur wegen des Preises, sondern weil er glaubt, dass mit besserem Management, klarerer Ausrichtung und Fokus auf den Shareholder Value deutlich mehr möglich ist. Er bringt sich dann aktiv ein, verlangt Umstrukturierungen, fordert Vorstände heraus, sorgt für Spin-offs[48] oder Ausschüttungen. Und: Er macht Druck.

Ein Beispiel: 1985 begann er, große Anteile an TWA (Trans World Airlines) zu erwerben, und übernahm nach und nach die Kontrolle über die Fluggesellschaft – ein riskanter Move, der ihm den Ruf als aggressiver Machtspieler einbrachte. Später engagierte er sich bei Unternehmen wie Apple, eBay, Dell, Xerox oder Herbalife. In vielen Fällen folgte er dabei einem ähnlichen Prinzip: Potenzial erkennen, Einfluss nehmen, Wert steigern.

Sein Beteiligungsunternehmen, Icahn Enterprises, ist bekannt für diese aktivistischen Eingriffe. Er agiert nicht nur als Investor, sondern als Veränderer, als jemand, der sich nicht mit »Business as usual« zufriedengibt.

Carl Icahn ist direkt, laut und unbequem und gerade deshalb so effektiv. Ein Zitat, das ihm oft zugeschrieben wird, bringt es auf den Punkt:

»Some people get rich studying artificial intelligence. Me, I make money studying natural stupidity.«

Die Übersetzung dazu lautet: »Manche Menschen werden reich, indem sie künstliche Intelligenz studieren. Ich verdiene mein Geld damit, natürliche Dummheit zu studieren.« Was für ein Spruch, oder?

Du musst nicht wie Carl Icahn persönlich Einfluss auf Vorstände nehmen oder ganze Konzerne umbauen, aber du kannst von genau

48 Ein Spin-off ist die Abspaltung eines Unternehmensbereichs in ein eigenständiges, neues Unternehmen. Aktionäre der Muttergesellschaft erhalten dafür meist automatisch Aktien des neuen Unternehmens. Ziel eines Spin-offs ist oft, dass beide Firmen fokussierter arbeiten können und der wahre Wert einer Sparte sichtbarer wird.

solchen Investoren profitieren. Icahn spürt Potenzial auf, das andere übersehen, und denkt quer. Und dann handelt er entschlossen.

Was du von ihm lernen kannst:

- Mut zur Konfrontation: Erfolgreiches Investieren heißt auch, unbequeme Wahrheiten auszusprechen – selbst wenn andere lieber wegsehen. Veränderung braucht Klarheit und Konsequenz.
- Denken wie ein Unternehmer, nicht wie ein Zuschauer: Icahn investiert nicht passiv, er denkt in Chancen zur Wertsteigerung. Wer versteht, *wie* Unternehmen funktionieren, trifft bessere Anlageentscheidungen.
- Fokus auf den wahren Wert: Nicht der Kurs zählt, sondern das Potenzial. Icahn kauft, wenn er erkennt, dass etwas unter Wert gehandelt wird, und bleibt dran, bis der Markt es ebenfalls sieht.

Du musst die Unternehmen nicht selbst analysieren. Mit der »Reich in 60 Minuten«-Strategie kannst du dir die Besten heraussuchen, die schon durch die Filter Icahns oder anderer Strategen gegangen sind.

STANLEY DRUCKENMILLER – DER MEISTER DES MAKRODENKENS

Stanley Druckenmiller ist so einer, den du auf den ersten Blick unterschätzt. Er ist nicht laut, aber wenn du dir anschaust, was er über Jahrzehnte an der Börse geleistet hat, dann wird klar: Hier ist einer der ganz Großen am Werk. Viele kennen seinen Namen nicht, und gerade das ist typisch für ihn. Stanley Druckenmiller ist keiner, der laut trommelt. Er redet nicht viel, aber wenn er es tut, hören die klügsten Köpfe genau zu.

Was ihn so besonders macht? Er arbeitet lieber im Hintergrund – hochpräzise, strategisch, fokussiert – und trifft klare Entscheidungen auf Basis von Daten, Logik und Erfahrung. Seine Investments beruhen auf einem tiefen Verständnis von wirtschaftlichen Zusammenhängen. Und auf dem Mut, dann zu handeln, wenn andere noch zögern.

Gerade deshalb wird er unterschätzt. Aber das ist sein Vorteil: Wer unterschätzt wird, kann in Ruhe gewinnen. So wie er es über Jahrzehnte getan hat, mit einer Erfolgsbilanz, die selbst in der Welt der Top-Investoren herausragt. Druckenmiller erzielte über viele Jahre hinweg eine Performance, bei der sein Fonds niemals einen Jahresverlust verbuchte – zumindest wird das so berichtet.

Viele Profis schaffen es, mal ein paar Jahre lang gut abzuschneiden. Aber so konstant wie Druckenmiller? Das ist außergewöhnlich.

Außerdem war er über viele Jahre der Mann hinter George Soros. Vielleicht erinnerst du dich? Gemeinsam mit Soros gelang Druckenmiller 1992 einer der spektakulärsten Trades der Börsengeschichte: Sie wetteten gegen das britische Pfund und erzielten in der Folge einen Gewinn von über 1 Milliarde Dollar.

Was Druckenmiller auszeichnet, ist sein makroökonomischer Blick. Er schaut sich nicht nur einzelne Unternehmen an. Er analysiert, was in der Welt passiert: Zinsen, Geldpolitik, Inflation, Krisen, Trends. Und er handelt, wenn er überzeugt ist. Entschlossen, aber nicht kopflos. Oder wie er selbst sagt:

»You have to be willing to take big bets when you have the odds in your favor.«

Übersetzt: »Wenn die Chancen zu deinen Gunsten stehen, musst du bereit sein, große Risiken einzugehen.«

Seine Performance? Über viele Jahre hinweg zweistellige Renditen – mit der Reputation, keinen Jahresverlust erlitten zu haben. Das schafft man nur, wenn man Risiko versteht und es gezielt steuert.

Was du dir von ihm abschauen kannst:

- Den Blick für das große Ganze: Schau nicht nur auf Aktienkurse. Schau auf das wirtschaftliche Umfeld.
- Konzentration aufs Wesentliche: Wenn du überzeugt bist, steig mit Überzeugung ein, aber mit Strategie, nicht mit Bauchgefühl.
- Schutz in Krisenzeiten: Auch Druckenmiller hat gelernt, wann es besser ist, auszusteigen oder sich abzusichern.

Und genau das ist auch in der »Reich in 60 Minuten«-Strategie enthalten: Wir setzen auf Aktien, die auf wirtschaftlich stabilen Füßen stehen. Wir verlassen uns nicht auf Glück, sondern auf das, was echte Profis analysieren und vorleben. Du nutzt also nicht nur ihre Ergebnisse – du profitierst auch von ihrem Weitblick.

Druckenmiller ist der Beweis: Wer mit System investiert, kann auch in volatilen Zeiten ruhig bleiben und wachsen.

JOEL GREENBLATT – DER PROFESSOR MIT DER »MAGISCHEN FORMEL«

Joel Greenblatt ist einer dieser Investoren, die beweisen, dass kluges Denken und Systematik an der Börse weit mehr zählen als Emotion oder Bauchgefühl. Er ist kein Showman, kein laut auftretender Hedgefonds-Star, sondern ein Denker. Ein Mathematiker mit Humor. Ein Professor, der seine Studenten an der Columbia University lehrt, wie man mit klaren Regeln konstant bessere Ergebnisse erzielt als der Markt. Und genau das hat er selbst über Jahrzehnte bewiesen.

Sein Name ist untrennbar mit der sogenannten »Magic Formula« verbunden – einer simplen, aber genialen Methode, um Qualitätsaktien zu finden, die gleichzeitig günstig bewertet sind. Die Idee dahinter ist verblüffend einfach: Kaufe gute Unternehmen (hohe Kapitalrendite) zu günstigen Preisen (niedriges Kurs-Gewinn-Verhältnis beziehungsweise hohe Gewinnrendite). Mehr nicht. Keine Hypes, keine Glaskugel, keine Geheimnisse.

Greenblatt begann in den 1980er-Jahren mit seinem Fonds Gotham Capital, den er mit etwa 7 Millionen Dollar initiierte (teilweise finanziert durch Bekannte wie Michael Milken[49]). In der Anfangszeit (1985 bis 1994) erzielte Gotham Capital eine jährliche Rendite von rund 50 Prozent vor Gebühren. Nach Abzug der Gebühren lag die Nettorendite für die Anleger laut verschiedenen Quellen eher bei etwa 30 Prozent pro Jahr.

Seine jährliche Durchschnittsrendite? Die oft genannten 40 Prozent sind eine gängige Referenz, aber sie beschreiben nicht zwingend einen über die gesamte Laufzeit konstanten Wert – vielmehr eine historisch herausragende Phase.

Doch statt daraus ein Geheimnis zu machen, schrieb Greenblatt ein Buch mit dem unprätentiösen Titel *The Little Book That Beats the Market*. Und tatsächlich: Die darin beschriebene Methode funktioniert – oder hat historisch funktioniert, zumindest in Backtests.

In seinem Buch schreibt er:

»If you follow a simple, logical formula consistently, it will work. You'll beat the market. Not every year, but over time.«

Übersetzt heißt das: »Wenn du einer einfachen, logischen Strategie folgst, wirst du die Experten schlagen – nicht jedes Jahr, aber langfristig.«

49 Michael Milken ist ein US-amerikanischer Finanzier, der in den 1980er-Jahren durch den Handel mit sogenannten Junk Bonds (Hochzinsanleihen) bekannt wurde. Diese Anleihen ermöglichten es jungen oder riskanteren Unternehmen, Kapital zu beschaffen, und machten Milken reich und einflussreich. Später wurde er wegen Wertpapierdelikten verurteilt, jedoch nach einigen Jahren Haft begnadigt. Heute engagiert er sich vor allem philanthropisch, unter anderem in Bildungs- und Gesundheitsprojekten.

Was Greenblatt auszeichnet, ist seine Ruhe. Er weiß, dass Märkte launisch sind. Dass kurzfristige Verluste keine Niederlage sind, sondern Teil des Spiels. Seine größte Stärke ist Konsequenz. Er handelt nicht nach Nachrichten, sondern nach Zahlen. Und genau diese Haltung macht ihn so wertvoll für unsere Strategie.

Denn auch in der »Reich in 60 Minuten«-Strategie steckt viel von Greenblatts Denken. Wir filtern nach Qualität, wir achten auf Preis-Leistung und wir lassen uns nicht von Stimmungen treiben. Die Superinvestoren, auf deren Schultern diese Methode steht, nutzen ähnliche Kennzahlen, um jene Unternehmen zu finden, die dauerhaft überdurchschnittlich wachsen – aber noch nicht überteuert sind.

Greenblatt hat mir gezeigt, dass Mathematik und Börse kein Widerspruch sind. Wer Disziplin mit Logik verbindet, gewinnt. Nicht immer sofort, aber am Ende oft.

Was du von ihm mitnehmen kannst:

- Folge einer klaren, nachvollziehbaren Strategie – nicht Emotionen.
- Qualität und Preis sind zwei Seiten derselben Medaille.
- Habe Geduld – kurzfristige Schwankungen sind kein Fehler, sondern der Preis für langfristigen Erfolg.

Joel Greenblatt erinnert mich immer wieder daran, dass Börse kein Glücksspiel ist, sondern ein Handwerk. Und wer es mit System betreibt, kann mit der richtigen Formel Großes erreichen.

KEN FISHER – DER MARKTPSYCHOLOGE MIT SYSTEM

Ken Fisher ist jemand, der nicht nur mit Zahlen, sondern auch mit Menschen umgehen kann, oder besser gesagt: mit der Psychologie der Märkte. Er versteht, dass die Börse immer ein Spiegel menschlichen Verhaltens ist – mit all seinen Ängsten, Hoffnungen und Übertreibungen. Vielleicht ist das der Grund, warum er mit seinem Ansatz über

Jahrzehnte hinweg erfolgreich bleibt, während viele andere Strategien kommen und gehen.

Fisher wurde bekannt als Gründer von Fisher Investments, einer der größten unabhängigen Vermögensverwaltungen der Welt. Er gründete das Unternehmen bereits 1979. Schon in den 1980er-Jahren machte er sich mit seinen Kolumnen im *Forbes Magazine* einen Namen – und zwar über drei Jahrzehnte lang. Seine »Portfolio Strategy«-Kolumne lief von 1984 bis 2016, was ihn zum am längsten kontinuierlich publizierenden Kolumnisten in der Geschichte des Magazins machte. Seine Stärke liegt darin, komplexe Marktmechanismen in klare, logische Zusammenhänge zu bringen und gleichzeitig die Emotionen zu erkennen, die Anleger immer wieder zu Fehlentscheidungen treiben.

Seine zentrale und häufig zitierte Überzeugung lautet:

»The market is smarter than you think –
and dumber than you can imagine.«

Übersetzt: »Der Markt ist klüger, als du denkst – und dümmer, als du dir vorstellen kannst.«

Damit meint Fisher: Märkte können auf lange Sicht effizient sein, kurzfristig aber stark emotional reagieren. Genau das nutzt er. Seine Strategie kombiniert Fundamentalanalyse mit Verhaltenspsychologie. Er achtet darauf, wo der Markt überreagiert, und agiert antizyklisch, investiert also genau dort, wo andere nervös verkaufen.

Fisher setzt auf große Trends. Mit kühlem Kopf. Statt hektisch zu handeln, sucht er nach strukturellen Wachstumstreibern: Technologie, Demografie, Innovation, globale Vernetzung. Dabei denkt er langfristig – in Dekaden, nicht in Quartalen. Seine Portfolios sind breit diversifiziert, aber mit Fokus auf Qualität, solide Cashflows, Marktstellung und Management.

Ken Fisher hat mir gezeigt, wie stark Psychologie die Börse mitbestimmt. Wenn du lernst, die Emotionen anderer zu erkennen – und dich selbst im Griff zu haben –, triffst du automatisch bessere Entscheidungen.

Was du von ihm lernen kannst:

- Der Markt reagiert oft emotional – du musst es nicht.
- Große Gewinne entstehen häufig dort, wo andere Angst haben.
- Langfristige Trends schlagen kurzlebige Hypes.

Die wichtigste Disziplin an der Börse ist Selbstbeherrschung.

Fisher steht damit sinnbildlich für den »kühlen Kopf« an der Börse. Während viele Anlegerinnen und Anleger dem Lärm folgen, hält er sich an Prinzipien, Daten und Erfahrung. Genau das ist auch das Herz unserer Methode: nicht auf jede Schlagzeile reagieren, sondern auf fundierte Entscheidungen setzen.

JEREMY GRANTHAM – DER MAHNER MIT WEITBLICK

Jeremy Grantham ist so etwas wie das Gewissen der Investmentwelt – ein Mann, der nicht den schnellen Gewinn sucht, sondern die großen Zusammenhänge versteht. Während andere in Euphorie verfallen, bleibt er skeptisch. Und genau das hat ihn über Jahrzehnte zu einem der respektiertesten Investoren gemacht.

Als Mitgründer von GMO (Grantham, Mayo, Van Otterloo & Co.) verwaltet er derzeit über 60 Milliarden US-Dollar an Kundengeldern (Stand 2024). Er ist bekannt dafür, Marktübertreibungen früh zu erkennen und offen anzusprechen – oft zu einem Zeitpunkt, wenn andere noch feiern. So warnte er bereits 1999 eindringlich vor der Dotcom-Blase, prognostizierte 2007 das Platzen der US-Immobilienblase und behielt beide Male recht. Auch in den letzten Jahren äußerte er sich mehrfach kritisch zur Bewertung vieler Tech-Aktien und wies 2021 auf eine der »größten Blasen der Geschichte« hin.

Seine Stärke ist die historische Perspektive: Er erkennt Muster, wo andere nur Zufall sehen. Für Grantham sind Märkte kein lineares Erfolgssystem, sondern ein Spiegel der menschlichen Psyche. Er glaubt nicht an ewiges Wachstum, sondern an Zyklen – Aufschwung, Übertreibung, Korrektur, Neubeginn. Wer das versteht, erkennt Risiken früher und kann sie nutzen, statt ihnen ausgeliefert zu sein.

Seine Philosophie lässt sich sinngemäß in einem Satz zusammenfassen:

»Die Geschichte wiederholt sich nicht – aber sie reimt sich.«

Er studiert Marktdaten aus Jahrhunderten, um zu verstehen, wie sich Menschen in Extremsituationen verhalten – in Euphorie ebenso wie in Angst. Dabei bleibt er trotz aller Skepsis kein Pessimist. Im Gegenteil: Er sieht in Krisen Chancen, vorausgesetzt, man ist vorbereitet.

Ein Beispiel: Während der Finanzkrise 2008 warnte Grantham schon früh vor riskanten Hypothekenprodukten[50] – doch als die Kurse eingebrochen waren, nutzte er die Situation, um mit GMO gezielt Qualitätsaktien zu kaufen. Das Ergebnis: langfristig überdurchschnittliche Renditen bei vergleichsweise geringem Risiko.

Heute investiert Grantham vor allem in reale Werte – in nachhaltige Unternehmen, Infrastruktur, Rohstoffe und Umwelttechnologien. Er war einer der ersten Großinvestoren, der den Klimawandel nicht nur als ethische, sondern als ökonomische Herausforderung verstand. Bereits 2011 warnte er vor den Kosten ökologischer Ignoranz und wies darauf

50 Riskante Hypothekenprodukte waren Immobilienkredite, die in den USA auch an Menschen mit geringer Kreditwürdigkeit vergeben wurden. Diese sogenannten Subprime-Kredite wurden später in Paketen weiterverkauft. Als viele Schuldner nicht mehr zahlen konnten, brach der Markt zusammen und löste die Finanzkrise 2008 aus.

hin, dass Firmen, die auf Ressourceneffizienz und CO_2-Reduktion setzen, langfristig höhere Profite erzielen werden. Seine Fonds investieren zunehmend in die sogenannte *Green Economy* – nicht aus Idealismus, sondern aus Überzeugung, dass Nachhaltigkeit ökonomisch vernünftig ist.

Jeremy Grantham erinnert mich immer daran, wie wichtig Demut ist. Kein Kurs steigt ewig. Wer Zyklen versteht, bleibt ruhig, wenn andere in Panik verfallen. Seine Denkweise ist ein Kompass, gerade in Zeiten, in denen scheinbar alles nur noch nach oben geht.

Was du dir von ihm abschauen kannst:

- Märkte übertreiben immer – nach oben wie nach unten.
- Geduld ist der mächtigste Hebel für nachhaltige Rendite.
- Wer langfristig denkt, schützt sein Kapital besser als jeder Trader.
- Nachhaltigkeit ist keine Mode, sondern eine wirtschaftliche Notwendigkeit.

Für die »Reich in 60 Minuten«-Strategie bedeutet das: Lerne, Zyklen zu respektieren. Du musst nicht jede Welle reiten – du musst nur wissen, wann du auf sicherem Grund stehst. Die großen Investoren, deren Portfolios wir analysieren, handeln genau so. Sie springen nicht auf jeden Trend auf, sondern investieren in Substanz, die auch in Krisen trägt.

Jeremy Grantham steht für die Balance aus Realismus und Weitblick, eine Tugend, die in der modernen Finanzwelt selten geworden ist. Seine Botschaft passt perfekt zur Philosophie dieses Buches: Langfristiger Erfolg entsteht durch Geduld, Bewusstsein und Respekt vor der Realität.

HOWARD MARKS – DER MEISTER DER ZYKLEN UND DER KLARHEIT

Howard Marks ist keiner der Investoren, die mit schnellen Sprüchen oder spektakulären Wetten auffallen. Er ist leiser. Nachdenklicher. Und genau deshalb so konsequent in dem, was er tut.

Marks ist Mitgründer von Oaktree Capital Management, einem der weltweit renommiertesten Investmenthäuser im Bereich Kredite, Sondersituationen und antizyklisches Investieren. Oaktree verwaltet heute ein Vermögen in dreistelliger Milliardenhöhe – dieses Kapital bezieht sich auf die von Oaktree betreuten Anlagegelder, nicht auf Marks' persönliches Vermögen.

Was Howard Marks von vielen anderen unterscheidet, ist sein Denken in Zyklen. Während andere fragen: »Welche Aktie steigt als Nächstes?«, stellt Marks eine grundlegendere Frage: »Wo im Zyklus stehen wir gerade – und was bedeutet das für Risiko und Entscheidungsfreiheit?«

Für ihn ist Risiko nicht das, was man im Chart sieht, sondern das, was man übersieht, weil eine Phase zu lange gut gelaufen ist. Besonders dann, wenn viele glauben, diesmal sei alles anders, wird Marks aufmerksam – nicht panisch, aber vorsichtig.

Berühmt wurde er vor allem durch seine Investment-Memos, in denen er Gedanken zu Marktphasen, Psychologie, Risiko und Fehlannahmen formuliert. Diese Texte enthalten keine konkreten Kaufempfehlungen, sondern Denkmodelle. Sie sind deshalb unter professionellen Investoren besonders geschätzt, auch von Warren Buffett, der mehrfach öffentlich betont hat, dass er diese Memos aufmerksam liest und sehr schätzt.

Marks Ansatz ist antizyklisch, rational und bewusst zurückhaltend. Wenn Märkte heiß laufen und Risiko verdrängt wird, reduziert er Engagement. Wenn Panik herrscht und Bewertungen gefallen sind, wird er handlungsbereit – jedoch nie unreflektiert.

Eines seiner häufig zitierten Leitmotive bringt diese Haltung auf den Punkt:

»You can't predict. You can prepare.«

Sinngemäß bedeutet das: Die Zukunft lässt sich nicht zuverlässig vorhersagen, aber man kann sich so positionieren, dass unterschiedliche Entwicklungen verkraftbar bleiben.

Was du von Howard Marks lernen kannst:

- Den Markt nicht als stetige Aufwärtslinie zu betrachten, sondern als Abfolge von Phasen.
- Geduldig zu bleiben, wenn keine sinnvolle Handlung ansteht – auch Nichtstun ist eine Entscheidung.
- Kapital zu schützen, um in Krisen handlungsfähig zu sein, statt nur rückblickend recht zu behalten.

STEVEN COHEN – DER SCHNELLE RISIKOKONTROLLEUR

Steven A. Cohen steht für einen Investmentansatz, der stark von Geschwindigkeit, Datenanalyse und Wahrscheinlichkeitsdenken geprägt ist. Sein Fokus liegt weniger auf sehr langfristigen Bewertungsmodellen, sondern auf Marktbewegungen, Informationsverarbeitung und statistischen Set-ups. Diesen Ansatz verfolgt er seit Jahrzehnten konsequent.

Cohen ist Gründer und CEO von Point72 Asset Management. Zuvor gründete er den Hedgefonds S.A.C. Capital Advisors. Im Jahr 2013 kam es auf Unternehmensebene zu straf- und zivilrechtlichen Auseinandersetzungen im Zusammenhang mit Insiderhandel durch einzelne Mitarbeiter. S.A.C. Capital Advisors akzeptierte eine Vergleichsvereinbarung mit US-Behörden und zahlte eine Strafsumme in Milliardenhöhe. Steven Cohen selbst wurde dabei nicht strafrechtlich verurteilt, jedoch mit aufsichtsrechtlichen Beschränkungen belegt. Das Unternehmen stellte sein externes Hedgefonds-Geschäft ein und wurde in der damaligen Form geschlossen.

2014 gründete Cohen Point72 neu. Heute zählt das Unternehmen mit einem verwalteten Vermögen von mehreren Dutzend Milliarden US-Dollar zu den größeren globalen Multi-Strategie-Hedgefonds.

Cohen begann seine Karriere als Trader. Er arbeitete früh in einem Umfeld, das schnelle Entscheidungen, hohe Informationsdichte und konsequentes Risikomanagement erforderte. Bekannt wurde er für einen stark daten- und prozessgetriebenen Ansatz, bei dem große Mengen an Marktdaten ausgewertet und systematisch in Entscheidungen übersetzt werden.

Im Zentrum dieses Investmentverständnisses steht nicht primär die Frage, welchen theoretischen »inneren Wert« ein Unternehmen besitzt, sondern wie Märkte Informationen aufnehmen, verarbeiten und neu bewerten. Der Fokus liegt darauf, kurzfristige Reaktionen, Fehlbewertungen und statistische Wahrscheinlichkeiten zu identifizieren.

Point72 arbeitet mit einer großen Zahl von Analysten und Portfoliomanagern. Die Organisation nutzt unterschiedliche Ansätze, darunter fundamentale, quantitative sowie ereignisbasierte Strategien. Entscheidungen entstehen nicht isoliert, sondern im Zusammenwirken von Research, klar definierten Regeln und kontinuierlicher Risikoüberwachung.

Eine zentrale Stärke dieses Ansatzes ist Anpassungsfähigkeit. Strategien werden nicht aus Überzeugung oder persönlichem Ego heraus verteidigt, sondern anhand von Ergebnissen überprüft. Verändern sich Marktbedingungen, werden Annahmen angepasst und Prozesse weiterentwickelt.

Dieses Denken bringt ein häufig zitierter Originalausspruch von Steven Cohen auf den Punkt:

»I compile statistics on my traders. My best trader makes money only 63 percent of the time. Most traders make money only in the 50 to 55 percent range. That means you're going to be wrong a lot. If that's the case, you better be sure your losses are as small as they can be, and that your winners are bigger.«

Die Übersetzung:

»Ich führe Statistiken über meine Trader. Mein bester Trader verdient nur in 63 Prozent der Fälle Geld. Die meisten Trader liegen sogar nur in etwa 50 bis 55 Prozent der Fälle richtig. Das bedeutet: Du wirst sehr oft falsch liegen. Und genau deshalb musst du sicherstellen, dass deine Verluste so klein wie möglich bleiben – und deine Gewinne größer sind.«

Der Kern dieser Aussage ist eindeutig: Erfolg entsteht nicht daraus, immer richtig zu liegen, sondern daraus, Verluste konsequent zu begrenzen und Gewinne systematisch wirken zu lassen.

Was du von Steven Cohen lernen kannst

- Disziplin und klar definierte Regeln sind entscheidender als Ideologie oder Bauchgefühl.
- Verluste früh anzuerkennen und zu begrenzen ist kein Zeichen von Schwäche, sondern professioneller Risikosteuerung.
- Strukturierte Systeme schaffen Klarheit.

Für die Strategie »Reich in 60 Minuten« ist Steven Cohen ein Vorbild für Konsequenz, mit der Regeln eingehalten, Risiken kontrolliert und Entscheidungen überprüft werden.

WAS ALLE SUPERINVESTOREN GEMEINSAM HABEN

Wenn du dir die großen Namen der Investmentwelt anschaust – Warren Buffett, Prem Watsa, Bill Ackman und weitere –, dann scheint es auf den ersten Blick, als wären ihre Strategien völlig unterschiedlich. Die einen setzen auf langfristiges Value Investing, andere auf innovative Zukunftstrends oder Zyklen. Aber wenn du genauer hinsiehst, gibt es klare Gemeinsamkeiten, die wir bei Lüddemann Investments analysiert haben, und genau diese Prinzipien bilden die Basis der »Reich in 60 Minuten«-Strategie.

Denn eins ist klar, diese Investoren haben nicht einfach »Glück« gehabt. Sie haben Strukturen, Strategien und Denkweisen entwickelt, die sie über Jahrzehnte hinweg erfolgreich gemacht haben. Und genau diese wiederkehrenden Muster kannst auch du nutzen.

DIE FÜNF ZENTRALEN PRINZIPIEN DER SUPERINVESTOREN

1. Sie haben eine klare Strategie und halten daran fest

Egal ob Buffett, Dalio oder Soros – alle folgen einer klar definierten Investmentlogik. Sie springen nicht von Trend zu Trend und lassen sich nicht von Schlagzeilen oder Hypes treiben. Sie wissen: »Die größte Rendite entsteht durch Konsequenz, nicht durch Chaos.«

Genau hier scheitern die meisten Privatanleger. Heute kaufen sie einen ETF, morgen eine Trendaktie, nächste Woche Kryptos – ohne roten Faden, ohne System.

Erfolgreiche Anleger haben eine begrenzte Anzahl von Top-Aktien im Depot und wählen diese gezielt nach festgelegten Kriterien aus und nicht nach Bauchgefühl.

2. Sie investieren in Unternehmen, die sie verstehen

Buffett sagt es immer wieder:

»Never invest in a business you cannot understand.«

Übersetzt: »Investiere nur in etwas, das du verstehst.«

Das klingt simpel, aber die Realität sieht anders aus: Viele Privatanleger kaufen Produkte, deren Geschäftsmodell sie nicht einmal erklären können. Die Top-Investoren hingegen recherchieren tief: Sie verstehen die Märkte, die Produkte, die Kundenstrukturen und die Wettbewerbsvorteile. Erst wenn sie das Gefühl haben, das Unternehmen wirklich durchschaut zu haben, investieren sie.

Das macht sie unabhängig von Hypes und schützt sie vor kostspieligen Fehlern.

3. Sie nutzen den Zinseszinseffekt konsequent

Ob Buffett, Watsa oder Barron – sie alle wissen, dass Zeit der wichtigste Hebel ist. Es geht nicht darum, schnell reich zu werden, sondern kontinuierlich zu investieren und Gewinne wieder anzulegen. Das klingt langweilig – aber genau das bringt die größten Erfolge.

Mit der »Reich in 60 Minuten«-Strategie automatisieren wir diesen Effekt. Einmal im Jahr passen wir dein Depot an, lassen die Renditen laufen, legen Gewinne wieder an und lassen das System für dich arbeiten. Je früher du startest, desto mächtiger wird der Effekt. Jeder verlorene Tag kostet Geld.

4. Sie treffen Entscheidungen auf Basis von Daten, nicht Emotionen

Privatanleger machen oft genau das Gegenteil: Sie kaufen, weil »alle« kaufen. Sie verkaufen, weil »die Kurse fallen«. Die erfolgreichsten Investoren hingegen setzen auf harte Fakten:

- Fundamentaldaten
- Unternehmenskennzahlen
- Markttrends
- Risikoanalysen

Ray Dalios Haltung sinngemäß dazu:

»Wenn du deine Entscheidungen aus Emotionen heraus triffst, hast du schon verloren.«

---

5. Sie denken langfristig und lassen sich nicht ablenken

Egal ob Krisen, Crashs oder Panikmache in den Medien – die Superinvestoren bleiben ruhig. Buffett kaufte während der Finanzkrise, Dalio positionierte sich clever während Marktabschwüngen. Denke daran, dass du nie in Schlagzeilen investieren solltest, sondern in Unternehmen. Ich sage gerne:

Der Markt belohnt Geduld. Wer versucht,
den perfekten Zeitpunkt zu erraten,
verpasst am Ende die besten Chancen.

WAS DU VON DEN TOP-INVESTOREN LERNEN KANNST

Die Geschichten der großen Investoren sind inspirierend. Aber Inspiration allein macht dich nicht reich. Es reicht nicht, über Buffett, Watsa oder Dalio zu lesen und zu nicken. Entscheidend ist, dass du ins Handeln kommst.

Denn genau das unterscheidet die Superinvestoren von den meisten Privatanlegern: Sie setzen Strategien konsequent um. Sie handeln nicht, weil sie sich gerade danach fühlen, sondern weil sie einen klaren Plan haben und diesen Plan Schritt für Schritt verfolgen.

Um genau das zu tun, musst du kein Genie sein. Du brauchst keine 30 Jahre Investment-Erfahrung, keinen Wirtschaftsabschluss und kein Vermögen, um zu starten. Was du brauchst, sind drei Dinge: das richtige Mindset, ein systematisches Vorgehen und den Mut, große Ziele anzupacken.

1. Du brauchst ein Ziel, das dich antreibt – nicht eins, das dich lähmt.

Die erfolgreichsten Investoren der Welt setzen sich riesige Ziele. Aber sie brechen sie runter in kleine, machbare Schritte. Das ist der Schlüssel:

Du musst groß denken, damit du motiviert bleibst.

Aber der Weg darf dich nicht einschüchtern – du gehst ihn sowieso Schritt für Schritt. Also, setz einen Fuß vor den anderen!

2. Lerne, Risiken zu managen, anstatt sie zu vermeiden.

Viele Menschen legen ihr Geld aufs Sparbuch, weil sie »kein Risiko eingehen« wollen. Aber null Risiko gibt es nicht.

Nicht zu investieren ist auch ein Risiko: Dein Geld verliert durch die Inflation jedes Jahr an Kaufkraft.

Die erfolgreichsten Investoren wissen das und steuern Risiken bewusst, statt sie zu verdrängen.

Risiko ist nicht, dass der Markt schwankt.
Risiko ist, wenn du nicht weißt, was du tust.

---

3. Starte klein – aber starte!

Du brauchst keinen fünfstelligen Betrag, um anzufangen. Schon mit 50 oder 100 Euro monatlich kannst du anfangen, dein Vermögen aufzubauen – vorausgesetzt, du weißt, was du tust. Auch mit 50 Euro oder 100 Euro pro Monat kannst du dir ein funktionierendes Depot aufbauen, wenn du die richtigen Aktien auswählst und den Zinseszinseffekt für dich arbeiten lässt.

Der Unterschied ist nicht, wie viel Geld du hast, sondern wann du startest. Und »irgendwann« ist kein Zeitpunkt.

4. Fokussiere dich auf wenige, aber exzellente Investments.

Die Top-Investoren setzen auf Klasse statt Masse – eine begrenzte Anzahl exzellenter Aktien reicht völlig aus.

Sie setzen auf Unternehmen mit:

- klarem Geschäftsmodell,
- starkem Wettbewerbsvorteil,
- soliden Zahlen und Zukunftspotenzial.

Ab sofort nutzt du genau diese Strategie. Wie genau du das machst, das erfährst du im Kapitel »Der Umsetzungsplan in 7 Schritten«[51].

5. Dein Mindset entscheidet über deine Ergebnisse.

Egal, wie gut die Strategie ist – wenn dein Kopf dich sabotiert, wirst du nicht erfolgreich.

- Hör auf, dich von Angst lähmen zu lassen.
- Hör auf, ständig zu vergleichen, was andere machen.
- Und hör auf, auf den perfekten Zeitpunkt zu warten.

---

51 Und wenn du eine Abkürzung möchtest: Wir bei Lüddemann Investments analysieren die Daten der 144 erfolgreichsten Investoren weltweit und filtern daraus die Top-Performer. Das Ergebnis ist eine Liste mit genau den Aktien, die langfristig das beste Chancen-Risiko-Verhältnis bieten. Damit sparst du dir viele Stunden der Recherche und vermeidest die typischen Fehler, die Privatanleger teuer bezahlen.

Der größte Hebel liegt nicht im Depot, sondern zwischen deinen Ohren.

Wenn du dein Denken über Geld veränderst, verändert sich auch dein Handeln. Statt passiv auf den nächsten Crash oder die nächste Krise zu reagieren, wirst du aktiv. Und das ist der Unterschied, der am Ende entscheidet, ob dein Geld *für* dich arbeitet – oder *gegen* dich.

Die Erkenntnisse der Superinvestoren sind kein Geheimwissen. Die Strategien liegen auf dem Tisch – du musst sie nur nutzen. Mit der »Reich in 60 Minuten«-Strategie bekommst du ein System, das genau auf diesen Prinzipien basiert.

1. Groß denken, klein starten
2. Risiken verstehen, nicht verdrängen
3. Klarheit statt Chaos
4. Daten statt Emotionen
5. Langfristig statt kurzfristig investieren

Genau das ist die Basis für finanzielle Freiheit. Und zwar nicht erst ab morgen – sondern ab heute!

FRAUEN AN DIE BÖRSE!

Vielleicht hast du es beim Lesen bemerkt: Alle Top-Investoren, die hier vorkommen, sind Männer. Das liegt aber nicht daran, dass Frauen schlechter investieren würden. Im Gegenteil. Eine Studie der Warwick Business School[52] zeigt, dass Frauen im Durchschnitt 1,8 Prozent höhere Jahres-

52 https://www.wbs.ac.uk/news/are-women-better-investors-than-men

renditen erzielen als Männer. Sie handeln ruhiger, langfristiger und disziplinierter, während Männer häufiger zwischen Positionen hin- und herspringen. Frauen bleiben also meist konsequent bei ihrer Strategie, und genau das zahlt sich aus. Das sehe ich auch oft in meinen Mentorings, und ich freue mich sehr darüber, dass immer mehr Frauen die Börse für sich entdecken.

Warum also sind die bekanntesten Investoren trotzdem fast alle Männer? Gute Frage. Vielleicht weil Frauen einfach weniger Aufhebens um ihre Erfolge machen und lieber still gewinnen? Doch das muss nicht so bleiben, daher hier mein Appell:

Liebe Frauen, traut euch unbedingt, zu investieren! Ihr habt das Gespür, die Geduld und den klaren Blick, den es an der Börse braucht. Es ist Zeit, zu zeigen, dass Gelassenheit und Konsequenz geniale Strategien sind, genauso wie es die »Reich in 60 Minuten«-Strategie auch beinhaltet.

WAS DU HEUTE UMSETZEN KANNST

1. LERNE VON DEN BESTEN

Vergiss die Masse an Blogs. Geh direkt zu den Originalen: Buffett, Dalio, Ackman, Paral.

Such dir eine Biografie oder ein Interview von einem dieser Superinvestoren aus.

Lies nicht wegen der Zahlen, sondern wegen der Denkmuster dahinter. Achte darauf, wie diese Menschen Entscheidungen treffen, welche Fehler sie vermeiden und warum sie an ihre Strategie glauben, auch wenn andere zweifeln.

Du sollst sie nicht kopieren – du sollst verstehen, wie sie denken.

2. KONFRONTIERE DEINE EIGENEN GLAUBENSSÄTZE

Der wichtigste Unterschied zwischen dir und einem Superinvestor liegt nicht im Depot – sondern zwischen den Ohren. Mach dir noch mal bewusst, welche Glaubenssätze dich bisher gesteuert haben. Gehe noch mal zurück zum letzten Kapitel und rufe dir die neuen, positiven Glaubenssätze ins Gedächtnis. Denkst du, Warren Buffett verschwendet auch nur einen Gedanken an den Glaubenssatz »Geld verdirbt den Charakter«? Vermutlich nicht, sonst wäre er nicht dort, wo er heute ist. Also weg mit allem, was dich noch davon abhält, dein Geld für dich arbeiten zu lassen und finanziell frei zu werden.

3. ÜBERSETZE WISSEN IN HANDELN

Warren Buffett sagt sinngemäß:

> *»Der Unterschied zwischen erfolgreichen und sehr erfolgreichen Menschen ist, dass sehr erfolgreiche Menschen zu fast allem Nein sagen.«*

Das gilt auch für deine Finanzen. Sag also ab heute Nein zum Informations-Overload, Nein zu teuren Finanzprodukten, Nein zu halbherzigen Tipps von Bekannten. Sag stattdessen Ja zu einem klaren System und bleib dabei.

Und noch eins: Alle Superinvestoren, die du hier kennengelernt hast, haben eines gemeinsam: Sie sind früh ins Handeln gekommen. Sie haben nicht gewartet, bis sie »bereit« waren oder »alles wussten«.

Du musst nicht alles perfekt wissen. Du musst nur anfangen.

Der Unterschied zwischen dir und ihnen? Sie haben schon entschieden, dass ihr Geld für sie arbeitet. Jetzt bist du dran.

Du brauchst keine 500 Aktien, keine 100 ETFs und keine endlosen Analysen.

Du brauchst eine klare Strategie, die auf den Prinzipien der Besten basiert.

Genau dafür ist die »Reich in 60 Minuten«-Strategie entwickelt worden:

- → Ein klarer Prozess
- → Ein strukturiertes Depot
- → Ein einmaliger jährlicher Check

Und eine Umsetzung, die selbst ohne Vorkenntnisse funktioniert. Auf diesen Prinzipien bauen die nächsten Kapitel auf: Wir schauen uns an, wie du diese Prinzipien sofort in deinem eigenen Depot nutzen kannst und warum ein systematischer Ansatz der Schlüssel ist, um endlich bessere Ergebnisse zu erzielen.

Die Superinvestoren wurden nicht mit Geheimwissen geboren. Sie haben es sich erarbeitet, und du kannst das auch.

KAPITEL 5

DIE »REICH IN 60 MINUTEN«-STRATEGIE – INVESTIERE MIT SYSTEM!

Wenn ich heute auf meine ersten Jahre an der Börse zurückblicke, muss ich schmunzeln. Ich war überzeugt, dass ich alles wusste. Ich hatte Bücher gelesen, Börsenzeitschriften verschlungen, in Foren diskutiert. Ich war »informiert«. Dachte ich zumindest.

Die Realität aber war eine andere, denn ich habe die gleichen Fehler gemacht wie fast alle Einsteiger. Ich habe Hot Stocks[53] gekauft, weil irgendjemand in einem Forum meinte, das sei der Geheimtipp. Ich habe Fonds von meiner Bank übernommen, ohne die Gebühren zu prüfen.

---

53 Als Hot Stocks bezeichnet man Aktien, die kurzfristig besonders gehypt werden – oft wegen Trends, Schlagzeilen oder Social-Media-Euphorie. Sie wirken spannend, haben aber meist hohe Schwankungen und wenig Substanz.

Ich habe Positionen zu früh verkauft und andere viel zu lange gehalten. Kurz gesagt: Ich habe Geld verschenkt. Viel Geld.

Das klingt vielleicht ernüchternd, und vermutlich erkennst du dich in einigen dieser Fehler wieder. Doch, wie es mit Fehlern so ist, genau daraus habe ich gelernt. Über 30 Jahre habe ich seitdem so ziemlich jedes System getestet, das da draußen angeboten wird: Trading-Strategien, ETF-Modelle, Robo-Advisor, Trendfolgesysteme[54] – alles. Mich haben nicht nur die Zahlen interessiert, sondern die dahinterliegenden Prinzipien – was funktioniert und was dir langfristig schadet. Heute kann ich dir glasklar sagen, was funktioniert und was du besser bleiben lässt. Nur die Strategien, von denen ich absolut überzeugt bin, gebe ich heute an meine Kunden weiter. Und vor allem: Strategien sind wichtig, doch etwas habe ich in den vielen Jahren, in denen ich bereits als Investor, Trader und Mentor unterwegs bin, über Menschen gelernt.

Es gibt zwei Arten von Investoren: Die einen »probieren mal was«. Kaufen hier ein bisschen, verkaufen da ein bisschen. Hören auf Tipps vom Kumpel, der »jemanden kennt«, der von einem heißen Deal weiß. Sie hoffen, dass das schon irgendwie passt. Die anderen haben eine klare Strategie. Sie wissen, warum sie kaufen, warum sie halten und warum sie verkaufen. Und vor allem: Sie lassen sich nicht von kurzfristigen Trends verrückt machen.

Ich war jahrelang Typ eins – bis ich die brutal ehrliche Bilanz gezogen habe: Wenn du ohne System investierst, verlierst du Geld. Viel Geld.

Und das ist der Grund, warum ich die »Reich in 60-Minuten«-Strategie entwickelt habe. Ich wollte eine Strategie, die für jeden funktioniert, der bereit ist, sich an klare Regeln zu halten. Für diese Methode

---

54 Trendfolgesysteme sind Handelsstrategien, die darauf basieren, bestehende Markttrends möglichst früh zu erkennen und ihnen zu folgen. Sie setzen darauf, dass ein einmal eingeschlagener Trend – etwa steigende oder fallende Kurse – sich zunächst fortsetzt, bevor es zu einer Umkehr kommt.

braucht es keine Spekulationen und kein Bauchgefühl und auch keinen »heißen Tipp von der Bank« mehr. Es ist ein System, das zwar »unsexy« klingt, weil es auf Fakten, Logik und Daten basiert, aber »sexy« Ergebnisse bringt. Wenn du dich daran hältst.

Ich weiß, wie verwirrend und auch verlockend der Markt heute ist. Jeden Tag gibt es neue YouTube-Kanäle, Finanzblogs, Influencer mit »Geheimtipps« und selbst ernannte Gurus, die dir schnelle Reichtümer versprechen. Ich habe mir über die Jahre viele dieser Strategien angesehen. Die meisten bringen vor allem dem Anbieter etwas – nicht dir.

Genau deshalb habe ich nicht nur für mich gelernt, wie man richtig investiert, sondern auch Lüddemann Investments gegründet. Mein Team und ich filtern den Lärm des Marktes heraus und konzentrieren uns auf das, was nachweislich funktioniert. Wir analysieren jedes Jahr Tausende von Datenpunkten und werten die Strategien der erfolgreichsten Investoren der Welt aus. Die besten Elemente daraus fließen in unser eigenes System, damit du eine klare Richtung hast.

Und jetzt kommen wir zu etwas, das vielleicht erst mal seltsam klingt. Es gibt einen zentralen Punkt, der erfolgreiche von erfolglosen Anlegern unterscheidet, nämlich die Fähigkeit, nichts zu tun. Klingt banal, oder?

Denn die meisten Menschen verlieren an der Börse nicht, weil sie das falsche Produkt kaufen – sondern weil sie ständig an ihren Entscheidungen herumbasteln. Sie springen von Strategie zu Strategie, kaufen und verkaufen zu hektisch, verpassen die großen Chancen und verbrennen am Ende Rendite.

Die erfolgreichsten Investoren der Welt haben eines gemeinsam: Geduld. Sie treffen ihre Entscheidung und lassen ihr Geld für sich arbeiten. Genau das macht der Zinseszinseffekt möglich, und genau das ist das Fundament unseres Systems.

Die Börse ist gnadenlos, wenn du ohne Plan unterwegs bist. Sie bestraft jede Unsicherheit, jede Spekulation und jedes blinde Vertrauen. In 30 Jahren habe ich viel Lehrgeld bezahlt, aber genau diese Erfahrungen haben mir gezeigt, was funktioniert und was du besser sein lässt. Und weil es so wichtig ist, liste ich hier noch einmal die Fehler auf, die ich in 30 Jahren selbst gemacht habe und auch immer wieder bei anderen sehe:

1. Die teuersten Fehler passieren, bevor du überhaupt startest.

Viele warten viel zu lange. Sie haben Angst, etwas falsch zu machen, oder denken: »Ich informiere mich erst mal, dann lege ich los.« Das klingt vernünftig, aber es kostet dich ein Vermögen. Warum? Weil während du noch grübelst, der Zinseszinseffekt längst für andere arbeitet. Sieh dir noch mal die Tabellen aus Kapitel 2 an, wenn du immer noch daran zweifelst, dass Zeit dein größter Hebel ist.

Mein Learning: Starte so früh wie möglich. Den perfekten Einstiegszeitpunkt gibt es nicht. Aber jeder Tag, an dem dein Geld arbeitet, macht einen Unterschied.

2. Glaub nicht alles, was du hörst.

Einer meiner größten Fehler war, dass ich anderen geglaubt habe. Und ich weiß, das klingt jetzt extrem seltsam, denn ich möchte ja auch, dass du mir und meinem System glaubst. Bankberater, Bekannte, YouTube-Gurus, Börsenmagazine – jeder hatte eine »geheime Strategie«, die angeblich funktioniert.

Mein Learning: Hinterfrage jedes Produkt. Frag dich immer: Wer verdient hier wirklich? In 80 Prozent der Angebote ist die Antwort: der Anbieter, nicht du. Und genau deshalb vertraue ich darauf, dass du mir vertraust. Denn ich lege dir die komplette Strategie in diesem Buch zu Füßen. Ja, du hast dieses Buch gekauft. Und natürlich biete ich auch Mentorings und Workshops an, aber dieses Buch reicht, um loszulegen. Und genau das wünsche ich mir für dich: dass du loslegst. Heute noch.

3. Hypes kosten dich Geld.

Erinnerst du dich noch an die Dotcom-Blase 2001? Damals wurden Internetfirmen gehypt, und ich war als Trader dabei. Und ja, ich war nicht immer erfolgreich, sondern die Verluste kamen. Ich habe das Gleiche später bei anderen Hypes wieder beobachtet, etwa bei Cannabis-Aktien oder Wasserstoff-Unternehmen. Kurzzeitig schien es, als könnte man mit jeder Aktie aus dem Sektor reich werden. Doch was nach Revolution aussah, entpuppte sich bei vielen als Spekulation. Die Kurse schossen hoch, dann brachen sie ein. Weil die Geschäftsmodelle nicht tragfähig waren.

Mein Learning: Investiere nie, weil es »gerade alle machen«. Einem Hype blind zu folgen, weil alle das machen, ist riskant.

4. Ohne System wirst du verlieren.

Ich habe Jahre damit verbracht, mein eigenes »perfektes Timing« zu finden. Kaufen, wenn's billig ist, verkaufen, wenn's hochgeht. Klingt logisch, oder? Die Realität ist aber, dass das nicht immer funktioniert. Ich habe ständig Gewinne zu früh mitgenommen – aus Angst, sie zu verlieren – und ich habe Verluste ausgesessen – in der Hoffnung, die Kurse würden irgendwann wieder hochgehen.

Heute weiß ich: Kein Mensch schlägt dauerhaft den Markt durch Bauchgefühl. Darum ist die »Reich in 60 Minuten«-Strategie erfolgreich. Sie ist ein faktenbasiertes System, das unabhängig von Emotionen funktioniert.

5. Erfolg braucht Geduld.

Das vielleicht härteste Learning, das du aus diesem Buch mitnehmen wirst: Es gibt keinen schnellen Reichtum. Klar, kurzfristige Gewinne sind möglich, aber langfristiger Vermögensaufbau funktioniert nur, wenn du dem System Zeit gibst. Erinnere dich: Die erfolgreichsten Investoren der Welt – Buffett, Soros, Watsa – haben alle eins gemeinsam. Sie kaufen und halten die Werte über Jahrzehnte.

Die Magie liegt nicht in der Anzahl deiner Trades, sondern in der Dauer deiner Investition. Das ist das Gegenteil von dem, was dir die meisten Finanzinfluencer erzählen. Aber es ist der einzige Weg, wie du nachhaltig Vermögen aufbaust.

Ich habe für all diese Learnings 30 Jahre gebraucht. Du brauchst aber keine 30 Jahre zu investieren, denn heute fließt alles, was ich gelernt habe, in die »Reich in 60 Minuten«-Strategie. Ein System, das sich an den Prinzipien der erfolgreichsten Investoren der Welt orientiert und dir eine klare Schritt-für-Schritt-Anleitung gibt, statt dich mit unnötigen Informationen zu überfrachten.

Damit vermeidest du die Fehler, die mich damals Tausende Euro und Jahre an Zeit gekostet haben, und kommst viel schneller ans Ziel. Aber warum ist die Strategie so genial? Lass uns einmal genauer hinsehen.

WARUM 15 AUSGEWÄHLTE AKTIEN MEHR WIRKUNG HABEN ALS 150 ZUFÄLLIGE

Die meisten Privatanleger glauben immer noch, dass es um Masse geht: Je mehr Aktien, desto sicherer das Depot. Tatsächlich ist oft das Gegenteil richtig. Nicht die Quantität entscheidet über deinen Erfolg, sondern die Qualität deiner Auswahl. Genau deshalb basiert die »Reich in 60 Minuten«-Strategie auf 15 handverlesenen Top-Aktien.

Wie du bereits weißt, ist die Idee dahinter simpel: Wir orientieren uns an den erfolgreichsten Investoren der Welt. Statt Trends hinterherzulaufen oder auf Tipps aus dem Netz zu hören, konzentriert sich die Strategie auf die Aktien, in die auch die besten Köpfe investieren. Wenn du siehst, was der Zinseszinseffekt bei den richtigen Aktien bewirkt, wirst du verstehen, warum diese Fokussierung so entscheidend ist.

Die meisten Anleger glauben, dass man nur breit genug streuen muss, um erfolgreich zu sein. Also werden ETFs gekauft, die Hunderte Aktien enthalten. Oder es wird ein Depot aufgebaut, das aus 40, 50 oder sogar 100 Einzelwerten besteht – nach dem Motto: »Je mehr, desto sicherer.« Das klingt vernünftig, ist es aber in der Praxis selten. Breite Streuung bewahrt dich vor großen Verlusten – aber sie bewahrt dich auch vor großen Gewinnen.

Also: Nicht alles kaufen, was glänzt. Sondern gezielt die besten 15 Aktien auswählen, Aktien, die seit Jahrzehnten von den erfolgreichsten Investoren der Welt bevorzugt werden.

Diese Titel erfüllen klare Kriterien: stabile Geschäftsmodelle, Wettbewerbsvorteile, überzeugende Kennzahlen und eine überzeugende Zukunftsperspektive.

Warum dieser Fokus so stark wirkt, zeigen die Backtesting-Ergebnisse, die du auch in diesem Buch findest. Einige Titel haben dabei besonders überzeugt:

- Ein Top-Performer aus dem Backtest legte in nur einem Jahr um 200 Prozent zu.
- Ein weiterer erzielte plus 97 Prozent, viele weitere um die 50 Prozent.

Natürlich gibt es auch Werte, die in manchen Jahren nicht laufen. Verluste kommen vor. Aber genau hier zeigt sich die Stärke der Methode: Die großen Gewinner überkompensieren die Verlierer.

SYSTEMATIK SCHLÄGT ZUFALL

Jetzt haben wir viel über Mindset gesprochen, über typische Denkfehler, über die Strategien der Top-Investoren, und du hast viele Geschichten gelesen, die zeigen, wie unterschiedlich der Weg zu finanzieller Freiheit aussehen kann und wie du dich dabei selbst sabotieren kannst. Du weißt nun aber auch, welche Grundlagen du beachten musst, um die Strategie, die ich dir im Folgenden vorstellen werde, umzusetzen.

Ab hier wird's konkreter. Jetzt geht es um Zahlen, um Logik und um das, was die Strategie wirklich ausmacht. Keine Sorge, wenn du nicht sofort alles verstehst – ich werde dir Schritt für Schritt erklären, wie alles zusammenhängt, sodass auch Einsteiger gut mitkommen.

Und wenn du schon zu den Fortgeschrittenen gehörst, findest du ebenfalls in diesem Buch immer wieder Vertiefungen, Backtests mit Zahlen, Daten und Fakten sowie Profi-Hinweise, mit denen du noch tiefer einsteigen kannst. Du entscheidest, wie weit du gehst und was du dir anschaust. Wichtig ist nur, dass du beginnst.

Das Prinzip der »Reich in 60 Minuten«-Strategie lautet: Weniger, aber besser. Du brauchst keine 150 Positionen, um erfolgreich zu investieren. 15 exzellente Unternehmen reichen – wenn sie nach klaren Qualitätskriterien ausgewählt werden und du sie konsequent hältst.

Konzentriere dein Geld dort, wo es die größten Chancen hat. Du folgst den Zahlen, nicht den Nachrichten.

DIE STRATEGIE LEISTET

- Fokus statt Überfrachtung: ein konzentriertes Portfolio aus 15 Titeln statt »alles mitnehmen«.
- Wachstum statt Mittelmaß: Ein paar starke Gewinner treiben die Gesamtperformance.
- Risikomanagement eingebaut: Einzelverluste sind einkalkuliert und verwässern den Gesamterfolg nicht.
- Zinseszinseffekt maximieren: Je länger du Gewinner laufen lässt, desto stärker beschleunigt sich das Wachstum.

Die Börse ist kein Buffet, bei dem du von allem ein bisschen probieren musst. Du brauchst einen klaren Plan und musst verstehen, warum du investierst.

DER UMSETZUNGSPLAN IN 7 SCHRITTEN

Damit du sofort starten kannst, hier nun der exakte Schritt-für-Schritt-Plan. Vielleicht hast du schon ein Depot, weil du schon investierst, vielleicht weißt du auch bereits, wie du die jährliche Rendite reinvestierst, dann überspringe einfach die zugehörigen Informationen. Für alle, die gerade starten, erläutere ich nun jeden Schritt im Detail:

SCHRITT 1 – DEIN DEPOT EINRICHTEN

Bevor du in die Umsetzung der Investments für die »Reich in 60 Minuten«-Strategie einsteigst, musst du mit der Basis beginnen: deinem Wertpapierdepot. Ohne ein Depot kannst du keine Aktien kaufen. Es ist der Ort, an dem deine Investments verwaltet werden. Ein Depot ist ein Konto bei einer Bank oder einem Broker, über das du Wertpapiere wie Aktien, ETFs oder Fonds kaufen, halten und verkaufen kannst. Es funktioniert ähnlich wie ein digitales Schließfach für deine Geldanlagen.

Falls du noch nie investiert hast, ist dieser Schritt dein Startpunkt. Lies dir die Infos in Ruhe durch, wähle einen passenden Online-Broker[55] aus und schaffe dir die Grundlage, damit du die Strategie optimal umsetzen kannst.

Aber auch wenn du bereits investierst, solltest du kurz prüfen, ob dein aktueller Broker wirklich zu dieser Methode passt. Viele erfahrene Anleger zahlen unnötig hohe Gebühren oder haben Depots, die nicht auf gleichgewichtetes Investieren ausgelegt sind. Wenn dein Broker hohe Orderkosten verlangt, keine gute Übersicht bietet oder keinen einfachen Zugang zu internationalen Märkten hat, lohnt sich ein Wechsel. Das

---

55 Ein Online-Broker ist ein digitales Finanzdienstleistungsunternehmen, über das du Wertpapiere selbstständig über das Internet kaufen und verkaufen kannst – ohne klassische Bankfiliale.

kann auf lange Sicht einen massiven Unterschied machen, und zwar nicht in Prozentpunkten, sondern in echten Summen.

Der Markt hat sich in den letzten Jahren stark verändert. Moderne Online-Broker machen es heute einfacher denn je, ein Depot zu eröffnen und professionell zu investieren, und das ohne versteckte Kosten.

Es gibt verschiedene Anbieter, die sich für unsere Strategie besonders gut eignen. Wenn du neu einsteigst, brauchst du einen Broker, der einfach funktioniert – ohne komplizierten Papierkram oder versteckte Gebühren. Anbieter, mit denen viele Anleger und auch ich selbst gute Erfahrungen gemacht haben, sind etwa comdirect, flatex und Captrader. Alle eignen sich gut für die Umsetzung der »Reich in 60 Minuten«-Strategie.

Die Eröffnung deines Depots ist einfacher, als viele denken. In der Regel dauert der gesamte Prozess nicht länger als 15 Minuten.

So eröffnest du dein Depot – Schritt für Schritt

Wenn du bisher gedacht hast, ein Depot zu eröffnen sei kompliziert, kann ich dich beruhigen: Es ist heutzutage einfacher als je zuvor. Dank moderner Online-Broker kannst du dein Wertpapierdepot bequem von zu Hause oder unterwegs einrichten – ganz ohne Papierkram oder einen Besuch am Bankschalter.

1. Broker auswählen

Bevor du dein Depot eröffnest, musst du dich für einen Broker entscheiden. Zu den empfehlenswerten Anbietern zählen, wie bereits vorab erwähnt:

comdirect ist eine Tochter der Commerzbank und bietet dir ein solides, etabliertes Umfeld – ideal, wenn du es gern klassisch und sicher magst. Du bekommst Zugriff auf viele Märkte und eine gute Benutzeroberfläche, auch per App.

flatex punktet vor allem durch günstige Konditionen und eine klare Plattform – super, wenn du vor allem auf Kosten achtest und dein Geld lieber in Aktien als in Gebühren[56] steckst.

CapTrader[57] richtet sich an Anleger mit größeren Depots ab etwa 10.000 Euro und bietet Zugang zu nahezu allen wichtigen Börsen weltweit – von New York bis Tokio. Die Handelsgebühren sind dabei äußerst attraktiv, ideal, wenn du global investieren möchtest, so wie in der »Reich in 60 Minuten«-Strategie vorgesehen.

Natürlich kannst du auch einen anderen Anbieter wählen – oder vielleicht hast du sogar schon ein Depot und bereits erste Aktien gekauft. In dem Fall: Super, du bist auf dem richtigen Weg! Trotzdem empfehle ich dir, dein aktuelles Depot noch einmal auf die folgenden fünf Kriterien zu überprüfen. Denn wenn du langfristig mit der »Reich in 60 Minuten«-Strategie arbeitest, brauchst du einen Broker, der dir nicht im Weg steht – sondern dich unterstützt.

a. Kostenstruktur

Viele Broker werben mit »kostenlos«, aber bei genauem Hinsehen lauern doch Gebühren:

- Depotführung: Bei den meisten Anbietern kostenlos – aber nur, wenn du auch aktiv handelst oder einen Sparplan hast. Sonst können 10 bis 30 Euro jährlich fällig werden.
- Ordergebühren: Achte darauf, was ein Kauf oder Verkauf kostet. Bei 1000 Euro Ordervolumen sind zum Beispiel 10 Euro Gebühren schon 1 Prozent deiner Rendite!
- Fremdkostenpauschalen: Einige Broker geben Börsengebühren oder Handelsplatzkosten weiter.

---

56 Beachte bei Auslandsorders Währungsumrechnungskosten (FX-Spread) und Handelsplatzgebühren (NYSE/NASDAQ/TSX).

57 Hier kannst du dein Depot bei Captrader direkt anlegen: https://www.captrader.com/lueddemann/

Mein Rat: Vergleiche bei mehreren Brokern, was ein Kauf über 500 Euro, 1000 Euro oder 5000 Euro kosten würde. Auf lange Sicht können sich diese Unterschiede stark auswirken.

b. Bedienbarkeit der App oder Website

Dein Depot sollte kein IT-Studium erfordern. Gute Broker bieten dir:

- eine intuitive App, mit der du Käufe und Sparpläne schnell einrichten kannst;
- ein übersichtliches Dashboard, wo du deine Depotentwicklung siehst;
- klare Funktionen: kaufen, verkaufen, Sparplan starten – alles auf einen Blick.

Tipp: Wenn du beim ersten Test 5 Minuten lang suchst, wo man eine Aktie kauft, ist das nicht der richtige Broker für dich. Es soll einfach sein – du willst investieren, nicht programmieren.

c. Sicherheit

Klingt vielleicht langweilig, ist aber einer der wichtigsten Punkte: Sicherheit geht vor. Denn auch wenn du »nur« in Aktien investierst – der Weg dorthin führt über dein Verrechnungskonto beim Broker. Und dieses Konto muss rechtlich sauber getrennt und geschützt sein.

Deshalb solltest du bei der Brokerwahl auf folgende Sicherheitsmerkmale achten:

Sitz in Deutschland oder Europa?

Ein Broker mit Firmensitz in Deutschland, Österreich oder einem anderen EU-Land unterliegt dem europäischen Recht, und das ist dein bester Freund, wenn's mal hart auf hart kommt. Geld auf dem Verrechnungskonto ist bis zu 100.000 Euro je Bank über die EU-Einlagensicherung geschützt. Deine Wertpapiere sind davon getrennt als Sondervermögen verwahrt und fallen bei einer Broker-Insolvenz nicht in die Insolvenzmasse.[58]

Regulierung durch die BaFin oder eine gleichwertige EU-Behörde

Die BaFin (Bundesanstalt für Finanzdienstleistungsaufsicht) kontrolliert deutsche Broker und schaut ihnen regelmäßig sehr genau auf die Finger. Auch vergleichbare Behörden wie die FMA in Österreich oder die CSSF in Luxemburg bieten dir ein hohes Maß an Schutz.

Das bedeutet:

- Regelmäßige Prüfungen
- Klare Trennung von Kunden- und Unternehmensgeldern
- Keine willkürlichen Sperrungen, Kündigungen oder unklare AGBs
- Und im Notfall kannst du dich an offizielle Stellen wenden

Kundengelder müssen getrennt vom Firmenvermögen verwahrt werden

Das ist ein Punkt, den viele übersehen: Wenn dein Broker pleitegeht, darf dein Geld nicht in die Insolvenzmasse fallen. Das geht nur, wenn dein Verrechnungskonto als sogenanntes »segregiertes Konto« geführt wird, also strikt getrennt vom Vermögen des Unternehmens.

Gute Broker erklären das transparent auf ihrer Website, meist im Bereich »Sicherheit« oder »Einlagenschutz«. Wenn du das nicht auf Anhieb findest: kritisch bleiben!

No-Go: Broker mit Sitz in Belize oder auf den Cayman-Inseln ...

58 Sondervermögen bedeutet, dass deine Wertpapiere getrennt vom Vermögen des Brokers verwahrt werden. Geht der Broker insolvent, gehören deine Aktien und Fonds nicht zur Insolvenzmasse und können nicht zur Begleichung fremder Schulden verwendet werden. Sie bleiben vollständig dein Eigentum.

Klar, manche dieser Anbieter sehen auf den ersten Blick »billig und modern« aus – aber das ist oft nur Fassade.

Wenn dein Broker auf den Cayman Islands oder sonst wo sitzt, kann es bei Problemen sehr schnell kompliziert werden:

- Du erreichst den Support nicht mehr.
- Es gibt keine Schlichtungsstelle.
- Deine Einlagen sind nicht geschützt.
- Deine Aktien sind möglicherweise nicht sauber registriert (Stichwort: Sammelverwahrung versus Eigentum).
- Du hast keine rechtliche Handhabe, wenn etwas schiefläuft.

Ich schreibe das nicht zur Abschreckung, sondern aus Erfahrung: Sicherheit klingt im ersten Moment nicht wirklich sexy, aber sie rettet dich, wenn's ernst wird. Denk noch mal an unsere Top-Investoren. Auch sie haben auf Sicherheit gesetzt. Und genau deshalb empfehle ich dir:

Bleib bei Brokern mit EU-Lizenz, BaFin-Kontrolle und Sitz in Deutschland oder der EU. So kannst du ruhig schlafen und dich auf das konzentrieren, was wirklich zählt: deine Investments.

d) Zugang zu internationalen Börsen

Mit der »Reich in 60 Minuten«-Strategie investierst du in globale Top-Unternehmen. Manche davon sind nur in den USA oder Kanada gelistet. Deshalb solltest du darauf achten, dass dein Broker:

- auch den Zugang zu NYSE, NASDAQ oder TSX (Toronto) ermöglicht;
- Aktien aus Europa, Asien und den USA handelbar macht;
- gegebenenfalls auch Dividenden automatisch verbucht – am besten ohne hohe Gebühren.

Ein guter Broker erkennt, wenn du zum Beispiel Apple, Berkshire Hathaway oder Comcast kaufen willst, und bietet dir direkt den richtigen Handelsplatz an.

e) Sparplan-Funktion

Wenn du nicht alles auf einmal investieren willst – oder regelmäßig weiter investieren möchtest –, dann ist die Sparplan-Funktion ein Muss.

- Gibt es überhaupt Sparpläne für Einzelaktien?
- Ab welcher Summe? (Idealerweise ab 25 Euro oder 50 Euro)
- Welche Gebühren fallen bei jedem Ausführungstermin an?
- Gibt es eine automatische Reinvestition von Dividenden?

Mit einem guten Sparplan kannst du schrittweise dein Vermögen aufbauen – auch mit kleinen Beträgen.

2. Zur Depoteröffnung navigieren

Gehe auf die Website des Brokers deiner Wahl oder lade dir die App aus dem App Store (iOS) oder Google Play Store (Android) herunter.

Dort findest du in der Regel einen deutlich sichtbaren Button mit einer Aufschrift wie:

- »Depot eröffnen«,
- »Jetzt registrieren«,
- »In 3 Schritten zum Depot«.

3. Persönliche Daten eingeben

Jetzt gibst du deine persönlichen Informationen ein – ähnlich wie bei der Eröffnung eines Bankkontos:

- Vor- und Nachname
- Geburtsdatum und Geburtsort
- Staatsangehörigkeit
- Anschrift
- Telefonnummer und E-Mail-Adresse
- Steuer-ID (findest du zum Beispiel auf deinem letzten Steuerbescheid oder deiner Lohnabrechnung)

Im Verlauf der Depoteröffnung wirst du zudem an einer Stelle gefragt, wie viel Erfahrung du bereits mit Wertpapieren hast. Die Formulierung kann je nach Broker leicht variieren – typische Fragen lauten zum Beispiel:

- Hast du schon einmal Aktien oder Fonds gekauft?
- Wie schätzt du dein Wissen über Wertpapiere ein?
- Hast du Erfahrung mit Derivaten, ETFs oder Optionsscheinen?

Vielleicht fragst du dich jetzt: Was passiert, wenn ich hier »Keine Erfahrung« auswähle? Wird mein Antrag dann abgelehnt?

Klare Antwort: Nein. Diese Angaben dienen nicht dazu, dich auszuschließen oder zu bewerten. Sie sind Teil der sogenannten »Geeignetheitsprüfung«, zu der Broker gesetzlich verpflichtet sind. Ziel ist es, dich vor unnötigen Risiken zu schützen – vor allem bei sehr spekulativen Produkten wie Optionsscheinen oder Hebelprodukten.

Die »Reich in 60 Minuten«-Strategie arbeitet mit ganz normalen Aktieninvestments – ohne komplizierte Hebelprodukte, ohne riskante Derivate und ohne kurzfristiges Spekulieren. Es geht um große, solide Unternehmen, in die auch die erfahrensten Investoren der Welt ihr Geld stecken.

Es handelt sich um öffentlich gehandelte Titel, die zur Grundausstattung eines jeden Depots gehören dürfen.

Du musst also keine Prüfung bestehen und auch keine Vorkenntnisse nachweisen, um starten zu können. Ehrlich antworten reicht, und dann bist du bereit für den nächsten Schritt.

4. Identität bestätigen – per VideoIdent

Um dein Depot offiziell zu eröffnen, musst du deine Identität bestätigen. Das geht schnell und sicher mit dem sogenannten VideoIdent-Verfahren[59]. Dafür musst du meist eine App herunterladen, die dir im Verlauf des Anmeldeprozesses angezeigt wird. Du lädst also die App herunter, scannst meist einen QR-Code, der zu deinem Kontoeröffnungsvorgang führt, und los geht's:

- Du wirst dann per Video-Call mit einem Mitarbeiter verbunden (geht am Smartphone oder Laptop mit Kamera).
- Du hältst deinen Personalausweis oder Reisepass vor die Kamera.
- Meistens musst du auch einmal dein Gesicht und das Ausweisdokument von vorne und von der Seite zeigen, um Fälschungen auszuschließen. Folge hier einfach den Anweisungen des Mitarbeiters, mit dem du sprichst.
- Die Verifizierung dauert circa 5 bis 8 Minuten.

5. Depot wird freigeschaltet

Sobald deine Identität erfolgreich bestätigt wurde, bekommst du eine Bestätigung per E-Mail. Dein Depot wird freigeschaltet – meist innerhalb weniger Stunden, spätestens aber am nächsten Werktag.

Ab dann kannst du dich jederzeit mit deinen Zugangsdaten einloggen – entweder über die Website oder in der App.

6. Girokonto verknüpfen

Damit du Geld in dein Depot einzahlen kannst, musst du ein Girokonto angeben, das auf deinen Namen läuft. Dieses Konto wird später genutzt, um:

---

59 Falls es mit VideoIdent nicht klappt, geht's oft auch per PostIdent in der Filiale. Das dauert dann etwas länger.

- Einmalbeträge für Käufe einzuziehen,
- monatliche Sparpläne zu bedienen,
- Erlöse aus Verkäufen oder Dividenden auszuzahlen.

Manche Broker führen anfangs eine Testüberweisung durch (1 Cent oder 1 Euro), um das Konto zu verifizieren. Einfach den kleinen Betrag bestätigen – fertig.

7. Startkapital überweisen

Nun überweist du Geld von deinem Girokonto auf dein Depotkonto. Je nach Broker kann das unterschiedlich funktionieren:

- Mit Referenznummer beziehungsweise Depotnummer (diese findest du im Login-Bereich)
- Mit fixem Einzahlungslink oder QR-Code in der App

Wichtig: Die Überweisung dauert 1 bis 2 Bankarbeitstage. Danach steht dir das Kapital zur Verfügung.

Du kannst auch direkt einen Sparplan einrichten – zum Beispiel 100 Euro im Monat –, und der Broker zieht das Geld dann automatisch zum gewünschten Datum ein.

8. Fertig – jetzt kannst du loslegen

Herzlichen Glückwunsch – du hast dein Depot eröffnet! Jetzt kannst du die »Reich in 60 Minuten«-Strategie anwenden:

Wenn du bereits investierst, überprüfe jetzt, ob dein aktuelles Depot alle benötigten Anforderungen erfüllt. Falls nicht, ist es vielleicht an der Zeit, zu wechseln – denn dein Broker ist das Fundament für den Erfolg dieser Strategie.

Broker-Sicherheitscheck in 5 Sekunden

1. Sitz in der EU?

Deutschland, Österreich, Luxemburg = ☑

Zypern, Estland, Belize, Cayman Islands = ✗

Regulierung sichtbar angegeben?

BaFin, FMA, CSSF = ☑

Unklare Angaben oder Mini-Logos im Fußbereich = ✗

Einlagensicherung klar benannt?

100.000 Euro EU-Einlagenschutz erwähnt = ☑

Vage Aussagen wie »Ihr Geld ist sicher« = ✗

Trennung von Kunden- und Unternehmensvermögen?

Segregierte Konten, Verwahrung bei Partnerbank = ☑

Keine Aussage dazu = ✗

Kundenservice erreichbar & auf Deutsch?

Telefon & Mail, deutscher Support = ☑

Nur Chatbot, englischer Support = ✗

Mein Tipp:

Wenn du bei mehr als zwei Punkten ✗ findest: Finger weg. Ein Broker ist kein Ort für Kompromisse. Dein Kapital verdient Sicherheit.

SCHRITT 2 – STARTE MIT DEM KAPITAL, DAS DU HAST

Bitte erinnere dich: Einer der größten Denkfehler beim Investieren ist der Gedanke: »*Ich brauche viel Geld, um überhaupt anzufangen.*« Das ist falsch. Du brauchst kein großes Startkapital, um langfristig Vermögen aufzubauen. Der entscheidende Hebel ist nicht, wie viel Geld du am Anfang hast, sondern dass du anfängst.

Die »Reich in 60 Minuten«-Strategie ist so entwickelt, dass du mit jedem Budget starten kannst. Ob du nun 200 Euro monatlich, 50 Euro pro Woche oder einmalig 5000 Euro investierst – das System funktioniert, weil es auf den größten Multiplikator setzt, den es gibt: den Zinseszinseffekt.

Backtests zeigen sehr klar: Es ist viel entscheidender, wann du beginnst, als wie viel du anfangs einzahlst. Je früher dein Geld arbeitet, desto stärker profitierst du davon, dass deine Gewinne selbst wieder Gewinne erwirtschaften. Jeder Monat, den du wartest, kostet dich bares Geld.

Auch wenn du klein startest, kommst du langfristig zu einem beachtlichen Vermögen.

Einmalbetrag oder Sparplan? Beides geht.

Viele Einsteiger fragen: »*Soll ich lieber alles auf einmal investieren oder Stück für Stück?*« Die Antwort: Beides funktioniert, und die Strategie deckt beide Fälle ab.

- **Monatlicher Sparplan:** Ideal für alle, die regelmäßig investieren wollen. Du profitierst automatisch vom Cost-Average-Effekt[60] – du kaufst bei niedrigen Kursen mehr Anteile und bei hohen Kursen weniger.

---

60 Der Cost-Average-Effekt (Durchschnittskosteneffekt) beschreibt die Strategie, regelmäßig feste Geldbeträge zu investieren – unabhängig vom aktuellen Kurs. Dadurch werden bei niedrigen Kursen mehr Anteile gekauft und bei hohen Kursen weniger, was langfristig zu einem günstigeren durchschnittlichen Einstiegspreis führen kann.

- **Einmalbetrag:** Wenn du heute zum Beispiel 20.000 Euro hast, kannst du sofort in die Top-15-Liste investieren. Ab dem nächsten Jahr passt du dein Depot beim Rebalancing[61] an.

Beginne jetzt. Ob du monatlich einzahlst oder einmalig startest, ist weniger wichtig, als dass du endlich dein Geld für dich arbeiten lässt.

Viele blockieren sich selbst, weil sie denken: *»Was sollen schon 200 Euro im Monat bringen?«* Doch das ist genau der Punkt: Diese 200 Euro sind der Startschuss. Der Unterschied zwischen »Ich mache irgendwann« und »Ich mache jetzt« entscheidet über Hunderttausende Euro.

Nicht der, der am meisten investiert, gewinnt – sondern der, der am längsten investiert.

SCHRITT 3 – IDENTIFIZIERE DIE AKTIEN DER INVESTMENT-PROFIS ODER LADE DIE AKTUELLE TOP-15-LISTE HERUNTER

Die Liste stellen wir dir bereit, scanne dafür einfach den folgenden QR-Code:

61 Rebalancing bedeutet, dein Depot regelmäßig zu überprüfen und das ursprüngliche Gleichgewicht zwischen deinen Aktienpositionen wiederherzustellen. Dadurch sicherst du dir systematisch Gewinne und reduzierst das Risiko, dass einzelne Positionen übergewichtet werden.

Jetzt wird's konkret: Hier beginnt der eigentliche Kern der »Reich in 60 Minuten«-Strategie. Bis hierhin hast du dein Depot eingerichtet und dein Startkapital festgelegt. Doch der entscheidende Erfolgsfaktor ist nicht, wie viel Geld du investierst, sondern wohin dieses Geld fließt.

Anstatt in 150 zufällige Aktien oder ETFs zu investieren, kaufst du nur die 15 besten Unternehmen der Welt – gemessen an objektiven Kriterien. Wie du diese Unternehmen ermittelst, zeige ich dir jetzt. [62]

So findest du die besten Aktien der Welt – ganz legal von den Profis abgeschaut

Warum solltest du stundenlang Aktien analysieren, wenn du ganz einfach schauen kannst, was die erfolgreichsten Investoren der Welt bereits gekauft haben?

Diese Investments sind öffentlich einsehbar. Und genau darauf basiert die »Reich in 60 Minuten«-Strategie: Du nutzt die Erkenntnisse von Top-Profis wie Warren Buffett, Bill Ackman oder Mohnish Pabrai und übernimmst nur deren stärkste Investments.

Wie du das machst? Zeig ich dir jetzt Schritt für Schritt.[63]

1. Die Basis: Das SEC-Formular 13F

In den USA gibt es eine Börsenaufsicht namens SEC – die »Securities and Exchange Commission«. Diese verpflichtet jeden institutionellen Investor mit über 100 Millionen US-Dollar verwaltetem Vermögen (so wie unsere Top-Investoren) dazu, vierteljährlich zu deklarieren, welche Aktien er hält. Das Ganze nennt sich Formular 13F.

---

62 Alternativ kannst du es dir einfach machen und die Liste dieser Unternehmen herunterladen, die wir bei Lüddemann-Investments für dich vorbereitet haben.
Die aktuelle Top-15-Liste findest du unter folgendem Link:
https://mariolueddemann.com/bonus-reich-in-60-minuten

- Lade die Liste kostenlos herunter.
- Prüfe die Unternehmen und ihre Gewichtung.
- Investiere exakt in diese 15 Aktien – nicht mehr, nicht weniger.

63 Unter https://mariolueddemann.com/bonus-reich-in-60-minuten#edgar haben wir für dich den gesamten Prozess noch einmal ausführlich in einem Video aufgenommen.

Das sind die offiziellen Offenlegungen der Superinvestoren. Und die findest du – kostenlos und für alle einsehbar – in der EDGAR-Datenbank der SEC.

Das heißt, du kannst ganz legal mitverfolgen, welche Aktien Warren Buffett, George Soros und Co. kaufen, und das mit nur wenigen Klicks. Du brauchst dazu weder Insiderwissen noch musst du dir Gedanken machen, dass du auf irgendwelche »illegalen« Daten im Darknet zugreifst, nein, die Daten dieser Datenbank sind ein offenes Geheimnis.

Während sich also andere stundenlang durch Foren, Analystenmeinungen und Finanzportale scrollen (was für Profis durchaus seine Berechtigung hat, jedoch nicht für Menschen, die sich nicht umfassend mit der Börse und Aktien beschäftigen wollen), gehst du direkt zur Quelle. Ab sofort siehst du, was die Profis tun – schwarz auf weiß.

Durch die Nutzung dieser Daten und der darauf aufbauenden »Reich in 60 Minuten«-Strategie erschließt du dir ein funktionierendes System, das zahlreiche Vermögensverwalter ebenfalls verwenden, ohne dass du selbst einer sein musst. Du brauchst keine Ausbildung als Börsenanalyst, keine komplizierte Software oder jahrelange Erfahrung. Alles, was du brauchst, ist Zugang zu den richtigen Informationen, und die bekommst du legal im Internet.

Die 13F-Daten sind also dein neuer Werkzeugkasten. Deshalb erfährst du auf den folgenden Seiten, wie du:

- auf die Originalquellen zugreifst,
- die Daten richtig liest,
- die entscheidenden Positionen erkennst
- und am Ende genau die Aktien auswählst, auf die die erfolgreichsten Investoren der Welt übereinstimmend setzen.

Die Verwendung dieser Daten ist eine erprobte Strategie, die auf echten Entscheidungen und echtem Kapital basiert. Denn, was denkst du: Wenn ein Großinvestor mit mehreren Milliarden Euro in ein Unternehmen einsteigt, dann ziemlich sicher nicht aus einem Bauchgefühl heraus, sondern weil er an dessen langfristiges Potenzial glaubt, oder? Genau dieses Wissen kannst du für dich nutzen.

Ein 13F-Report zeigt nur, welche Aktien (Long-Positionen) ein Fonds gekauft hält. Und: Die Daten sind bis zu 45 Tage alt, weil sie erst nach Quartalsende gemeldet werden. Nutze sie also als Hinweis, nicht als Echtzeit-Kaufsignal.

Vielleicht fragst du dich gerade: »Muss ich jetzt selbst Kennzahlen prüfen, Bilanzen analysieren oder eine Market-Cap-Grenze[64] festlegen?« Die Antwort ist: Nein. Genau das ist der große Vorteil dieser Strategie.

Alle großen Investoren, deren Portfolios du hier nutzt, haben diese Arbeit bereits für dich erledigt. Sie investieren nur in Unternehmen, die groß genug sind, eine solide Marktkapitalisierung haben und fundamentale Kennzahlen erfüllen. Du profitierst also von der Vorarbeit der besten Analystenteams der Welt, ohne dich selbst durch die Zahlen zu ackern. Du nutzt nur das Ergebnis, nicht den Prozess.

Wenn also eine Aktie bei mehreren Investoren auftaucht, kannst du davon ausgehen, dass sie bereits diese Qualitätsfilter durchlaufen hat.

Deshalb ist die Strategie so einfach: Du brauchst keine komplizierten Analysen, kein Expertenwissen und keine eigene Scoring-Liste. Dein »Filter« ist die Schnittmenge aus den besten Investorenportfolios – fertig.

Je öfter eine Aktie in den 13F-Reports auftaucht, desto größer ist die Wahrscheinlichkeit, dass sie eine starke Position in der globalen Investmentelite hat. Und genau das prüfst du und investierst entsprechend.

Die Methode, die wir dir nachfolgend beschreiben, ist relativ komplex. Zudem sind die Eintragungen je nach Investor bzw. Unterneh-

---

64 Die Marktkapitalisierung (Engl. »Market Cap«) ist der Börsenwert eines Unternehmens und ergibt sich aus Aktienkurs mal Anzahl der ausgegebenen Aktien. Eine Market-Cap-Grenze bezeichnet eine Mindestgröße, die ein Unternehmen überschreiten muss, um zum Beispiel für institutionelle Investoren oder bestimmte Strategien interessant zu sein. Viele Großinvestoren bevorzugen Unternehmen mit einer Marktkapitalisierung im Milliardenbereich, da diese als stabiler und liquider gelten.

men teilweise unterschiedlich. Deshalb haben wir dir zusätzlich zu der nun folgenden groben Beschreibung der Vorgehensweise ein Erklärvideo aufgenommen, in dem wir dir alle Schritte detailliert zeigen. Das Video kannst du hier abrufen:

https://marioludeddemann.com/bonus-reich-in-60-minuten#edgar

Hier nun noch die Beschreibung:

Rufe folgende Seite auf:

https://www.sec.gov/edgar/searchedgar/companysearch.html

Du landest nun auf der offiziellen Suchseite der US-Börsenaufsicht SEC (Securities and Exchange Commission). Diese Seite wirkt auf den ersten Blick technisch – ist aber logisch aufgebaut. Du brauchst davon nur ein einziges Eingabefeld. Und solltest du kein Englisch sprechen, kein Problem, folge einfach dieser Anleitung. Für die Auswertung benötigst du keine weiteren Sprachkenntnisse.

Das Feld, das du benötigst, ist mittig auf der Seite zu sehen. Darüber steht: »Company Search«

Ganz entscheidend: Hier gibst du immer den Namen der Investmentgesellschaft ein und nicht den Namen der Person.

Also zum Beispiel nicht »Warren Buffett«, sondern »Berkshire Hathaway Inc«. Gibst du stattdessen den Namen des Investors ein, kann es sein, dass du nicht zum gewünschten Ergebnis gelangst.

Tipp: Verwende am besten den vollständigen Firmennamen, genauso wie in unserer Tabelle aufgeführt, keine Abkürzungen. Die CIK-Nummer aus der Tabelle kannst du anschließend zur eindeutigen Überprüfung nutzen, falls dir mehrere Ergebnisse angezeigt werden.

Wofür benötigst du die CIK-Nummer?

In manchen Fällen spuckt die Suche mehr als ein Ergebnis aus, selbst dann, wenn du den richtigen Firmennamen eingegeben hast. Genau das passiert zum Beispiel bei Berkshire Hathaway.

Deshalb findest du in der Tabelle der empfohlenen Superinvestoren zusätzlich eine CIK-Nummer.

Die CIK-Nummer (Central Index Key) ist eine eindeutige Kennziffer der SEC. Sie funktioniert wie eine Art Personalausweis für Unternehmen im US-Finanzsystem.

So nutzt du sie:

- Du suchst zunächst nach dem Firmennamen.
- Wenn mehrere Treffer erscheinen, vergleichst du die angezeigte CIK-Nummer mit der CIK aus unserer Tabelle.
- Stimmen Name und CIK überein, hast du das richtige Unternehmen gefunden.

Damit stellst du sicher, dass du wirklich die korrekten 13F-Daten abrufst – und nicht versehentlich auf einem ähnlichen, aber falschen Eintrag landest.

Wähle hierfür vorab die richtigen Investoren aus

Aber nicht jeder, der einen Fonds hat, ist automatisch ein Top-Investor. Deshalb ist es wichtig, gezielt die Elite auszuwählen, also nur diejenigen, deren Erfolgsbilanz stimmt. Welche Investoren wir dir heute, Stand 2026, hierfür empfehlen, haben wir in diesem Buch im Kapitel »Was die erfolgreichsten Investoren anders machen« bereits erwähnt. Hier noch einmal die Übersicht der Investoren und die zugehörigen Suchbegriffe, die du in das Formular eingeben musst. Wähle mindestens 10 dieser Investoren aus, du kannst auch alle 15 nehmen.

Liste der Super-Investoren

Super-Investor	Unternehmen	Central Index Key (CIK)
Warren Buffett	Berkshire Hathaway Inc	0001067983
Ray Dalio	Bridgewater Associates, LP	0001350694
Prem Watsa	Fairfax Financial Holdings LTD	0000915191
George Soros	Soros Fund Management LLC	0001029160
Ron Baron	Bamco Inc	0001017918
Daniel Loeb	Third Point LLC	0001040273
Bill Ackman	Pershing Square Capital Management, L.P.	0001336528
Mohnish Pabrai	Dalal Street, LLC	0001549575
Carl Icahn	Icahn Carl C	0000921669
Stanley Druckenmiller	Duquesne Family Office LLC	0001536411
Joel Greenblatt	Gotham Asset Management, LLC	0001510387
Ken Fisher	Fisher Asset Management, LLC	0000850529
Jeremy Grantham	Grantham, Mayo, Van Otterloo & Co. LLC	0001352662
Steven Cohen	Point72 Asset Management, L.P.	0001603466
Howard Marks	Oaktree Capital Management LP	0000949509

- Jetzt siehst du eine Tabelle mit allen eingereichten Dokumenten dieses Investors.

  Diese Tabelle besteht aus mehreren Spalten:
  - Filings – Art des Dokuments
  - Format – Anklickbare Dokumente
  - und weitere

- Für diese Strategie interessiert dich ausschließlich der Eintrag: 13F-HR (Name unter »Filings«)
- Klicke auf den obersten Eintrag mit »13F-HR« in der Spalte *Filings*. Der oberste Eintrag ist immer der aktuellste Bericht.
  Das zugehörige Dokument findest du in der Spalte »Format«. Nach dem Klick öffnet sich eine Detailseite. Dort klickst du auf das Dokument mit der Bezeichnung:
  »INFORMATION TABLE« oder auch »infotable.html«
  Dort findest du die eigentliche Aktienliste.

- In dieser Tabelle siehst du mehrere Spalten. Für diese Methode sind vor allem relevant:
  - »Name of Issuer« – Name des Unternehmens bzw. der Aktie,
  - Spalte 4 mit dem Marktwert der Position (»Value«).

- Für dich reicht es vollkommen aus, den Unternehmensnamen und den Marktwert zu notieren.
- Hinweis zur Zahlen- und Wertedarstellung (wichtig!)
  In den 13F-Tabellen werden Zahlen nach amerikanischem Zahlenformat dargestellt.
  Das bedeutet:
  - Ein Punkt (.) trennt Tausender
  - Ein Komma (,) steht für Dezimalstellen

- Beispiel:
  1,250.50 bedeutet 1.250,50 im deutschen Zahlenverständnis.
  Zusätzlich wichtig:
  Die Spalte »Value (x$1000)« zeigt den Marktwert in Tausend US-Dollar an. Steht dort also zum Beispiel 125.000, entspricht das einem tatsächlichen Wert von 125 Millionen US-Dollar.

- Für die Methode in diesem Buch musst du diese Beträge nicht umrechnen. Sie dienen nur dazu, die Größenordnung und Bedeutung einer Position zu verstehen. Falls eine Aktie in der Liste mehrfach auftaucht, rechne die einzelnen Positionen bitte zusammen, damit du einen Gesamtwert ermittelst.

Mein Tipp, wenn dir das zu kompliziert ist: Sieh dir unser Erklärvideo unter:

https://mariolueddemann.com/bonus-reich-in-60-minuten#edgar an. Dort beschreiben wir dir alle Schritte genau.

2. Die Daten zusammentragen

Jetzt brauchst du eine Liste der 15 Aktien, die von deinen ausgewählten Investoren mit den größten Anteilen gehalten werden. Dafür identifizierst du über die Spalte »Value« die 15 Aktien mit dem höchsten Wert. Da wir über die Equal-Weight-Methode arbeiten, sind die genauen Werte an dieser Stelle nicht relevant. [65]

So geht's:

Aus den 13F-Formularen Firmenname der Top-15-Aktien aller Investoren herauskopieren.

Tipp: Am besten gleich in Excel übertragen.

Deine Tabelle könnte so aussehen[66] (Beispieldaten, nur zur Veranschaulichung, nicht vollständig):

---

65 Schau gerne unter https://mariolueddemann.com/bonus-reich-in-60-minuten#edgar vorbei, dort haben wir den Prozess noch mal Schritt für Schritt für dich erklärt.

66 Je nachdem, wie fit du mit Excel bist, kannst du hier bereits Summen, Prozentanteile oder Ranking-Tabellen bauen.

So könnte deine Tabelle aussehen

Rang	Investor 1	Aktie	Investor 2	Aktie
1	Buffett	Apple	Loeb	PG & E
2	Buffett	American Express	Loeb	Amazon
3	Buffett	Bank of America	Loeb	Microsoft
4	Buffett	Coca-Cola	Loeb	Nvidia
5	Buffett	Chevron	Loeb	Norfolk Southern
6	Buffett	Occidental Petroleum	Loeb	Brookfield
7	Buffett	Moodys	Loeb	Taiwan Semiconductor
8	Buffett	Chubb	Loeb	Capital One Financial
9	Buffett	KraftHeinz	Loeb	Flutter Entertainment
10	Buffett	Alphabet	Loeb	Casey's General Stores
11	Buffett	DaVita	Loeb	Telephone and Data Systems
12	Buffett	Kroger	Loeb	CRH
13	Buffett	Sirius XM	Loeb	CoStar Group
14	Buffett	Visa	Loeb	Somnigroup International
15	Buffett	VeriSign	Loeb	Live Nation Entertainment

SCHRITT 4 – DIE SCHNITTMENGEN IDENTIFIZIEREN – SO FINDEST DU DEINE TOP-AKTIEN

Jetzt wird's spannend: Welche Aktien tauchen bei mehreren Investoren gleichzeitig auf?

Dein Ziel ist es, die Schnittmengen zu finden – also Aktien, die von mehreren Profis gleichzeitig gehalten werden.

Das geht so:

Du brauchst dafür eine neue Tabelle oder fügst alternativ in Excel eine neue Spalte ein: Wie oft taucht jede Aktie auf?

Tools wie ZÄHLENWENN, Pivot-Tabellen oder Gruppierungen helfen dir dabei, wenn du gerne Excel benutzt. Dann kannst du beide

Tabellen verbinden. Du kannst aber auch ein simples Blatt Papier nehmen und zwei Spalten zeichnen.

In die erste Spalte trägst du den Namen der Aktie ein. In der zweiten Spalte machst du einen Strich für jeden der Top-Investoren, der die Aktie hält. Dabei ist es egal, welcher der Investoren die Aktie hält, es kommt nur auf die Summe an. Du prüfst also, bei wie vielen deiner Investoren etwa Apple steht. Für jeden Investor, der diese Aktie hält, machst du einen Strich. So arbeitest du dich durch die gesamte Liste hindurch.

Ergebnis: Du siehst zum Beispiel, dass Apple bei 6 von 10 (oder 15) Investoren dabei ist → das ist ein Top-Pick.[67]

Beispiel-Ergebnis

Aktie	Anzahl Investoren
Apple	6
American Express	5
Visa	4
Coca-Cola	3

usw.

Und so verfährst du immer weiter. Je häufiger eine Aktie in den Portfolios der besten Investoren der Welt auftaucht, desto klarer ist das Signal: Dieses Unternehmen überzeugt nicht nur einzelne, sondern gleich mehrere Top-Performer. Und genau das ist dein Vorteil.

Denn was passiert, wenn viele erfahrene Investoren unabhängig voneinander zur gleichen Aktie greifen? Ganz einfach: Es entsteht eine

67 Ein Top-Pick ist eine Aktie, die von einem Investor oder Analysten als besonders aussichtsreich eingestuft wird. In Portfolios von Superinvestoren sind das meist die Titel mit der höchsten Gewichtung oder mit besonders hohem Vertrauen – also jene, in die überdurchschnittlich viel Kapital investiert wurde.

Art Konsens der Profis. Und dieser Konsens ist oft ein starkes Indiz dafür, dass hier echte Substanz, ein zukunftsfähiges Geschäftsmodell und ein solides Management zusammenfallen.

Dazu kommt, dass jeder dieser Investoren eine eigene Strategie, ein eigenes Team und eigene Analysen hat. Du erinnerst dich an die Profile der Top-Investoren? Alle haben unterschiedliche Schwerpunkte, wie sie Aktien bewerten und handeln. Wenn sich ihre Ergebnisse also überschneiden, kannst du davon ausgehen, dass diese Aktie unter den aktuellen Marktbedingungen richtig gut aufgestellt ist.

Du musst also nicht selbst tagelang Bilanzen wälzen oder Geschäftsberichte analysieren. Stattdessen nutzt du einfach das gebündelte Wissen der besten Köpfe der Finanzwelt und orientierst dich an den Aktien, in die sie ihr eigenes Geld investieren.

Stell dir vor, du stehst nicht allein an der Börse, sondern mit einem starken Team absoluter Profis im Rücken. Und das alles, ohne ein eigenes Analystenteam, ohne komplizierte Tools, nur mit einem simplen Blick auf die Schnittmengen.

Stell dir das einmal bildlich vor: Du stehst morgens auf, machst dir einen Kaffee, öffnest deinen Laptop, und vor dir liegt eine Liste mit den Lieblingsaktien der besten Investoren der Welt. Menschen, die Milliarden bewegen, jede Woche mit Vorständen sprechen, ganze Analyseteams beschäftigen. Und du? Du musst nicht einmal die Zahlen selbst prüfen. Keine Bilanzen wälzen. Keine Unternehmensbesuche durchführen oder irgendwelches Fachchinesisch verstehen lernen.

Es ist fast so, als würdest du mit einem Dutzend Top-Strategen an einem runden Tisch sitzen. Sie alle diskutieren, prüfen, vergleichen, und am Ende tippen sie auf die gleichen Favoriten. Und genau diese Favoriten bekommst du auf dem Silbertablett serviert. Kostenlos und jederzeit abrufbar.

Du sitzt also nicht allein vor deinem Rechner mit der Entscheidung, welche Aktien du kaufen sollst, um langfristig deine finanziellen Ziele zu erreichen. Sondern du stehst Seite an Seite mit einem unsichtbaren Elite-Team. Du schaust ihnen quasi über die Schulter, während sie investieren. Ab heute folgst du den Spuren der Besten, und das mit einem klaren, einfachen System.

Aktien aus der Top-Pick-Liste kaufen

Jetzt hast du deine Auswahl: Aktien, die mehrfach von den besten Investoren der Welt gleichzeitig gekauft wurden. Nun heißt es investieren wie die Profis.

So setzt du die Liste praktisch um:

1. Logge dich in deinem Depot ein.
2. Kaufe alle 15 Aktien aus der aktuellen Liste.
3. Teile dein Kapital dabei gleichmäßig auf: circa 6,6 Prozent pro Aktie beziehungsweise folge der Gewichtung in unserer Liste.[68] Hast du einen Sparplan, dann richte dein monatliches Investment aus dem Sparplan nach genau den gleichen Prinzipien ein.
4. Keine eigenen Favoriten hinzufügen. Keine »Geheimtipps« danebenpacken.

Hier gilt das Prinzip »Fokus schlägt Bauchgefühl«.

Wenn du zusätzlich deine »Lieblingsaktie« kaufst, mischst du Emotionen ins System, und genau das zerstört die Klarheit der Strategie.

Es ist verlockend, ab und zu eine »heiße Aktie« mit ins Depot zu legen. Doch das Backtesting zeigt: Jede Abweichung von der Strategie kostet Rendite.

---

68 Falls du nach der Conviction-Weighing-, also der Überzeugungsgewichtungs-Methode arbeiten möchtest, findest du im zugehörigen Bonus-Kapitel weitere Informationen, wie du die Anteile korrekt berechnest.

Du musst nicht mehr wissen als alle anderen – nutze einfach die besten Fakten, die schon auf dem Tisch liegen.

Wenn du das System befolgst, hast du jedes Jahr die 15 Titel im Depot, die die höchsten Chancen auf eine gute Performance haben. Und nun zeige ich dir noch, wie du dein Investment aufteilst: Hierfür gibt es zwei Methoden, die Gleichgewichtungs-Methode (Equal Weight) und die Überzeugungsgewichtungs-Methode (Conviction Weight – diese Methode erklären wir dir in einem Bonus-Kapitel):

Warum Gleichgewicht gut ist: Die Equal-Weight-Methode

Bei der Equal-Weight-Methode investierst du in jede Aktie den exakt gleichen Betrag. Kein Favorisieren, kein Bauchgefühl, kein »Ich glaube, Apple ist sicherer als Aktie XY«.

Das klingt vielleicht ungewohnt, ergibt allerdings Sinn, denn eine Übergewichtung einzelner Aktien führt oft zu Klumpenrisiken[69]. Das heißt, wenn ein vermeintlich »sicherer« Riese plötzlich schwächelt, reißt er dein ganzes Depot mit runter. Die Equal-Weight-Methode schützt dich genau davor.

Denn bei dieser Methode gilt:

- **Jede Aktie zählt gleich.** Damit hast du eine faire Chance, von allen Gewinnern zu profitieren, auch von denen, die du vielleicht vorher gar nicht auf dem Schirm hattest.

69 Klumpenbildung beschreibt das Risiko, dass ein Portfolio zu stark in einzelne Titel, Branchen oder Regionen investiert ist. Statt breiter Diversifikation entsteht eine einseitige Abhängigkeit – etwa wenn ein Großteil des Kapitals in Tech-Aktien oder nur wenige »Lieblingsaktien« fließt. Das kann bei Kurseinbrüchen zu besonders hohen Verlusten führen.

- **Risikoverteilung statt Klumpenbildung.** Du setzt nicht alles auf ein paar vermeintlich sichere Werte, sondern streust breit und ausgewogen.
- **Besserer Zugang zu Outperformern.** In unseren Backtests zeigt sich, dass es oft gerade die unbekannteren Titel in der Liste sind, die die höchste Performance bringen. Durch die Gleichgewichtung wirken sie genau so stark wie die Giganten.
- **Kein aktives Umschichten nötig.** Du brauchst keine ständigen Anpassungen oder Analysen, welche Aktie wie gewichtet werden sollte. Einmal pro Jahr passt du dein Depot wie in diesem Buch beschrieben an – fertig.

Ein Beispiel:
Du möchtest 15.000 Euro investieren? Dann steckst du 1000 Euro in jede Aktie – egal ob das Unternehmen Visa heißt oder ein Tech-Player aus Südkorea ist. So bleibt dein Depot stabil, ausgewogen und unabhängig von kurzfristigen Modetrends oder subjektiven Meinungen.

Hier noch mal im Klartext:

- Wenn du bestimmte Aktien übergewichtest, riskierst du, dass einzelne Verluste dein ganzes Depot belasten.
- Bei einer gleichgewichteten Strategie wirken alle 15 Titel gleich stark auf deine Performance.
- So profitierst du maximal von den Gewinnern, ohne dass ein einzelner Verlierer dein Ergebnis kaputt macht.

Gewichtest du nach Gefühl, verlierst du die Mathematik aus den Augen. Gewichtest du gleich, spielt der Markt für dich.

Wie du dein Investment berechnest

Du hast also nun eine Liste der 15 Aktien, in die du investieren wirst, und möchtest dein Kapital gleichmäßig verteilen. Jede Aktie bekommt daher den gleichen Anteil. Wenn du keine gerade Summe investieren möchtest, dann hier die Rechnung, wie du die prozentualen Anteile für jede Aktie herausfindest.

Diese ist ganz einfach:

100 Prozent ÷ 15 ≈ 6,66 Prozent pro Aktie

Beispiele:

- Wenn du **15.000 Euro** investierst → circa **1000 Euro pro Aktie**
- Wenn du **50.000 Euro** investierst → circa **3333 Euro pro Aktie**
- Wenn du **200 Euro monatlich** investierst → circa **13 Euro pro Aktie** im Sparplan

Viele Broker unterstützen automatische Sparpläne. Du gibst einfach den monatlichen Gesamtbetrag ein, stellst 15 Positionen mit identischem Sparplananteil ein, und der Broker übernimmt die Verteilung für dich.

Beispielhafte Verteilung deiner 15 Aktien (Equal Weight)

Nr.	Aktie	Anteil am Depot	Bei 15.000 € Investition	Bei 50.000 € Investition	Bei 200 € Sparplan / Monat
1	Microsoft	6,66%	1.000 €	3.333 €	13 €
2	Alphabet (ex Google)	6,66%	1.000 €	3.333 €	13 €
3	Amazon	6,66%	1.000 €	3.333 €	13 €
4	Meta (ex Facebook)	6,66%	1.000 €	3.333 €	13 €
5	Apple	6,66%	1.000 €	3.333 €	13 €
6	Johnson & Johnson	6,66%	1.000 €	3.333 €	13 €
7	Visa	6,66%	1.000 €	3.333 €	13 €
8	Nestlé	6,66%	1.000 €	3.333 €	13 €
9	LVMH	6,66%	1.000 €	3.333 €	13 €
10	ASML Holding	6,66%	1.000 €	3.333 €	13 €
11	NVIDIA	6,66%	1.000 €	3.333 €	13 €
12	Berkshire Hathaway	6,66%	1.000 €	3.333 €	13 €
13	Novo Nordisk	6,66%	1.000 €	3.333 €	13 €
14	Procter & Gamble	6,66%	1.000 €	3.333 €	13 €
15	Eli Lilly	6,66%	1.000 €	3.333 €	13 €
Gesamt		**100%**	**15.000 €**	**50.000 €**	**200 €**

Warum »circa« bei der 6,66 Prozent-Verteilung?

Theoretisch ist die Rechnung klar: 100 Prozent ÷ 15 = 6,666... Prozent – also ein unendlicher Dezimalbruch. Praktisch wird es jedoch nie exakt diese Zahl sein, denn:

1. **Aktienkurse sind unterschiedlich hoch.** Eine Aktie kostet vielleicht 84,73 Euro, eine andere 312,80 Euro. Du kannst also selten exakt den Zielbetrag pro Aktie treffen, sondern musst die Stückelung an den Kurs anpassen.

2. **Nicht alle Broker erlauben Bruchstücke.** Wenn du zum Beispiel 1000 Euro in eine Aktie stecken willst, die 327 Euro kostet, kannst du drei Stücke kaufen (= 981 Euro). Die restlichen 19 Euro bleiben als Restbetrag im Depot oder Sparplan.
3. **Beim Sparplan wird automatisch gerundet.** Wenn du monatlich 200 Euro in 15 Aktien aufteilst, ergeben sich rechnerisch 13,33 Euro pro Aktie. Der Broker rundet automatisch auf oder ab – meist auf den Cent genau, aber nicht auf exakt 6,66 Prozent.
4. **Kaufgebühren können eine Rolle spielen.** Auch wenn viele Broker heute kostenlos sind, könnten kleine Gebühren den Zielbetrag leicht verschieben.

Deshalb spreche ich hier bewusst von »circa 6,66 Prozent« oder »circa 1000 Euro« pro Aktie. Es geht um die gleichmäßige Verteilung, nicht um mathematische Perfektion. Wichtig ist, dass du keine Aktie absichtlich über- oder untergewichtest, sondern deinem Depot eine klare Balance gibst.

Typische Fehler, die du vermeiden solltest

1. **»Ich nehme noch ein paar Extras dazu.«**
   Nein. Keine zusätzlichen Titel, keine Bauchentscheidungen. Je mehr du von der Strategie abweichst, desto mehr schwächst du ihre Wirkung.
2. **»Apple bekommt doppelt so viel.«**
   Selbst wenn du ein Unternehmen liebst, behandelst du bei der Equal-Weight-Methode alle gleich.
3. **»Ich lasse einen Titel weg, der mir nicht gefällt.«**
   Wenn er in der Top-15-Liste ist, gibt es gute Gründe dafür. Deine persönliche Meinung ersetzt keine jahrelangen Datenanalysen.

Deine Meinung ist gut.
Aber der Markt hat die besseren Fakten.

Vielleicht hast du aber auch schon von anderen Gewichtungsmethoden gehört und möchtest jetzt wissen, warum wir »Equal Weight« empfehlen? Dann habe ich hier ein paar Insights für dich.

Warum wir mit Equal Weight starten und was du später noch lernen kannst

Es gibt viele Wege, ein Depot aufzubauen, und mindestens genauso viele Meinungen dazu. Eine zentrale Frage ist immer: Wie viel Geld steckst du in welche Aktie? Genau das nennt man Gewichtung, das weißt du jetzt schon und du hast die Equal-Weight Methode auch schon kennengelernt. Diese Gewichtung hat einen riesigen Einfluss auf deine Rendite, dein Risiko und deine Nerven. Du weißt jetzt, dass du mit Equal Weight starten solltest, wenn du deine eigene Aktienliste erstellst. Doch es gibt natürlich noch weitere Methoden, die unter Umständen noch bessere Ergebnisse bringen können.

In diesem Kapitel stelle ich dir deshalb kurz der Vollständigkeit halber die drei wichtigsten Methoden weiter vor: Equal Weight, Market Cap und Conviction Weighting. Und ich erkläre dir jetzt ebenfalls noch, warum wir in diesem Buch mit Equal Weight starten – aber auch, warum Conviction Weighting extrem spannend ist und wo du mehr darüber erfährst.

1. Equal Weight – jede Aktie zählt gleich

Das ist die Methode, die du zu Anfang für die »Reich in 60 Minuten«-Strategie verwendest, wenn du selbst ermittelst, welche Aktien die Top-Picks der Meisterinvestoren sind. Wie sie funktioniert, habe ich dir auf den vorherigen Seiten bereits erklärt, hier noch mal zur Zusammenfassung: Du verteilst dein Geld zu gleichen Teilen auf alle 15 Aktien. Egal ob Apple oder eine Firma, von der du noch nie gehört hast – jede bekommt etwa 6,66 Prozent deines Kapitals.

Die Vorteile dieser Methode:

- Einfach und stressfrei: Du brauchst keine Meinung – du folgst der Liste.
- Gleichmäßiges Risiko: Kein Titel dominiert dein Depot.
- Blasenresistent: Du läufst weniger Gefahr, auf überhypte Aktien hereinzufallen.[70]

Die Nachteile:

- Wenn bestimmte große Tech-Aktien eine Zeit lang sehr stark steigen, kann diese Strategie kurzzeitig etwas langsamer wirken. Das ist ganz normal. Wichtig ist: Diese Schwankungen gleichen sich langfristig aus – und eine einfache, stabile Methode führt auf Dauer meist zu besseren Ergebnissen, als hektisch jeder Kursbewegung hinterherzulaufen.

Warum wir diese Methode für den Einstieg empfehlen:

- Weil du kein Analyst sein musst. Du brauchst keine Tools, keine Einschätzungen oder Bauchgefühl. Genau das ist die Superkraft dieser Methode und genau deshalb ist sie die Basis deiner »Reich in 60 Minuten«-Strategie.

2. Market Cap – die Großen bestimmen den Ton

Bei dieser Methode bekommen die größten Unternehmen den größten Anteil. Kurz gesagt: Je höher der Börsenwert, desto mehr Platz im Depot. Genau so funktionieren auch viele bekannte Indizes wie der DAX oder der S&P 500.

---

70 Als Blasenresistenz bezeichnet man die geringere Anfälligkeit eines Portfolios gegenüber Marktübertreibungen. In Phasen, in denen einzelne Aktien oder Sektoren stark überbewertet werden (zum Beispiel während der Dotcom-Blase oder jüngst bei Tech-Hypes), steigt bei marktgewichteten Indizes das Risiko überproportional an, da diese Überflieger übergewichtet werden. Eine gleichgewichtete Strategie (Equal Weight) reduziert diesen Effekt, weil jede Aktie denselben Einfluss auf das Gesamtergebnis hat – unabhängig davon, wie stark sie gerade »gehypt« wird.

Die Vorteile:

- Automatischer Trendfolger: Wenn Unternehmen wachsen, steigt ihr Gewicht im Depot mit.
- Wenig Aufwand: Es muss kaum nachjustiert werden – die Kurse regeln das.

Nachteile:

- Starke Konzentration: Ein paar Tech-Giganten machen oft über 40 Prozent deines Depots aus.
- Blasenanfällig: Überbewertete Unternehmen werden noch stärker gewichtet – du kaufst automatisch teuer nach.
- Trägheit: Neue Chancen aus anderen Sektoren bekommen kaum Gewicht.

Warum wir es nicht empfehlen:

- Weil du dadurch dein Schicksal den Markttrends überlässt. Und weil du, ohne es zu merken, auf wenige große Player wettest – egal, ob du das willst oder nicht. Mit dieser Methode beschäftigen wir uns in diesem Buch also nicht weiter.

3. Conviction Weighting – Investieren nach Überzeugung

Diese Methode ist für Fortgeschrittene, und deshalb erklären wir sie dir im Anhang in einem Bonus-Kapitel auch noch weiter, denn vielleicht möchtest du »etwas mehr« und bist bereit, auch etwas mehr Zeit für deine Investments aufzubringen. Mit dieser Methode setzt du bewusst Schwerpunkte: Du investierst mehr in die Aktien, an die die Top-Investoren persönlich glauben – sogenannte »High Conviction Bets«.

Vorteile:

- Fokus auf deine besten Ideen: Du nutzt das Wissen der Top-Investoren noch gezielter.
- Potenzial für Outperformance: Wenn die Investoren richtig liegen, schlägst du den Markt deutlich.

Nachteile:

- Etwas aufwendigere Ermittlung (jedoch nicht, wenn du die Lüddemann-Liste Liste nutzt)

Wann du diese Methode verwenden solltest:
Wenn du Zeit und Lust hast, dich intensiver mit den Top-Picks der Top-Investoren zu beschäftigen. Machst du das gründlich, dann bekommst du eine fundierte Auswahl der besten Investoren der Welt.

Wenn du mehr über diese Methode erfahren möchtest, dann schau jetzt im Anhang vorbei. Dort gibt es ein Bonus-Kapitel, in dem wir dir die Methode ganz genau erklären.

Starte jetzt!

Wichtig ist, dass du jetzt startest und dich nicht davon abhalten lässt, dass du dich vielleicht noch nie mit solchen Methoden beschäftigt hast. Du kannst alles lernen!

Equal Weight ist der perfekte Einstieg: Klar und verständlich, einfach umzusetzen. Wenn du nach einem Jahr merkst, dass du Lust auf mehr hast, dann kannst du mit Conviction Weighting die nächsten Schritte gehen. Oder du nutzt sofort unsere Liste der Top-15-Aktien der 144 besten Investoren, denn hier stellen wir dir alles fix und fertig zur Verfügung. Geprüft, zusammengefasst und für die sofortige Umsetzung vorbereitet.[71]

Und nun weiter zum nächsten Schritt.

---

71 Die Liste kannst du dir hier herunterladen:
https://marioblueddemann.com/bonus-reich-in-60-minuten

SCHRITT 5 – LASS DEN ZINSESZINSEFFEKT ARBEITEN

Ein zentrales Element der »Reich in 60 Minuten«-Strategie ist der Zinseszinseffekt. Er funktioniert nur, wenn du konsequent investiert bleibst und Geduld mitbringst. Der Schlüssel für die Nutzung dieses Effektes liegt nicht in ständigen Käufen oder Verkäufen, sondern darin, dein Geld über Jahre für dich arbeiten zu lassen.

Stell dir dein Geld wie einen Schneeball vor, der von einem verschneiten Hang herunterrollt. Anfangs kaum sichtbar, doch mit jedem Meter bleibt mehr Schnee haften. Genauso wächst dein Vermögen, wenn du es in Ruhe lässt.

So entfaltet sich der Zinseszinseffekt:

- Dein Geld erwirtschaftet Gewinne.
- Diese Gewinne werden nicht ausgezahlt, sondern bleiben im Markt.
- Dadurch wachsen deine Erträge von Jahr zu Jahr schneller – nicht linear, sondern exponentiell.

Die größten Effekte kommen spät. In den ersten Jahren wirkt der Fortschritt für viele noch unscheinbar, und eben das führt oft dazu, dass Anleger zu früh aufgeben. Doch genau hier zeigt sich der Unterschied zwischen denen, die die Methode durchziehen, und denen, die viel zu früh aufgeben: Erfolgreiche Investoren bleiben dabei, auch wenn es anfangs zäh wirkt.

Viele Anleger machen leider genau dann Fehler, wenn es drauf ankommt:

- Aus Angst, etwas zu verlieren, nehmen sie frühzeitig Gewinne mit. So kann der Zinseszinseffekt nicht mehr wirken.
- Obwohl sie eigentlich investiert bleiben wollten, verkaufen sie im Crash.
- Anstatt Aktien einfach zu halten und Kurssprünge auszuhalten (die übrigens völlig normal sind), springen sie nervös zwischen Aktien hin und her.

Merke dir: Sobald du aussteigst, unterbrichst du den Zinseszinseffekt und verlierst damit nicht nur Zeit, sondern bares Geld.

Unsere Backtests sind eindeutig: Nicht der Einstieg entscheidet über den Erfolg – sondern das Durchhalten. Selbst nach Krisen haben sich unsere Top-15-Unternehmen langfristig erholt und neue Höchststände erreicht. Wer verkauft hat, hat Verluste festgeschrieben. Wer investiert geblieben ist oder sogar nachgekauft hat, konnte den Aufbau seines Vermögens beschleunigen. Wer in diesen Phasen verkauft hat, hat massive Verluste realisiert. Wer dagegen nachgekauft hat, konnte seinen Vermögensaufbau sogar beschleunigen. Die höchsten Gewinne entstehen, wenn du ruhig bleibst, während andere panisch verkaufen. Die Börse belohnt Geduld, nicht Hektik.

SO FUNKTIONIERT DIE REINVESTITION VON GEWINNEN PRAKTISCH

Der Zinseszinseffekt lebt davon, dass Gewinne nicht entnommen, sondern automatisch wieder investiert werden. Das bedeutet: Alles, was deine 15 Top-Aktien an Dividenden oder Kursgewinnen erwirtschaften, bleibt im Depot und wird genutzt, um dein Vermögen weiter zu vermehren.

1. Dividenden automatisch reinvestieren

Viele der Aktien auf der Top-15-Liste sind Unternehmen, die regelmäßig Dividenden ausschütten. Du hast zwei Möglichkeiten:

- **Variante A: Automatische Wiederanlage (empfohlen)**
  Bei einigen Brokern kannst du einstellen, dass Dividenden direkt in neue Aktien derselben Firma investiert werden. Doch nicht jeder Broker bietet eine automatische Wiederanlage von Dividenden bei Einzelaktien. Falls nicht verfügbar: per Sparplan oder manuell reinvestieren.
  Beispiel: Du hältst 10 Aktien von Microsoft. Microsoft zahlt dir 30 Euro Dividende. Dein Broker kauft davon automatisch Bruchteile einer weiteren Microsoft-Aktie.
  Vorteil: Dein Depot wächst kontinuierlich – ohne dass du selbst irgendwie aktiv werden musst.

- **Variante B: Manuelle Wiederanlage**
  Alternativ kannst du die Dividenden manuell in neue Käufe stecken – entweder in die gleichen Aktien oder in einen anderen Wert aus der Top-15-Liste (achte dabei aber unbedingt auf die Gewichtung, die du ausgesucht hast).
  Diese Variante ergibt Sinn, wenn du bewusster steuern möchtest, wie du dein Geld verteilst.

Automatisiere, was du automatisieren kannst.
Je weniger Emotionen im Spiel sind,
desto erfolgreicher wirst du investieren.

---

2. Kursgewinne im Depot belassen

Der größte Hebel des Zinseszinseffekts kommt von Kursgewinnen, also der Wertsteigerung deiner Aktien. Der Trick: Du verkaufst diese Gewinneraktien nicht.

- Wenn eine Aktie im Wert steigt, wächst automatisch auch dein investiertes Kapital.
- Dieses neue, höhere Kapital erwirtschaftet wiederum mehr Rendite im nächsten Jahr.
- Verkaufst du hingegen regelmäßig, unterbrichst du den Zinseszinseffekt und zahlst zusätzlich unnötig Steuern.

Beispiel: Der Zinseszinseffekt in Aktion

- Du investierst 5000 Euro in Apple.
- Nach 5 Jahren stehen 8812 Euro in deinem Depot, ohne dass du noch mal Geld nachgeschoben hast.
- Das entspricht ziemlich genau 12 Prozent Rendite pro Jahr.
- Jetzt wird's spannend: Die 3812 Euro Gewinn bleiben investiert und erwirtschaften selbst wieder Rendite.
- Wenn du nichts tust, verdoppelt sich dein Kapital etwa alle 6 Jahre.
- So funktioniert Vermögensaufbau, während du schläfst.

Sparpläne clever kombinieren

Die einfachste Art, Gewinne und neue Einzahlungen zusammenzulegen, sind **Sparpläne**.

- Du richtest einen monatlichen Betrag ein (zum Beispiel 200 Euro).
- Dein Broker investiert diesen Betrag automatisch in deine 15 Top-Aktien.
- Dividenden, Kursgewinne und neue Einzahlungen arbeiten so gemeinsam für dich.

Das Ergebnis ist ein stetig wachsendes Depot, ohne dass du regelmäßig selbst aktiv werden musst.

3. Steuerliche Optimierung: Freistellungsauftrag nutzen

Ein wichtiger Punkt in Deutschland: Gewinne und Dividenden sind steuerpflichtig.

- Bis 1000 Euro pro Jahr (Stand 2025) kannst du steuerfrei vereinnahmen, wenn du einen Freistellungsauftrag bei deinem Broker einrichtest.[72]
- Alles darüber hinaus wird automatisch versteuert – der Vorteil der automatischen Wiederanlage bleibt aber bestehen.

Damit diese Steuerfreiheit automatisch berücksichtigt wird, musst du bei deiner Bank oder deinem Broker einen Freistellungsauftrag einrichten.

Das funktioniert so:

Du teilst deinem Broker mit, dass du den sogenannten Sparer-Pauschbetrag in Anspruch nehmen möchtest. Der Broker berücksichtigt diesen Freibetrag dann automatisch, wenn Gewinne oder Dividenden anfallen.

Das bedeutet: Solange deine Kapitalerträge im Jahr unter 1000 Euro bleiben, zieht das Finanzamt keine Abgeltungssteuer (25 Prozent plus Solidaritätszuschlag und gegebenenfalls Kirchensteuer) ab.

Wenn du mehrere Depots oder Banken hast, kannst du den Freibetrag auch aufteilen, zum Beispiel:

- 600 Euro bei Broker A
- 400 Euro bei Broker B

Wichtig ist nur, dass du insgesamt nicht mehr als 1000 Euro Freistellung beantragst.

---

72 Quelle: Bundesministerium der Finanzen, Stand: 2025

Ohne Freistellungsauftrag zieht deine Bank oder dein Broker die Steuern automatisch ab – du kannst sie dir dann nur über die Einkommensteuererklärung (Anlage KAP) im Nachhinein zurückholen.

SCHRITT 6 – REBALANCING EINMAL IM JAHR

Der entscheidende Moment der »Reich in 60 Minuten«-Strategie ist dein jährliches Rebalancing. Hier entscheidest du nicht aus dem Bauch heraus, sondern folgst einem klaren, regelbasierten System. Und das Beste: Du brauchst dafür nur 60 Minuten pro Jahr.

Stell dir das Rebalancing wie einen Gesundheits-Check für dein Depot vor. Du überprüfst einmal im Jahr, ob alle Aktien in deinem Portfolio noch zu den besten der Welt gehören, und wenn nicht, passt du es konsequent an.

Die Börse verändert sich ständig: Märkte schwanken, Unternehmen entwickeln sich unterschiedlich, und manchmal rutscht selbst ein Spitzenunternehmen aus der Top-Liste heraus. Das ist kein Problem, solange du regelmäßig anpasst.

- Ohne Rebalancing kann dein Depot langfristig aus dem Gleichgewicht geraten.
- Einzelne Aktien könnten zu stark übergewichtet sein.
- Du würdest Chancen auf neue High-Performer verpassen.

Das Rebalancing sorgt dafür, dass du immer in den 15 aktuell stärksten Unternehmen der Welt investiert bist und nicht in Werten, die ihre besten Tage längst hinter sich haben.

SO FUNKTIONIERT DAS REBALANCING SCHRITT FÜR SCHRITT

1. Neue Top-15-Liste prüfen

Einmal im Jahr wird die aktuelle **Top-15-Liste** erstellt – das Herzstück der Strategie. Du gehst wie folgt vor:

- Ermittle die neuen Top-15-Picks der besten Investoren der Welt anhand von Schritt 3, den du bereits kennst. Oder mach es dir einfach und lade die neue Liste der Top-Picks der 144 besten Investoren, die wir dir jedes Jahr zur Verfügung stellen, unter folgender Adresse herunter oder scanne den folgenden QR-Code: https://marioflueddemann.com/bonus-reich-in-60-minuten

- Überprüfe, welche deiner bisherigen Aktien noch dabei sind und welche ersetzt werden müssen.

Profi-Tipp: Stell dir direkt einen wiederkehrenden Termin in deinem Kalender – zum Beispiel 15. Januar jedes Jahres. Das sorgt für Routine und Disziplin. Die Lüddemann-Liste wird von uns jährlich bis Ende Dezember aktualisiert, sodass du sie zum Jahresanfang für dein Rebalancing verwenden kannst.

2. Aktien, die nicht mehr auf der Liste stehen, verkaufen

Hier braucht es keine Emotionen.

- Steht eine Aktie nicht mehr auf der aktuellen Liste, wird sie verkauft – ohne Diskussion, selbst dann, wenn sie im Minus stehen sollte, sie also einen geringeren Wert hat als zu der Zeit, zu der du sie gekauft hast.
- Du verkaufst nicht, weil ein Unternehmen schlecht ist, sondern weil andere aktuell mehr Potenzial haben.
- Verkauf bedeutet hier: Kapital freisetzen für die neuen High-Performer.

3. Neue Unternehmen aufnehmen

Nimm die Unternehmen auf, die frisch in deiner Top-15-Liste stehen (entweder deiner eigenen oder derjenigen, die wir dir zur Verfügung stellen).

- Kaufe die fehlenden Aktien in dein Depot. Je nachdem, ob du Equal Weight, Conviction oder unsere Liste verwendest, musst du darauf achten, wie viele Aktien beziehungsweise Anteile du jeweils kaufst (siehe Schritt 3).
- So stellst du sicher, dass du immer die aktuellen Gewinner im Portfolio hast.
- Keine Sorge, wenn der Kurs der neuen Aktien gerade hoch ist – die Backtests zeigen, dass der Einstiegszeitpunkt keine entscheidende Rolle spielt.

4. Depot gewichten

Je nachdem, für welche Gewichtungsmethode du dich entschieden hast, musst du dein Depot entsprechend ausgleichen.

- Beispiel: Dein Depot hat einen Gesamtwert von 30.000 Euro.
  Du wählst die Equal-Weight-Methode
  30.000 Euro ÷ 15 Aktien = **2000 Euro pro Aktie**

- Wenn einzelne Aktien deutlich im Plus oder Minus stehen, passt du die Positionen an:
  - Übergewichtete Werte teilweise verkaufen.
  - Untergewichtete Werte aufstocken.

Für die Conviction Methode benötigst du eventuell etwas mehr Zeit und Rechnerei, um die genauen Prozentsätze und Werte für deine Aktien zu ermitteln. Ein Beispiel für das Rebalancing mit der Conviction-Methode findest du bei der Erläuterung der Conviction-Methode im Anhang. Andere Broker haben Tools zur Umschichtung – oft machst du das aber manuell (Teilverkauf Übergewichtetes, Aufstocken Untergewichtetes).

Wichtig:
Achte bei der Verwendung eines Sparplans darauf, auch deinen Sparplan auf die neuen Aktien und deren Gewichtung umzustellen.

Beispiel für Rebalancing mit zwei neuen Aktien

Nr.	Aktie	Altbestand	Neuer Zielwert	Differenz	Aktion
1	Apple	2.300 €	2.000 €	–300 €	300 € verkaufen
2	Nestlé	1.750 €	2.000 €	250 €	250 € nachkaufen
3	Samsung	2.000 €	2.000 €	0 €	Nichts tun
4	Amazon	2.300 €	2.000 €	–300 €	300 € verkaufen
5	Novo Nordisk	1.900 €	2.000 €	100 €	100 € nachkaufen
6	Taiwan Semiconductor	1.700 €	2.000 €	300 €	300 € nachkaufen
7	ASML Holding	2.100 €	2.000 €	–100 €	100 € verkaufen
8	Alphabet (ex Google)	1.950 €	2.000 €	50 €	50 € nachkaufen
9	LVMH	2.050 €	2.000 €	–50 €	50 € verkaufen
10	Tencent	1.650 €	2.000 €	350 €	350 € nachkaufen
11	Johnson & Johnson	2.200 €	0 €	–2.200 €	Komplett verkaufen
12	Procter & Gamble	2.100 €	0 €	–2.100 €	Komplett verkaufen
13	Visa	0 €	2.000 €	2.000 €	Neu kaufen
14	Unilever	0 €	2.000 €	2.000 €	Neu kaufen
15	McDonalds's	2.000 €	2.000 €	0 €	Nichts tun
16	Mastercard	2.000 €	2.000 €	0 €	Nichts tun
17	Meta	2.000 €	2.000 €	0 €	Nichts tun

5. Dauer des gesamten Prozesses (circa)

- Top-15-Liste prüfen: 10 Minuten
- Depot neu gleichgewichten: 30 Minuten
- Verkäufe durchführen: 10 Minuten
- Neue Käufe platzieren: 10 Minuten

Gesamtaufwand: ≈ 60 Minuten pro Jahr
Mehr ist wirklich nicht nötig – alles Weitere übernimmt die Strategie.

- Du musst nicht monatlich prüfen, ob du »besser« investieren könntest.
- Du musst nicht auf die Nachrichten reagieren.
- Du musst keine Angst haben, dass du etwas verpasst.

Die Backtests beweisen: Wenn du dich an diese eine Stunde pro Jahr hältst, erreichst du langfristig deutlich höhere Renditen als die meisten Privatanleger.

Disziplin schlägt Intuition. Der Plan ist, keinen Plan zu brauchen – außer diese 60 Minuten pro Jahr.

SCHRITT 7 – DRANBLEIBEN, AUCH WENN'S LANGWEILIG WIRD

Die größten Gewinne entstehen über Jahre und Jahrzehnte, nicht über Nacht:

- Nach 6 Jahren → Verdopplung
- Nach 12 Jahren → Vervierfachung
- Nach 25 Jahren → Versiebzehnfachung (in Zahlen: 17x!)

An der Börse gewinnt nicht der Schnellste, sondern der Geduldigste.

Die »Reich in 60 Minuten«-Strategie lebt nicht von schnellen Gewinnen, wilden Spekulationen oder dem Versuch, das nächste Tesla im Frühstadium zu erwischen. Ihr Geheimnis liegt im Zinseszinseffekt, und der entfaltet seine volle Kraft erst, wenn du lang genug dabeibleibst. Selbst dann, wenn du Aktien kaufst und verkaufst, wird es in der Regel Top-Aktien wie Apple, Microsoft und Co. geben, die du über Jahre in deinem Depot hältst, und deshalb profitierst du ebenfalls vom Zinseszinseffekt.

Backtests der letzten 20 Jahre sprechen eine klare Sprache:

- Bereits nach 6 Jahren gibt es eine Verdopplung.
- Ab dem 10. Jahr beginnt das Depot richtig zu wachsen.
- Nach 20 Jahren entstehen Ergebnisse, die die meisten Anleger niemals erreichen – einfach weil die meisten vorher aussteigen.

Investiere nicht in Fantasie. Investiere in bewiesene Qualität und gib ihr Zeit, ihre Wirkung zu entfalten.

Die rund 15 Prozent Durchschnittsrendite, die wir über unsere Backtests mit unserer Systematik der Top-15-Liste ermittelt haben, sind also kein Werbeversprechen, sondern das Ergebnis eines klaren, belegbaren Systems. Doch Achtung! Die Märkte schwanken, und die Daten der Backtests bedeuten nicht, dass diese Zahlen auch zukünftig erreicht werden. Allerdings sprechen die Daten, die wir ermittelt haben, für sich: Mit nur 15 gezielt ausgewählten Aktien schlägst du den Markt deutlich, und das mit weniger Aufwand, weniger Risiko und weniger Stress.

WAS DU HEUTE UMSETZEN KANNST

Du hast jetzt die gesamte Strategie kennengelernt und vor allem gesehen, warum sie so kraftvoll ist. Du weißt, dass es nicht darum geht, das nächste Tesla oder den nächsten Börsenhype vorherzusagen. Es geht darum, die richtigen Unternehmen lange genug zu halten und ein klares System konsequent umzusetzen.

Die Zahlen sind eindeutig: Wer sich an die Regeln hält, erzielt stabile und überdurchschnittliche Renditen – egal, ob du mit 200 Euro pro Monat startest oder schon ein fünfstelliges Depot hast.

So setzt du das Gelernte direkt um:

- Verinnerliche das System. Lies bei Bedarf noch einmal nach und lass dich von den erfolgreichsten Investoren inspirieren.
- Richte dein Depot ein. Falls du noch keines hast, wähle einen passenden Broker und bereite alles für deinen ersten Kauf vor.

- Starte mit der aktuellen Top-15-Liste. Investiere exakt in diese Unternehmen, ohne Umwege und ohne Bauchentscheidungen.
- Bleib konsequent. Prüfe dein Depot nur einmal im Jahr und halte dich an die Regeln. Emotionen sind der größte Renditekiller.

Du musst kein Genie sein, um an der Börse erfolgreich zu werden. Du brauchst nur Ausdauer und ein System, das du durchziehst.

Genau das ist die Essenz der »Reich in 60 Minuten«-Strategie: Klarheit statt Chaos. System statt Emotion. Disziplin statt Panik. Und das Beste: Mit nur einer Stunde Aufwand pro Jahr kannst du die Grundlage für deinen finanziellen Erfolg legen.

Warte nicht länger auf den perfekten Zeitpunkt. Der beste Moment zu starten ist jetzt.

Warum »60 Minuten« wirklich reichen

Hier noch einmal die Kernelemente der Strategie für dich komprimiert zusammengefasst:

Die Strategie ist so gebaut, dass du nur einmal pro Jahr aktiv wirst:

- Aktualisierte Top-15-Liste ermitteln oder unsere Liste herunterladen.
- Depot prüfen und anpassen.
- Fertig.

Die harte Analyse (historische Daten, Backtests, klare Kennzahlen) passiert bei unserer Liste im Hintergrund. Du kannst diese Analyse aber auch mit den Informationen aus diesem Buch selbst durchführen. Hast du die Systematik dahinter einmal gemeistert und nutzt du unsere Liste, brauchst du nach dem Start wirklich nur noch 60 Minuten im Jahr.

A) Qualität schlägt Quantität

- Erkenntnis aus den Backtests: 15 gezielt ausgewählte Top-Aktien performen über Jahrzehnte deutlich besser als breite Zufallsportfolios/klassische Indizes.

B) Klare, datenbasierte Auswahl

- Auswahl der Top-Picks der Meisterinvestoren.
- Stabiles Gewinnwachstum über viele Jahre.
- Hohe Eigenkapitalrendite (ROE).
- Wettbewerbsvorteile (»Moats«[73]) / Branchenführerschaft.
- Krisenstabilität (Überleben und Erholen in Crashs).
- Historische Outperformance gegenüber dem Markt. Wir kombinieren die Prinzipien von Buffett, Dalio & Co.

C) Rebalancing: Einmal im Jahr reicht

- Verlierer fliegen raus, Aufsteiger kommen rein.
- Ziel: stets die aktuell besten 15 Unternehmen halten.
- Effekt: Zeitersparnis, weniger Transaktionen, weniger Panikentscheidungen.

---

73 Moat (Englisch für »Burggraben«) bezeichnet im Investmentkontext einen nachhaltigen Wettbewerbsvorteil eines Unternehmens. Je breiter der »Burggraben«, desto schwieriger ist es für Wettbewerber, Marktanteile zu erobern – was langfristig stabile Gewinne und Schutz vor Konkurrenz ermöglicht. Warren Buffett verwendet diesen Begriff regelmäßig zur Bewertung von Unternehmen mit starker Marktstellung.

D) Striktes Regelwerk, null Emotionen

- Kein hektischer Verkauf bei Verlusten.
- Kein Kaufrausch bei Hypes.
- Keine Einzelstory-Wetten.

Du handelst nach Fakten, nicht nach Schlagzeilen.

E) Umsetzung automatisieren

- Einmal 15 Positionen einrichten.
- Dauerauftrag für Sparrate (monatlich oder jährlich).
- Depot nur einmal pro Jahr anfassen.
- Kein tägliches Trading, keine Dauerbeobachtung.

Wenn du diszipliniert investierst, Gewinneraktien laufen lässt und jährlich nach Regelwerk anpasst, holst du das Maximum aus dem Zinseszinseffekt. 15 exzellente Unternehmen schlagen 150 durchschnittliche.

KAPITEL 6

DEIN DEPOT AUFRÄUMEN

Wenn du bereits investiert bist und mit der »Reich in 60 Minuten«-Strategie startest, brauchst du eins: einen klaren Blick auf dein aktuelles Depot. Ordnung vor Rendite.

Was viele nicht sehen: Ihr Depot ist ein Flickenteppich aus Fehlkäufen, teuren Fonds und emotionalen Entscheidungen, und genau das bremst den Erfolg. Dieses Kapitel hilft dir, dein Depot systematisch zu analysieren, aufzuräumen und optimal für die Strategie vorzubereiten.

Egal, ob du bereits investiert bist oder gerade erst anfängst: Der erste Schritt ist immer, Transparenz zu schaffen.

Damit du die Top-15-Strategie erfolgreich umsetzen kannst, brauchst du eine klare, schlanke und effiziente Depotstruktur.

Das Ziel ist, wegzukommen von überladenen Depots mit Dutzenden Einzelaktien, teuren Fonds oder spekulativen Zockereien – hin zu einem fokussierten, gleichgewichteten Depot, das auf den besten Unternehmen der Welt basiert.

Je nachdem, ob du neu beginnst oder bereits investiert bist, sieht der Weg dorthin unterschiedlich aus. Noch mal zur Erinnerung, wenn du neu startest:

SZENARIO 1: DU STARTEST BEI NULL – DER BESTE AUSGANGSPUNKT

Wenn du bisher noch kein Depot hast oder gerade erst beginnst, hast du den großen Vorteil, ohne Altlasten starten zu können. Du fängst bei null an – perfekt. Du kannst direkt richtig loslegen: ohne Ballast, ohne Chaos, mit einem klaren System.

Deine To-dos

1. **Depot eröffnen**

Wähle einen günstigen Online-Broker, der Sparpläne und gleichgewichtetes Investieren unterstützt (zum Beispiel comdirect).

2. **Kapital festlegen**

Entscheide, ob du mit einem Einmalbetrag startest oder über einen monatlichen Sparplan investierst.

- Beispiel: 200 Euro monatlich → circa 600.000 Euro nach 30 Jahren (12 Prozent p.a.)

3. **Top-15-Liste herunterladen oder generieren**

Nutze die jährlich aktualisierte Liste und investiere exakt in diese 15 Aktien oder ermittle die Aktien selbst nach der Methode in diesem Buch.

4. **Kapital gleichmäßig verteilen** (oder Conviction-Methode verwenden, siehe Anhang)
→ circa **6,6 Prozent pro Aktie**, unabhängig vom Aktienkurs, alternativ Prozentsätze der Conviction-Methode oder der Lüddemann-Liste verwenden.

5. **Automatisieren & laufen lassen**
Gewinne werden automatisch reinvestiert. Kein Trading, kein tägliches Beobachten notwendig.

So könnte dein Start aussehen: ganz einfach

Depot-Größe	Investition pro Aktie	Gesamtvolumen	Erwartete Performance*
2.000 €	ca. 133 €	2.000 €	ca. 12–15% p.a.
5.000 €	ca. 333 €	5.000 €	ca. 12–15% p.a.
10.000 €	ca. 666 €	10.000 €	ca. 12–15% p.a.

Basierend auf Backtesting-Ergebnissen der letzten 25 Jahre

SZENARIO 2: DU HAST SCHON EIN DEPOT – JETZT WIRD AUFGERÄUMT

Wenn du bereits ein Depot hast, musst du zuerst aufräumen und entscheiden, welche Positionen du behalten, prüfen oder verkaufen solltest.

Typische Probleme in bestehenden Depots:

- Zu viele Einzelwerte ohne klare Strategie
- Übergewichtung einzelner Branchen oder Länder
- Aktive Fonds mit hohen Kostenquoten
- Emotionale Käufe (»Ich mag das Unternehmen«) statt faktenbasierter Auswahl

Deine Schritte:

1. Deine aktuellen Positionen analysieren

Prüfe jede Aktie, jeden Fonds und ETF:

- Passt die Position zur **Top-15-Liste**? → Behalten.
- Ist die Performance schwach oder sind die Gebühren zu hoch (s. nachfolgende Liste)? → Verkauf überlegen.

→ Check deine Positionen anhand folgender Liste – hier haben wir noch mal alle Kriterien für dich aufgeführt – und entscheide dich, wie du weiter damit verfahren möchtest.

Analyse deiner aktuellen Positionen

Kriterium	Behalten	Abwägen	Verkauf überdenken
Performance	> +10 % p.a.	0–10 % p.a.	< 0 % oder dauerhaft Verlust
Transaktionskosten	< 0,5 %	0,5–1 %	> 1 % (v.a. aktive Fonds)
Unternehmens-qualität	Branchenführer, konstante Gewinne, stabiler Cashflow	schwankende Gewinne, Zukunft unsicher	stark fallende Umsätze, Schuldenberge
Strategie-Fit	Top-15-Unternehmen oder ETF auf die stärksten Märkte	breiter ETF, aber hohe Überschneidung	Einzelwerte, die nicht zur Strategie passen
Emotionen	Keine Rolle	Unsicherheit: prüfen!	Nur »weil ich sie mag«: dann evtl. raus!

Bitte beachte:

Diese Übersicht dient dir nicht als Kauf- oder Verkaufsempfehlung, sondern als Orientierung, wie du deine bestehenden Positionen regelmäßig hinterfragen kannst. Sie zeigt dir, welche Kriterien du prüfen kannst, um zu erkennen, ob eine Aktie oder ein ETF noch zu deiner Strategie passt.

Reflektiere genau: Wie hat sich die Performance entwickelt? Passt das Unternehmen noch zur »Reich in 60 Minuten«-Strategie? Entspricht es den Qualitätsmerkmalen der Strategie?

2. **Schrittweise umschichten**

Du musst nicht alles auf einmal verkaufen. Stattdessen kannst du:

- mit einem Teil deines Depots sofort in die Top-15 einsteigen;
- nach und nach verlustreiche oder teure Positionen abbauen.

3. **Depot verschlanken**

Am Ende solltest du maximal 15 Kernaktien halten.

4. **Rebalancing planen**

Einmal pro Jahr dein Depot prüfen, anpassen und neu gewichten.

Beispiel: Optimierung eines bestehenden 50.000-Euro-Depot

Alt-Depot (vorher)	Neu-Depot (nachher)
8 Einzelaktien, 3 aktive Fonds, 2 ETFs	15 Top-Aktien (gleichgewichtet oder nach Conviction Weighting ermittelt)
Hohe Kosten (ø 1,3 % p.a.)	Sehr geringe Kosten
Performance ca. 6 % p.a.	Performancepotential ca. 12–15 % p.a.
Starke Übergewichtung in Tech	Globale Diversifikation, je nach Top-Pics der Investoren

5. **Klare Struktur für dein neues Depot**

Dein Ziel ist am Ende ein schlankes, effizientes Depot mit:

- 15 Top-Aktien – gleich gewichtet, circa 6,6 Prozent pro Aktie (oder nach Conviction Weight beziehungsweise Lüddemann-Liste ermittelt)
- Keine überflüssigen Zock-Positionen

WAS MÖGLICH IST: KONKRETE BEISPIELE FÜR JEDES BUDGET

Die »Reich in 60 Minuten«-Strategie ist flexibel skalierbar. Das System funktioniert in jeder Depotgröße – von Anfänger bis Profi.

Egal, ob du mit 2000 Euro startest, 20.000 Euro umschichtest oder bereits ein Depot mit 100.000 Euro hast – das Prinzip bleibt immer gleich: Du investierst in die Aktien von 15 Top-Unternehmen, gleich gewichtet, und passt dein Depot jährlich an.

1. MINI-DEPOT: EINSTIEG AB 2000 EURO (FÜR ANFÄNGER)

Gerade für Einsteiger ist es wichtig, sofort strukturiert zu starten. Mit einem Mini-Set-up kannst du erste Erfahrungen sammeln und gleichzeitig den Zinseszinseffekt optimal nutzen.

Mini-Depot: Einstieg ab 2.000 € (für Anfänger)

Depot-Größe	Investition pro Aktie (15 Werte)	Erwartete Rendite	Wert nach 10 Jahren	Wert nach 20 Jahren	Wert nach 30 Jahren
2.000 €	ca. 133 €	12 % p.a.	ca. 6.210 €	ca. 19.290 €	ca. 60.000 €
5.000 €	ca. 333 €	12 % p.a.	ca. 15.530 €	ca. 48.230 €	ca. 150.000 €
10.000 €	ca. 666 €	12 % p.a.	ca. 31.060 €	ca. 96.460 €	ca. 300.000 €

Schon mit kleinen Summen kannst du in 15 Top-Aktien investieren und über Jahrzehnte ein solides Vermögen aufbauen. Auch mit kleinen Beträgen bringst du den Zinseszinseffekt auf deine Seite.

2. STANDARD-DEPOT: DER SWEET SPOT[74] BEI 20.000 BIS 50.000 EURO (FÜR FORTGESCHRITTENE)

Hier beginnt der Bereich, in dem du dir spürbar finanzielle Freiheit aufbauen kannst. Ein Depot zwischen 20.000 Euro und 50.000 Euro ist ideal, um die Strategie mit größerer Wirkung umzusetzen.

Standard-Depot: Sweet Spot bei 20–50k (für Fortgeschrittene)

Depot-Größe	Investition pro Aktie (15 Werte)	Erwartete Rendite	Wert nach 10 Jahren	Wert nach 20 Jahren	Wert nach 30 Jahren
20.000 €	ca. 1.333 €	12 % p.a.	ca. 62.000 €	ca. 193.000 €	ca. 600.000 €
35.000 €	ca. 2.333 €	12 % p.a.	ca. 109.000 €	ca. 338.000 €	ca. 1,05 Mio €
50.000 €	ca. 3.333 €	12 % p.a.	ca. 155.000 €	ca. 482.000 €	ca. 1,50 Mio €

Fazit:
Ein gut strukturiertes Standard-Depot hat die Kraft, dich langfristig in die obere Wohlstandsklasse zu bringen. Mit 50.000 Euro Startkapital kannst du, bei konsequenter Umsetzung, realistisch Millionär werden.

3. HIGH-VALUE-DEPOT: 100.000 EURO UND MEHR (FÜR PROFIS UND VERMÖGENSAUFBAU)

Wenn du bereits ein hohes Depotvolumen hast, ist Disziplin noch wichtiger. Hier wirken sich Emotionen, falsches Timing oder spekulative Zukäufe extrem aus. Die »Reich in 60 Minuten«-Strategie bringt dich auf eine klare Faktenbasis zurück.

74 Sweet Spot bezeichnet in der Regel den optimalen Bereich, in dem etwas besonders gut funktioniert. In diesem Fall beschreibt es eine Depotgröße, bei der die Strategie ihre Wirkung sehr gut entfalten kann und mit der du dir bereits finanzielle Freiheit aufbauen kannst.

High-Value-Depot: 100k+ (für Profis & Vermögensaufbau)

Depot-Größe	Investition pro Aktie (15 Werte)	Erwartete Rendite	Wert nach 10 Jahren	Wert nach 20 Jahren	Wert nach 30 Jahren
100.000 €	ca. 6.666 €	12 % p.a.	ca. 310.000 €	ca. 965.000 €	ca. 3,00 Mio €
250.000 €	ca. 16.666 €	12 % p.a.	ca. 775.000 €	ca. 2,41 Mio €	ca. 7,50 Mio €
500.000 €	ca. 33.333 €	12 % p.a.	ca. 1,55 Mio €	ca. 4,82 Mio €	ca. 15,0 Mio €

Mit hohen Beträgen multipliziert sich der Effekt der Strategie dramatisch. Du bist nicht mehr abhängig von hektischem Trading oder spekulativen Wetten – die Strategie erledigt die Arbeit für dich.

WAS DU HEUTE UMSETZEN KANNST

Lies das Kapitel noch mal durch und gehe alles Schritt für Schritt durch. Markiere die Punkte, die du noch heute erledigen kannst. Setze dir für die anderen Schritte eine Deadline. Was wirst du bis wann erledigen?

Denk dran:

Du musst nicht schlauer sein als der Markt.
Du musst nur aufhören, dieselben Fehler
wie alle anderen zu machen.

Und vor allem: Fang heute an. Dein zukünftiges Ich wird es dir danken.

KAPITEL 7

DIE TOP-15-AKTIEN DER SUPERINVESTOREN – WAS SIE GEMEINSAM HABEN

Wenn du dir die Depots der erfolgreichsten Investoren der Welt ansiehst, wirst du schnell merken: Sie alle ticken unterschiedlich – aber sie folgen denselben Prinzipien. Ob Buffett, Loeb, Ackman oder Dalio – ihre Wege sind verschieden, doch ihre Ziele sind gleich: Kapital schützen, Chancen erkennen und langfristig wachsen. Deshalb lohnt es sich, einmal genauer hinzusehen, in welche Unternehmensaktien die Top-Investoren ihr Geld anlegen.

Die Top-15-Aktien, die du in diesem Kapitel kennenlernst, sind keine Zufallsprodukte oder Modetrends. Sie sind das Ergebnis von jahrzehntelanger Erfahrung, tiefen Analysen und einem klaren Investmentdenken. Jede einzelne dieser Positionen taucht immer wieder in den 13F-Filings der besten Investoren auf, und zwar über Jahre hinweg. Diese Unternehmen stehen für Qualität, Stabilität und Zukunftsfähigkeit.

Du wirst feststellen, dass sie alle etwas gemeinsam haben:

- Ein starkes Geschäftsmodell, das unabhängig von Moden oder Zyklen funktioniert.
- Hohe Margen und Cashflows, die auch in schwierigen Phasen Erträge sichern.
- Führungsteams, die strategisch denken und diszipliniert handeln.
- Und: Vertrauen – nicht nur an der Börse, sondern auch in der realen Welt.

Viele dieser Firmen sind so präsent, dass du täglich mit ihnen zu tun hast, oft ohne es zu merken: Du nutzt ein iPhone von Apple, zahlst mit einer Visa-Karte, kaufst bei Amazon oder startest Windows auf deinem Rechner. Diese Marken sind Teil deines Alltags, und genau deshalb sind sie auch Teil des Depots der erfolgreichsten Anleger der Welt.

Das Geniale an der »Reich in 60 Minuten«-Strategie ist: Du musst nicht der Nächste Warren Buffett werden, um von deren Wissen zu profitieren. Die Arbeit wurde bereits erledigt: von Hunderten Analysten, Research-Teams und Milliardenbudgets. Alles, was du tun musst, ist: das Beste davon intelligent nutzen.

Und das tun wir hier. Im Folgenden lernst du die Top-15-Aktien kennen, die in den Portfolios der Superinvestoren im Jahr 2025 am häufigsten vorgekommen sind (siehe auch Backtest von 2025) – die wahren Kernwerte des langfristigen Erfolgs. Jede einzelne Aktie ist ein Baustein, um dein Depot so aufzubauen, dass du ruhig schlafen und trotzdem Rendite machen kannst.

Wenn du den Spuren der Besten folgst, brauchst du kein Glück – nur Klarheit, Konsequenz und den Mut, es durchzuziehen.

ALPHABET (GOOGL) – DIE INFRASTRUKTUR DES INTERNETS

Wenn du heute etwas wissen willst, googelst du es. Und genau darin liegt der Kern von Alphabets Macht: Das Unternehmen ist längst keine reine Suchmaschine mehr, sondern die digitale Infrastruktur unseres Alltags.

Alphabet, der Mutterkonzern von Google, kontrolliert gleich mehrere Lebensadern des modernen Internets: die Google-Suche, YouTube, Android, Gmail, Maps, Cloud-Dienste und Werbeplattformen. Jede dieser Sparten ist ein eigenes Ökosystem, und zusammen bilden sie einen gigantischen Daten-, Werbe- und Cashflow-Motor.

Top-Investoren schätzen Alphabet aus einem einfachen Grund: Das Unternehmen wächst organisch, ist hochprofitabel und besitzt eine kaum kopierbare Dominanz. Die Margen sind enorm, der Cashflow stabil, und der Burggraben – also die Distanz zur Konkurrenz – wird mit jeder Suchanfrage größer.

Warum? Weil Google von Netzwerkeffekten lebt: Je mehr Menschen suchen, desto besser werden die Ergebnisse. Und je besser die Ergebnisse, desto mehr Menschen nutzen wiederum Google. Das nennt man ein selbstverstärkendes System, und genau diese Art von Skaleneffekt ist das, was erfolgreiche Investoren lieben.

Qualitätssignale:

- Marktanteil an der Online-Suche von über 90 Prozent weltweit
- Milliarden Nutzer täglich über mehrere Plattformen
- Hohe operative Marge, gigantischer Cashflow, starke Bilanz
- Ausbau in Zukunftsfelder wie Cloud, KI und autonomes Fahren (Waymo)

Natürlich gibt es Risiken. Die größten heißen: Regulierung (zum Beispiel Datenschutz, Kartellrecht) und Abhängigkeit vom Werbemarkt.

Alphabet steht im Fokus der Behörden, weil es so groß und dominant ist, doch bislang hat das die Profitabilität kaum gebremst.

Für die »Reich in 60 Minuten«-Strategie ist Alphabet ein Paradebeispiel für langfristige Qualität. Ein Titel, den du nicht im Detail verstehen musst, um von ihm zu profitieren, aber einer, der dich belohnt, wenn du dranbleibst. Denn während viele über KI reden, verdient Alphabet seit Jahren zuverlässig Geld mit ihr.

Google ist wie die Autobahn des Internets – jeder fährt drüber, aber nur einer kassiert die Maut. Genau deshalb ist Alphabet bei vielen Top-Investoren beliebt: stark, wachstumsorientiert, planbar.

AMAZON (AMZN) – ZWEI FESTUNGEN, EIN SYSTEM AUS SKALIERUNG

Amazon ist weit mehr als ein Online-Shop. Hinter dem vertrauten Einkaufswagen-Logo steckt ein gigantisches System aus Technologie, Logistik und Daten, das in Jahrzehnten perfektioniert wurde. Das Besondere: Amazon hat zwei Festungen, die sich gegenseitig stärken – den weltgrößten E-Commerce-Marktplatz und die Cloud-Sparte AWS (Amazon Web Services).

Der Marktplatz ist die sichtbare Oberfläche: Millionen Händler verkaufen hier ihre Produkte, während Amazon daran über Gebühren, Werbung und eigene Marken mitverdient. Das Entscheidende sind die Netzwerkeffekte – je mehr Käufer, desto attraktiver für Verkäufer, und je mehr Verkäufer, desto größer wiederum das Angebot für Käufer. Dieses Prinzip macht Amazon nahezu unangreifbar.

Die zweite Festung, AWS, ist weniger sichtbar, aber noch profitabler. Hier vermietet Amazon Rechenleistung und Cloud-Infrastruktur – also das Rückgrat des modernen Internets. Viele der größten Unternehmen der Welt laufen auf AWS. Es ist ein Geschäft mit enormen Margen und stetigem Wachstum. Während der Onlinehandel in Wellen schwankt, läuft die Cloud fast wie ein Uhrwerk.

Top-Investoren schätzen an Amazon die sogenannte »Sum-of-the-Parts«-Story: zwei starke Geschäftsbereiche, die sich ergänzen, aber auch einzeln Milliarden wert wären. AWS liefert stabile Cashflows, der Handel bringt Reichweite, Daten und Markenbindung. Zusammen ergibt das ein System mit einem Burggraben aus Technologie, Infrastruktur und Kundenloyalität.

Qualitätssignale:

Qualitätssignale gibt es reichlich: über 200 Millionen Prime-Mitglieder weltweit, starke wiederkehrende Umsätze durch Abos und eine Logistik-Infrastruktur, die kaum ein anderer Konzern aufbauen könnte. Wer heute ein Paket innerhalb eines Tages erhält, sieht nur das Ergebnis – nicht das Jahrzehnt an Investitionen, das dahintersteht.

Hauptrisiken:

Natürlich gibt es auch Risiken. Die zunehmende Regulierung – insbesondere in den USA und Europa – zielt auf Marktbeherrschung, Datenschutz und Steuertransparenz ab. Auch der Wettbewerb in der Cloud mit Microsoft und Google drückt auf die Margen. Doch Amazons Stärke liegt in seiner Anpassungsfähigkeit: Immer wieder hat das Unternehmen neue Wachstumsfelder für sich erschlossen – von Streaming bis KI.

Wer klug vernetzt, liefert nicht nur Pakete,
sondern auch Rendite.

APPLE (AAPL) – MEHR ALS NUR EIN HANDY

Wenn man an Apple denkt, kommt den meisten zuerst das iPhone in den Sinn. Doch Apple ist längst mehr als ein Smartphone-Hersteller. Das Unternehmen hat ein ganzes Ökosystem geschaffen, ein Zusammenspiel aus Geräten, Software und Diensten, die perfekt ineinandergreifen. Wer ein iPhone besitzt, nutzt oft auch den Mac, die Apple Watch oder die iCloud. Und genau das ist Apples größter Vorteil: Es ist schwer, wieder aus diesem Universum auszusteigen.

Warren Buffett bezeichnet Apple nicht als Technologiekonzern, sondern als Konsumgüterunternehmen mit technischer Verpackung. Der Grund: Apple verkauft kein Produkt, sondern ein Lebensgefühl: Design, Einfachheit, Status und Verlässlichkeit. Menschen zahlen bereitwillig mehr, weil sie wissen, was sie bekommen. Diese Markenmacht ist der wahre Schatz hinter dem Apfel-Logo.

Ein weiterer Punkt, den Investoren lieben, ist Apples finanzielle Disziplin. Das Unternehmen schwimmt in Liquidität, kauft regelmäßig eigene Aktien zurück und steigert damit den Wert jedes verbliebenen Anteils. Rund ein Fünftel des Umsatzes stammte 2023 aus Services, also aus wiederkehrenden Erlösen statt einmaligen Produktverkäufen. Das macht Apple berechenbarer und stabiler als je zuvor.

Qualitätssignale

- Das Apple-Ökosystem: Wer einmal drin ist, bleibt – weil Geräte, Dienste und Software nahtlos zusammenarbeiten.
- Markenmacht: Apple kann Premiumpreise verlangen, weil Millionen Menschen dem Produkt und der Marke vertrauen.
- Wiederkehrende Umsätze: Ein stetig wachsender Anteil aus Services sorgt für Stabilität, selbst wenn der Hardware-Zyklus schwankt.

- Finanzielle Stärke: Riesige Cashreserven, Aktienrückkäufe und eine extrem robuste Bilanz.
- Konstante Nachfrage: Selbst in schwächeren Jahren gehören iPhone, Mac & Co. zu den stabilsten Umsatzbringern im Tech-Sektor.

Hauptrisiken

Natürlich steht auch Apple vor Herausforderungen. Die Abhängigkeit von China als Produktionsstandort, immer strengere Regulierungen im App Store und der Druck, ständig zu innovieren, sind reale Risiken. Doch Apple begegnet diesen Themen mit Ruhe und Weitsicht.

Für die »Reich in 60 Minuten«-Strategie ist Apple ein Paradebeispiel. Es steht für Stabilität, Markenstärke und konsequente Wertsteigerung – Eigenschaften, die du dir als Anleger wünschen kannst. In der gleichgewichteten Verteilung deiner 15 Aktien spielt es keine Sonderrolle, aber seine Qualität sorgt dafür, dass es langfristig fast immer zu den Gewinnern gehört.

Apple zeigt, dass nachhaltiger Erfolg auf Disziplin beruht – nicht auf Zufall oder Glück. Ich selbst habe ein iPhone, wie Millionen andere auch. Nicht, weil es das Günstigste ist, sondern weil es funktioniert, weil es durchdacht ist und weil ich weiß, was ich bekomme.

Genau das macht Apple so stark. Das Unternehmen verkauft keine Geräte, sondern Vertrauen.

Und ja – manchmal wünsche ich mir, der Akku meines iPhones würde so lange durchhalten wie Apples Aktienkurs. Tja, damit muss ich wohl erst mal leben. An der Börse brauchst du allerdings mehr Ausdauer als ein iPhone-Akku, dann läuft's auch mit der Rendite.

BANK OF AMERICA (BAC) – STABILITÄT DURCH GRÖSSE

Die Bank of America ist ein Gigant im US-Finanzsystem, und das in vielerlei Hinsicht. Millionen Privatkunden, unzählige Unternehmenskonten, ein riesiges Kreditgeschäft und eine der modernsten Online-Banking-Plattformen der Welt.

Buffett nennt Banken gern »Geldmaschinen mit eingebautem Zinshebel«. Was er damit meint: Banken verdienen an der Spanne zwischen den Zinsen, die sie für Einlagen zahlen, und den Zinsen, die sie für Kredite verlangen. Die Bank of America ist darin besonders stark, weil sie über eine der günstigsten Refinanzierungen der Welt verfügt. Ihre Kunden parken dort Geld, und das bleibt dort, selbst wenn die Zinsen steigen oder fallen. Dieses Vertrauen ist bares Geld wert.

Hinzu kommt die schiere Größe des Unternehmens: Die Bank of America profitiert enorm von Skaleneffekten[75]. Prozesse, die einmal digitalisiert sind, lassen sich millionenfach anwenden, und jede zusätzliche Transaktion kostet die Bank fast nichts mehr. Das macht sie effizienter als viele kleinere Wettbewerber.

Qualitätssignale:

- **Breite Kundenbasis:** Millionen Privat- und Firmenkunden sorgen für planbare, stetige Einnahmen.
- **Digitale Effizienz:** Eine der modernsten Banking-Plattformen der USA.

Robuste Kapitalausstattung: Starke Eigenkapitalquoten und solide Risikovorsorge Hauptrisiken:

---

75 Skaleneffekte (auch Economies of Scale) bezeichnen Kostenvorteile, die entstehen, wenn ein Unternehmen größere Mengen produziert oder mehr Dienstleistungen anbietet.

Natürlich ist auch die Bank of America nicht frei von Risiken. Wenn die Zinsen schnell steigen oder die Wirtschaft schwächelt, geraten Kreditnehmer unter Druck. Dann steigt die Sorge vor Kreditausfällen. Auch Regulierung und politische Einflüsse spielen bei Großbanken immer eine Rolle. Doch genau hier liegt die Stärke dieses Hauses: seine Disziplin. Die Bank of America hat aus den Krisen der Vergangenheit gelernt. Sie arbeitet heute deutlich vorsichtiger, transparenter und langfristiger.

Für die »Reich in 60 Minuten«-Strategie ist sie ein solider Bestandteil: kein Dauerläufer, aber ein verlässlicher. Durch die gleichmäßige Gewichtung fällt sie nicht zu stark ins Gewicht, liefert aber Stabilität, wenn andere Branchen schwächeln.

Banken sind wie Motoren – sie laufen rund, wenn man sie gut wartet. Und die Bank of America zeigt, dass Beständigkeit auch im Finanzsystem noch ein Wettbewerbsvorteil ist.

BERKSHIRE HATHAWAY (BRK.B) – DAS SYNONYM FÜR LANGFRISTDENKEN

Wenn es ein Unternehmen gibt, das für geduldiges Investieren steht, dann ist es Berkshire Hathaway. Der Konzern ist das Lebenswerk von Warren Buffett und längst mehr als nur eine Holdinggesellschaft. Es ist ein lebendiges Beispiel dafür, wie man mit klarem Verstand, Disziplin und Weitblick über Jahrzehnte Vermögen aufbaut.

Was macht Berkshire Hathaway?

Das Unternehmen ist ein Mischkonzern mit Beteiligungen in unterschiedlichsten Branchen – von Versicherungen (GEICO) über Eisenbahnen (BNSF Railway) bis hin zu Konsumgütern (Duracell, Dairy Queen). Dazu kommen große Aktienbeteiligungen an Weltkonzernen wie Apple, Coca-Cola, American Express und Chevron. Das Besondere: Buffett und sein langjähriger Partner Charlie Munger (†2023) investieren ausschließlich in Geschäftsmodelle, die sie verstehen, und halten die Positionen oft über Jahrzehnte.

Ihr Erfolg beruht auf drei Säulen:

Versicherungen – sie liefern konstanten Cashflow (»Float«), den Berkshire für neue Investments nutzt.

Unternehmensbeteiligungen – sie bringen stabile Gewinne, unabhängig von der Börse.

Aktienportfolio – es sorgt für Wachstum und Flexibilität.

Berkshire Hathaway ist damit fast wie ein Miniatur-Abbild der US-Wirtschaft – nur besser geführt. Der Konzern besitzt keine kurzfristige Agenda, sondern investiert in Qualität, Vertrauen und Managementkompetenz. Buffett hat einmal gesagt:

»Our favorite holding period is forever.«

Übersetzt: »Unsere liebste Haltedauer ist: für immer.«

Qualitätssignale:

- Über 60 Jahre kontinuierliches Wachstum bei Umsatz und Buchwert.
- Einer der größten Cashbestände weltweit – über 150 Milliarden US-Dollar.
- Extrem niedrige Verschuldung und konservative Bilanzführung.
- Ein Management, das als Synonym für Integrität gilt.

Hauptrisiken:

- Abhängigkeit von Buffett und seinem Nachfolgeteam.
- Begrenzte Wachstumsraten aufgrund der enormen Unternehmensgröße.
- Zins- und Bewertungsrisiken bei den Beteiligungen.

Für die »Reich in 60 Minuten«-Strategie ist Berkshire Hathaway mehr als nur eine Aktie – sie ist ein Lehrstück. Sie zeigt, wie Geduld, Disziplin und gesunder Menschenverstand an der Börse funktionieren.

Berkshire erinnert mich daran, warum ich überhaupt angefangen habe: weil kluges Investieren nichts mit Zocken zu tun hat, sondern mit Vertrauen, Disziplin und einem klaren Kopf – genau das, was mich immer getragen hat.

CITIGROUP (C) – GLOBAL PLAYER MIT REFORMKURS

Citigroup ist eine der größten Banken der Welt und zugleich ein Symbol für den Wandel im globalen Finanzsystem. Wo früher Größe allein zählte, steht heute Effizienz, Fokus und Risikomanagement im Vordergrund. Nach turbulenten Jahren und tiefgreifenden Umbrüchen ist Citi heute auf einem klaren Weg: kleiner, schlanker, aber stabiler.

Was macht Citigroup?

Citi ist eine echte Weltbank – mit Niederlassungen in fast 160 Ländern und einem der breitesten internationalen Netzwerke überhaupt. Das Kerngeschäft besteht aus fünf Säulen:

- **Services** (umfasst die Geschäftsbereiche Treasury and Trade Solutions & Securities Services)
- **Markets** (Handel mit Anleihen, Devisen, Derivaten etc.)
- **Banking** (klassisches Investmentbanking und Firmenkundengeschäft)
- **U.S. Personal Banking** (Kreditkarten, Privatkundenkredite etc.)
- **Wealth** (Vermögensverwaltung und Private Banking)

Diese Aufstellung macht Citi einzigartig: Während viele US-Banken sich stärker auf den Heimatmarkt konzentrieren, ist Citigroup überall präsent – von New York bis Singapur, von Frankfurt bis São Paulo.

Warum Top-Investoren Citigroup beobachten:

Die Citigroup hat in den letzten Jahren konsequent an ihrer Neuaufstellung gearbeitet. Unter CEO Jane Fraser, der ersten Frau an der Spitze einer großen US-Bank, liegt der Fokus klar auf Effizienz und Profitabilität. Unrentable Geschäftsbereiche in Asien und Lateinamerika wurden verkauft, die Kapitalstruktur verbessert und die Bilanzrisiken reduziert. Die Bank konzentriert sich heute stärker auf margenstarke Bereiche wie Vermögensverwaltung und globales Zahlungsmanagement.

Qualitätssignale:

- Einer der größten globalen Devisen- und Zahlungsdienstleister.
- Hohe Eigenkapitalquote (CET1 über 13 Prozent) und solide Liquidität.
- Starkes Kreditkartengeschäft, insbesondere durch Partnerschaften mit Costco und American Airlines.
- Wachsender Fokus auf Digitalisierung und Kostensenkung.

Hauptrisiken:

- Hohe Abhängigkeit von der globalen Konjunktur.
- Strenge regulatorische Anforderungen und Kapitalauflagen.
- Aufholbedarf bei Technologie und Effizienz im Vergleich zu Wettbewerbern wie JPMorgan.

Für die »Reich in 60 Minuten«-Strategie steht Citigroup für globale Reichweite mit klarer Neuausrichtung. Die Bank ist kein Überflieger, aber ein Kandidat mit solidem Turnaround-Potenzial[76]. Wer langfristig denkt, erkennt: Hier entsteht gerade ein modernes, fokussiertes Finanzhaus mit internationaler Stärke.

Ich mag solche Werte, die mal gestolpert sind und wieder aufstehen. Citigroup hat den Crash überlebt, sich neu erfunden und läuft jetzt wieder sauber in der Spur. Das ist ein echtes Comeback-Mindset.

COMCAST CORPORATION (CMCSA) – DIE UNSICHTBARE INFRASTRUKTUR DER UNTERHALTUNG

Comcast ist einer dieser Konzerne, die im Hintergrund die Fäden ziehen – während andere im Rampenlicht stehen. Viele kennen NBC, Universal Studios oder Sky – aber kaum jemand weiß, dass all das Teil von Comcast ist. Der Konzern betreibt eines der größten Medien- und

76 Von einem Turnaround-Potenzial spricht man, wenn ein Unternehmen nach einer schwierigen Phase wieder auf einen besseren Kurs kommen kann.

Telekommunikationsnetzwerke der Welt und liefert Millionen Menschen täglich das, was sie am meisten konsumieren: Informationen, Unterhaltung und Internet.

Comcast ist in drei großen Geschäftsbereichen aktiv:

Cable Communications (Xfinity) – Internet, Telefon und TV-Dienste für Privat- und Geschäftskunden.

NBCUniversal – Fernsehsender, Filmstudios, Freizeitparks und Streaming (Peacock).

Sky Group – das europäische Pendant mit starkem Fokus auf Sport und Pay-TV.

Dieses Modell macht Comcast zu einem »Allrounder« in der modernen Medienwelt: vom Internetanschluss über die Filmproduktion bis hin zum Live-Sport. Der Konzern kontrolliert die gesamte Wertschöpfungskette von der Infrastruktur bis zum Inhalt.

Investoren schätzen Comcast wegen seiner planbaren Einnahmen. Internet- und Kabelverträge laufen über Jahre, die Kundenbindung ist hoch und die Margen sind stabil. Während Streaming-Dienste um Aufmerksamkeit kämpfen, verdient Comcast stetig an wiederkehrenden Abonnements, eine seltene Mischung aus Wachstum und Sicherheit. Gleichzeitig hat der Konzern in den letzten Jahren massiv in Glasfaser, Streaming und Content-Produktion investiert, um zukunftsfähig zu bleiben.

Qualitätssignale:

- Rund 30 Millionen Breitbandkunden allein in den USA – stabile Cashflows durch langfristige Verträge.
- Starke Marken wie NBC, Universal Pictures, DreamWorks, Sky und Peacock.
- Kosteneffiziente Infrastruktur – hohe Eintrittsbarrieren für Wettbewerber.
- Kombination aus zyklischem Mediengeschäft und nichtzyklischer Netzinfrastruktur.

Hauptrisiken:

- Abnehmende Pay-TV-Nachfrage durch Streaming-Boom.
- Hoher Investitionsbedarf in Netzwerkausbau und Content-Produktion.
- Starker Wettbewerb im Streamingmarkt (Netflix, Disney+, Amazon Prime).

Für die »Reich in 60 Minuten«-Strategie steht Comcast für versteckte Stabilität mit digitalem Rückenwind. Das Unternehmen profitiert von zwei Trends gleichzeitig: dem steigenden Datenbedarf und dem ungebrochenen Bedürfnis nach Unterhaltung. Es ist ein klassischer Dauerläufer: unaufgeregt, aber profitabel.

Viele reden über Content, aber vergessen, dass er irgendwo herkommen muss. Comcast liefert die Straße, auf der der Datenverkehr rollt, und kassiert bei jeder Fahrt mit.

META (META) – VOM SOCIAL NETWORK ZUM TECH-UNIVERSUM

Meta – das Unternehmen hinter Facebook, Instagram, WhatsApp und Threads – ist weit mehr als ein soziales Netzwerk. Es ist einer der mächtigsten Kommunikations- und Werbekonzerne der Welt und einer der größten Profiteure der digitalen Aufmerksamkeit.

Was Meta so besonders macht? Über drei Milliarden Menschen[77] nutzen täglich mindestens eine der Meta-Plattformen. Das sind fast

77 Stand 2025 – Quelle Meta Platforms Inc., *Form 10-Q, Q2 2024*, Investor Relations

40 Prozent der Weltbevölkerung. Und jede Interaktion – jedes Foto, jeder Klick, jede Nachricht – wird zu Daten, die Meta in präzises, hochprofitables Marketing umwandelt.

Investoren schätzen Metas Fähigkeit, sich nach Krisen neu zu erfinden. Nach den Turbulenzen 2022 – als Datenschutz, KI-Umstellung und der »Metaverse«-Hype das Vertrauen erschütterten – hat Gründer Mark Zuckerberg einen beeindruckenden Turnaround hingelegt. Er setzte auf Effizienz, Kostenkontrolle und Fokus auf das Kerngeschäft, und genau das brachte Meta zurück in die Erfolgsspur.

Qualitätssignale:

- Enorme Reichweite: Milliarden aktive Nutzer über mehrere Plattformen.
- Hohe Margen: skalierbares Geschäftsmodell mit extrem niedrigen Zusatzkosten pro Nutzer.
- Technologische Stärke: führend bei KI-gesteuerter Werbung und Content-Personalisierung.
- Starke Bilanz: kaum Schulden, hohe Cashflows – Meta kauft massiv eigene Aktien zurück.

Hauptrisiken:

Natürlich gibt es auch Schattenseiten: Regulatorische Risiken (Datenschutz, Monopolfragen) und die Abhängigkeit vom Werbemarkt bleiben Themen. Aber genau hier zeigt sich Metas Stärke: Anpassungsfähigkeit. Das Unternehmen hat mehrfach bewiesen, dass es auf neue Herausforderungen schneller reagiert als die Konkurrenz. Ein Unternehmen, das gezeigt hat, dass selbst Rückschläge keine Katastrophen sind – wenn das Fundament stimmt.

Meta ist wie ein Boxer, der schon oft getroffen wurde – aber jedes Mal stärker zurückkommt. Ich liebe solche Werte, weil sie zeigen, was Fokus und Disziplin bewirken. In meinem System zählt nicht, wer immer oben ist, sondern wer langfristig liefert – und Meta liefert wieder.

MICROSOFT (MSFT) – VOM SOFTWARE-GIGANTEN ZUR CASHFLOW-MASCHINE

Microsoft ist das perfekte Beispiel dafür, wie ein Unternehmen sich immer wieder neu erfindet, ohne seine Wurzeln zu verlieren. Was in den 1980ern mit Windows und Office begann, ist heute ein globales Ökosystem aus Cloud, KI und Unternehmenslösungen.

Unter CEO Satya Nadella hat Microsoft den Sprung von der klassischen Softwarefirma zum Cloud-Powerhouse geschafft. Azure, der Cloud-Dienst des Konzerns, ist inzwischen der zweitgrößte Anbieter weltweit – direkt hinter Amazon AWS. Doch Microsoft ruht sich nicht auf diesem Erfolg aus: Das Unternehmen verdient weiter Milliarden mit Office 365, LinkedIn, Gaming (Xbox, Activision) und einer rasant wachsenden KI-Infrastruktur.

Top-Investoren sehen in Microsoft ein Paradebeispiel für Kapitaldisziplin, Innovationskraft und Preissetzungsmacht. Das Unternehmen vereint Stabilität und Wachstum – zwei Faktoren, die an der Börse selten in dieser Form zusammenkommen.

Qualitätssignale:

- Weltweite Marktführerschaft in Cloud-Diensten, Office-Anwendungen und Unternehmenssoftware.
- Kontinuierlich steigender Free Cashflow und über 100 Milliarden US-Dollar Geldreserven.
- Enorme Kundenbindung durch Abonnementmodelle (zum Beispiel Office 365, Teams).
- Früher, entschlossener Einsatz von KI und Integration in alle Produkte (zum Beispiel Copilot).

Hauptrisiken:

Natürlich gibt es auch bei Microsoft Risiken – etwa wachsende Regulierung im KI-Bereich oder Preisdruck im Cloud-Sektor. Doch die Finanzstärke und Innovationsgeschwindigkeit des Konzerns federn diese Risiken ab.

Für die »Reich in 60 Minuten«-Strategie ist Microsoft ein idealer Kernbaustein. Ein Unternehmen, das sowohl durch Krisen trägt als auch von technologischen Trends profitiert. Es ist kein Hype-Wert, sondern eine verlässliche Ertragsmaschine.

Microsoft ist wie der Motor unter der Haube der Digitalisierung. Du siehst ihn nicht ständig, aber er sorgt dafür, dass alles läuft. Genau solche Unternehmen will ich in meinem Depot: stark, unaufgeregt, profitabel.
Und mal ehrlich: Wenn du Windows schon nicht vermeiden kannst, dann verdiene wenigstens daran.

NVIDIA (NVDA) – DER MOTOR DER KI-REVOLUTION

Wenn es ein Unternehmen gibt, das den Begriff »Zeitenwende« an der Börse verkörpert, dann ist es Nvidia. Was einst als Nischenanbieter für Grafikkarten begann, ist heute das Rückgrat der weltweiten Künstlichen-Intelligenz-Infrastruktur.

Nvidia entwickelt Chips (GPUs), die überall dort eingesetzt werden, wo enorme Rechenleistung gefragt ist – in Rechenzentren, beim autonomen Fahren, in der Forschung, beim Gaming oder eben in der Künstlichen Intelligenz. Mit der Hopper- und Blackwell-Architektur[78] hat Nvidia aktuell den technologischen Standard gesetzt. Kein anderer Hersteller kombiniert so hohe Leistungsfähigkeit mit so effizientem Energieverbrauch.

Investoren sehen in Nvidia nicht einfach einen Chip-Hersteller, sondern eine Infrastruktur-Aktie für die Zukunft. Denn wer auf KI, Cloud und Digitalisierung setzt, kommt an Nvidia nicht vorbei – ähnlich wie man im Ölzeitalter nicht ohne Exxon konnte.

Qualitätssignale:

- Marktführerschaft: über 80 Prozent Marktanteil bei KI-Beschleunigern.
- Umsatzexplosion: In den wichtigsten Geschäftsbereichen legte Nvidia um mehr als 200 Prozent zu.
- Extrem hohe Margen: Bruttomargen jenseits von 70 Prozent.
- Skalierbarkeit: Jede neue Servergeneration baut auf der bestehenden Architektur auf – das sorgt für wiederkehrende Nachfrage.

---

78 Die Hopper- und Blackwell-Architekturen sind Nvidias modernste Chipgenerationen für Hochleistungsrechnen und künstliche Intelligenz. **Hopper** (seit 2022) steht für extreme Parallelverarbeitung in Rechenzentren, während **Blackwell** (2024 vorgestellt) eine noch höhere Rechenleistung bei geringerem Energieverbrauch bietet. Beide gelten als Maßstab für KI-Beschleuniger weltweit.

Hauptrisiken:

Natürlich gibt es Risiken. Das größte sind die Zyklen der Tech-Branche: Wenn Investitionen in Rechenzentren oder KI-Projekte mal abflauen, kann das Wachstum kurzfristig einbrechen. Zudem wächst der Wettbewerb – etwa durch AMD, Intel oder neue KI-Chip-Hersteller aus Asien.

Aber: Nvidia hat sich durch Innovationsgeschwindigkeit und Software-Exzellenz einen Vorsprung erarbeitet, den selbst große Wettbewerber kaum aufholen können.

Für die »Reich in 60 Minuten«-Strategie ist Nvidia ein klassischer High-Growth-Baustein: stark, führend, aber volatil.

Nvidia ist wie das Kraftwerk der KI-Revolution – es brummt im Hintergrund, liefert die Energie für alles Neue und hält das ganze System am Laufen. Solche Unternehmen gehören ins Depot – aber mit System, nicht mit Euphorie.

TAIWAN SEMICONDUCTOR MANUFACTURING COMPANY (TSMC) – DAS RÜCKGRAT DER MODERNEN TECHNOLOGIE

TSMC ist das Unternehmen, ohne das die digitale Welt praktisch stillstehen würde. Es fertigt die Chips, die in deinem Smartphone, in Autos, in Computern und Rechenzentren arbeiten, und beliefert damit viele der weltweit größten Tech-Konzerne. Anders als Intel oder Samsung entwickelt TSMC keine eigenen Produkte, sondern ist ein Auftragsfertiger (»Foundry«) für andere Firmen. Zu seinen Kunden zählen unter anderem Apple, Nvidia, AMD und Qualcomm. Sein Geschäftsmodell ist radikal einfach: Technologisch ganz vorn stehen – Ablenkung? Null. TSMC macht genau das, was es am besten kann – modernste Halbleiterchips in kleinsten Nanometer-Strukturen herstellen. Seine Fabriken gelten als das Nonplusultra der Branche.

Investoren lieben TSMC – und das aus gutem Grund: Ohne die Chips aus Taiwan würde ein modernes iPhone kaum so leistungsfähig sein, KI-Server würden schwerer skalieren und der Weg ins autonome Fahren wäre deutlich steiniger. TSMC sitzt genau da, wo die Welt heute hinläuft: mehr Rechenleistung, mehr KI, energieeffizientere Elektronik. Weil das so ist, profitiert das Unternehmen gerade von einem massiven, langfristigen Trend. Gleichzeitig baut TSMC mit seiner technologischen Führerschaft und einem starken Patent-Portfolio eine Hürde auf, die für Wettbewerber nicht einfach zu überwinden ist. Ein klarer Vorsprung, der sich über Jahre auszahlt.

Qualitätssignale:

- TSMC hält aktuell über 60 Prozent Marktanteil im globalen Foundry-Geschäft.
- TSMC pflegt hochwertige, langfristige Kundenbeziehungen mit den größten Tech-Firmen – das verleiht ihm Stabilität.
- Trotz massiver Investitionen in neue Werke und Fertigungsprozesse erzielt TSMC hohe Margen und bleibt technologisch führend.

Hauptrisiken:

- Die Geopolitik: Spannungen zwischen China und Taiwan können Produktion oder Lieferketten bedrohen.
- Konzentration: Ein großer Teil des Umsatzes kommt von wenigen Kunden, beispielsweise Apple.
- Kapitalintensität: Neue Fabriken kosten typischerweise mindestens 20 Milliarden US-Dollar und mehr. Das bringt ein enormes Risiko.

In der »Reich in 60 Minuten«-Strategie steht TSMC für technologische Substanz und globale Bedeutung. Ein Wert, der nicht laut ist, aber die moderne Wirtschaft am Laufen hält – das Fundament, auf dem Digitalisierung, KI und Fortschritt überhaupt erst möglich sind.

TSMC erinnert mich an mein eigenes Wirken: viel Analyse, wenig Show. Du siehst das Ergebnis erst, wenn du verstanden hast, was im Hintergrund passiert. Und genau das bringt am Ende die Rendite.

UNITEDHEALTH GROUP (UNH) – GESUNDHEIT TRIFFT AUF EFFIZIENZ

Die UnitedHealth Group verbindet auf beeindruckende Weise zwei Welten: Krankenversicherung und Gesundheitsdienstleistungen mit Big-Data-Kraft. Du hast dort den klassischen Versicherer – UnitedHealthcare –, der Privatpersonen, Arbeitgeber und öffentliche Institutionen absichert. Und du hast Optum – die Technologietochter, die Datenanalysen, Apotheken-Management und direkte Gesundheitsdienstleistungen anbietet. Durch genau diese Kombination erhält die UnitedHealth Group einen Wettbewerbsvorteil: Sie kann Gesundheitskosten besser kalkulieren, Risiken früher identifizieren und damit effizienter wirtschaften als viele Wettbewerber.

Investoren lieben UNH, weil es in einem stabil wachsenden Markt operiert. Der Gesundheitssektor ist in den USA gigantisch und kaum konjunkturabhängig. Die Alterung der Bevölkerung sorgt für stetig steigende Nachfrage, während die Integration von Technologie langfristig die Margen verbessert.

Qualitätssignale:

- UnitedHealth wächst seit vielen Jahren stetig und gilt als eines der stabilsten Unternehmen im Gesundheitssektor.
- Das Management arbeitet profitabel und hält die Verschuldung in einem gesunden Rahmen.
- Durch die Tochter Optum verfügt das Unternehmen über eine riesige Datenbasis – ein echter Wettbewerbsvorteil, wenn es darum geht, Gesundheit effizienter und gezielter zu steuern.
- Solide Finanzen, regelmäßige Dividenden und laufende Aktienrückkäufe zeigen, dass UnitedHealth langfristig denkt und zuverlässig Wert für seine Aktionäre schafft.

Hauptrisiken:

- Politische Eingriffe in das US-Gesundheitssystem können die Gewinne beeinträchtigen.
- Das Geschäft hängt stark vom US-Markt ab und ist nur begrenzt international aufgestellt.
- Im Bereich Optum bestehen Datenschutz- und Regulierungsrisiken, die das Wachstum bremsen könnten.

In der »Reich in 60 Minuten«-Strategie steht UnitedHealth Group für den Mix aus Stabilität und Zukunft: ein Gesundheitsriese mit stetigem Cashflow, der dank Technologie weiterwächst, und zwar effizient und profitabel.

UnitedHealth ist wie ein guter Arzt:
ruhig, verlässlich und mit System. Keine großen Sprüche,
aber am Ende die beste Diagnose fürs Depot.

VISA (V) – GELDSTRÖME, DIE NIE SCHLAFEN

Visa ist eines dieser Unternehmen, das du jeden Tag nutzt – oft ohne es zu merken. Ob im Supermarkt, im Online-Shop oder beim Tanken – im Hintergrund arbeitet das Visa-Netzwerk. Das Unternehmen gibt selbst keine Karten aus wie eine Bank, sondern steht als Vermittler zwischen Banken, Händlern und dir und verdient an jeder Transaktion, die durch sein System läuft.

Was macht Visa so stark? Das Unternehmen betreibt eines der größten und sichersten Zahlungssysteme der Welt. Über 4 Milliarden Karten sind weltweit im Umlauf, und im Netzwerk werden pro Jahr über 200 Milliarden Transaktionen abgewickelt – das sind mehr als 600 Millionen pro Tag im Schnitt. Das System funktioniert in über 200 Ländern und ist so tief verankert, dass Händler und Banken nur schwer darauf verzichten können.

Investoren schätzen Visa als hochprofitables, global skalierbares Geschäftsmodell mit enormem Burggraben. Es ist ein Paradebeispiel dafür, wie man mit Effizienz, Vertrauen und Netzwerkeffekten über Jahrzehnte Wachstum schafft. Denn: Je mehr Menschen Visa nutzen, desto wertvoller wird das Netzwerk – und desto schwieriger wird es für Wettbewerber, aufzuholen.

Qualitätssignale:

- Kontinuierlich wachsender Transaktionsfluss – weitgehend unabhängig von Konjunktur und Krisen.
- Extrem hohe Margen dank eines skalierbaren Netzwerks, das mit jeder zusätzlichen Zahlung profitabler wird.
- Enorme Cashflows – Milliardenüberschüsse, die regelmäßig in Aktienrückkäufe und Dividenden fließen.
- Finanzielle Stabilität, kaum Schulden und eine der stärksten Marken der Welt.

Hauptrisiken:

- Strengere Regulierung, vor allem in der EU, könnte Gebühren begrenzen.
- Wachsende Konkurrenz durch Big-Tech-Zahlungssysteme wie Apple Pay oder PayPal.
- Wechselkursrisiken durch weltweite Präsenz.

Doch Visa hat bisher jede technologische Welle erfolgreich gemeistert – vom Magnetstreifen über NFC bis hin zu digitalen Wallets. Das Unternehmen investiert stetig in Sicherheit, Partnerschaften und digitale Innovation und ist dadurch nicht nur stabil, sondern auch zukunftsfähig.

Für die »Reich in 60 Minuten«-Strategie ist Visa ein Paradebeispiel für Qualität durch Konstanz: keine lauten Schlagzeilen, kein ständiges Auf und Ab – aber eine stetige, verlässliche Performance über Jahrzehnte hinweg. Also: Augen zu und Karte durch – das gilt fürs Bezahlen genauso wie fürs Investieren.

Visa ist wie der Strom im Finanzsystem: Du siehst ihn nicht, aber ohne ihn läuft nichts. Genau solche Unternehmen will ich im Depot: unaufgeregt, profitabel und immer im Spiel, egal was die Märkte treiben.

THE WALT DISNEY COMPANY (DIS) – MAGIE TRIFFT AUF MANAGEMENT

Kaum ein Unternehmen vereint Emotion und Ökonomie so perfekt wie Disney. Hinter den bekannten Figuren, Filmen und Freizeitparks steckt ein Milliardengeschäft und eines der stärksten Marken-Ökosysteme weltweit. Disney verkauft nicht einfach Produkte, sondern Erlebnisse, Erinnerungen und Identifikation. Genau darin liegt seine wirtschaftliche Kraft.

Heute ist Disney weit mehr als ein Filmstudio. Der Konzern setzt sich zusammen aus mehreren mächtigen Säulen:

- **Media Networks**: TV-Sender wie ABC, ESPN und Co.
- **Parks & Experiences**: Freizeitparks, Resorts, Kreuzfahrten – Orte, an denen Geschichten lebendig werden.
- **Studio Entertainment**: Studios wie Pixar, Marvel, Lucasfilm und 20th Century verwandeln Kreativität in Blockbuster.
- **Streaming/Direct-to-Consumer**: Mit Disney+ und weiteren Diensten startet Disney in das digitale Zeitalter und wächst rasant.

Das Erfolgsrezept: Marken, die über Generationen funktionieren. Ob »Star Wars«, »Avengers«, »Frozen« oder »Mickey Mouse« – Disney schafft Welten, die sich immer wieder neu vermarkten lassen. Diese emotionale Markenbindung sorgt für eine Stabilität, von der andere Unternehmen nur träumen.

Investoren schätzen Disneys Fähigkeit, sich immer wieder neu zu erfinden. Nach Krisen wie der Pandemie, die Parks und Kinos lahmlegte, hat der Konzern bewiesen, dass er innovativ bleibt. Disney+ wurde in Rekordzeit zu einem der größten Streamingdienste der Welt. Gleichzeitig zeigt sich, dass die Kombination aus Content, Markenmacht und globaler Präsenz einzigartig ist.

Qualitätssignale:

- Eine der wertvollsten Marken der Welt mit jahrzehntelanger Loyalität.
- Breite Einnahmebasis – von Filmen und Streaming bis zu Parks und Merchandise.

- Deutliches Comeback nach der Pandemie, besonders im Erlebnissegment.
- Konsequente Markenpflege und hoher Qualitätsanspruch.

Hauptrisiken:

- Hohe Produktionskosten im Streaminggeschäft.
- Starker Wettbewerb durch Netflix, Amazon Prime und neue Player.
- Wirtschaftliche Abschwächung könnte Freizeit- und Tourismusumsätze dämpfen.

In der »Reich in 60 Minuten«-Strategie steht Disney für emotionale Substanz mit wirtschaftlicher Tiefe. Es ist ein Beispiel dafür, wie Markenbindung einen echten Burggraben schafft, denn Emotionen sind schwer zu kopieren. Disney ist kein reines Wachstumswunder, sondern ein stabiler Wert mit Fantasie für die Zukunft.

Disney zeigt, dass Emotionen eine Rendite haben können, wenn sie klug gemanagt werden.

WELLS FARGO (WFC) – VERTRAUEN ZURÜCKGEWINNEN, STÄRKE BEWEISEN

Wells Fargo ist eine der traditionsreichsten Banken der USA und zugleich ein Lehrbeispiel dafür, wie man aus Krisen lernt. Jahrzehntelang galt sie als Symbol für konservatives, stabiles Banking. Dann kam der Skandal um fingierte Kundenkonten, der das Vertrauen erschütterte und das Management zum Umdenken zwang.

Doch wer Wells Fargo heute anschaut, sieht ein anderes Unternehmen: disziplinierter, transparenter, fokussierter – und auf dem Weg zurück zu alter Stärke.

Das Unternehmen ist in allen klassischen Banksparten aktiv: Privatkundengeschäft, Hypotheken, Unternehmenskrediten, Vermögensverwaltung und Investmentbanking. Mit über 60 Millionen Kunden zählt Wells Fargo zu den größten Finanzhäusern der Welt. Über viele Jahre waren die Bankaktien eine der bevorzugten Beteiligungen von Warren Buffett – ein Zeichen für die einstige Stabilität und Profitabilität. Auch wenn Berkshire Hathaway seine Anteile mittlerweile deutlich reduziert hat, bleibt Wells Fargo für viele Investoren ein solides Basisinvestment.

Das Besondere an Wells Fargo ist die tiefe Verwurzelung im amerikanischen Alltag. Es ist keine glamouröse Wall-Street-Bank, sondern eine Bank für Menschen und Unternehmen, die sparen, investieren oder einfach solide Finanzpartner suchen. Nach der Krise hat das Management Strukturen neu aufgestellt, interne Abläufe verbessert und den Fokus klar auf Kundentreue, Effizienz und Vertrauen gelegt.

Qualitätssignale:

- Einer der größten Privatkundenstämme der USA – mit starker Markenbekanntheit und langem Vertrauensbonus.
- Solide Eigenkapitalbasis und klar verbessertes Risikomanagement nach den Reformen der letzten Jahre.
- Stabile, wiederkehrende Erträge aus Zins- und Servicegeschäften.
- Klare Strategie: Kosten senken, Prozesse digitalisieren, Effizienz steigern.

Hauptrisiken:

- Anhaltende Reputationsrisiken aus der Vergangenheit.
- Strenge Auflagen und hohe Compliance-Kosten durch die Bankenaufsicht.

- Abhängigkeit vom Zinsniveau und der wirtschaftlichen Lage in den USA.

In der »Reich in 60 Minuten«-Strategie steht Wells Fargo für den Gedanken der Rückkehr zur Stärke. Es ist ein Beispiel dafür, dass selbst große Unternehmen Fehler machen können, doch entscheidend ist, wie sie danach handeln. Wells Fargo hat sich nicht zurückgezogen, sondern neu erfunden. Und wer den Mut hat, in solchen Situationen rational zu investieren, profitiert oft am meisten.

Wells Fargo erinnert mich an Trader, die mal richtig auf die Nase gefallen sind und danach sauberer und klarer arbeiten. Das ist mir auch schon passiert. Nicht nur einmal.

Fehler sind nicht das Problem.
Das Problem ist, wenn du nichts daraus lernst.

Wells hat gelernt, und genau das macht die Bank wieder interessant.

WAS DU AUS DEN TOP-15-AKTIEN LERNEN KANNST

Wenn du die 15 stärksten Aktien der Superinvestoren betrachtest, wirst du feststellen: Sie könnten unterschiedlicher kaum sein – Tech, Energie, Finanzen, Entertainment – und doch folgt alles demselben Muster.

Erstens: Diese Unternehmen sind keine Zufallsfunde. Sie stehen für klare Geschäftsmodelle, eine starke Marktposition und das, was ich »DNA der Beständigkeit« nenne. Apple, Meta oder Visa verändern sich mit der Zeit, aber sie verlieren nie ihre Grundidee: Probleme lösen, Kunden binden, Werte schaffen.

Zweitens: Die erfolgreichsten Investoren investieren nicht in Geschichten, sondern in Strukturen. Sie schauen auf Cashflows, Margen, Wettbewerbsvorteile und Managementqualität, nicht auf Schlagzeilen. Und sie halten ihre Investments lange genug, um genau von diesen Stärken zu profitieren.

Drittens: Disziplin schlägt Drama. Während viele Anleger in Euphorie kaufen und in Panik verkaufen, bleiben Profis ruhig. Sie wissen: Märkte schwanken, aber gute Unternehmen überstehen die meisten Krisen. Das ist die Denkweise, die dich reich macht – nicht der kurzfristige Hype.

Viertens: Qualität muss nicht langweilig sein. Apple oder Nvidia beweisen, dass auch mutige Innovation langfristig belohnt wird – aber nur, wenn sie auf echter Substanz basiert. Und genau darin liegt die Kunst: Vision plus Fundament.

Fünftens: Du brauchst kein Milliardenvermögen, um diese Prinzipien anzuwenden. Mit der »Reich in 60 Minuten«-Strategie investierst du nach denselben Grundsätzen, nur einfacher, klarer und zeiteffizienter. Du nutzt die Arbeit der Besten, ohne selbst Analyst werden zu müssen. Du folgst einem System, das dich davor schützt, impulsiv zu handeln.

Die Superinvestoren zeigen dir also nicht nur, wo man investieren kann, sie zeigen dir auch, wie man denkt, entscheidet und durchhält. Und das ist der eigentliche Unterschied zwischen Zufall und Vermögen.

Wenn du eines aus diesem Kapitel mitnimmst, dann das:

Die Top 15 sind nicht nur Aktien. Sie sind ein Spiegel dafür, wie Klarheit, Geduld und Strategie auf Dauer wirken.

Mach sie zu deinem Fundament, und du wirst erleben, wie Vermögen wächst, ohne dass du dafür dein Leben umkrempeln musst.

Was alle Top-Aktien gemeinsam haben

1. Klare Geschäftsmodelle
Alle Unternehmen wissen, womit sie Geld verdienen – und tun genau das konsequent, Jahr für Jahr.

2. Starke Marken & Kundenbindung
Ob Apple, Disney oder Visa: Diese Firmen haben eine Fan-Basis, keine Kundschaft.

3. Hohe Margen & Cashflows
Sie verdienen nicht nur Umsatz, sondern echtes Geld – das sie in Wachstum oder Rückkäufe stecken.

4. Langfristiges Denken
Superinvestoren halten diese Werte oft über Jahrzehnte – weil Qualität Zeit braucht.

5. Disziplin statt Drama
Kein hektisches Trading, kein »Schnell-reich«-Denken. Nur ein klares System und Konsequenz.

6. Stabilität durch Vielfalt
Tech, Finanzen, Konsum, Gesundheit, Energie – unterschiedliche Branchen, gemeinsames Ziel: Rendite mit Rückgrat.

7. Ruhe im Sturm
Wenn die Märkte schwanken, bleiben diese Unternehmen profitabel, und genau das macht sie so wertvoll.

WARUM DEINE TOP-15-LISTE JEDES JAHR NEU ENTSTEHEN MUSS

Vielleicht fragst du dich jetzt: »Wenn das alles so gut funktioniert, warum sollte ich überhaupt jedes Jahr etwas ändern?«

Ganz einfach: Weil sich die Welt verändert. Märkte, Branchen, Geschäftsmodelle – alles ist in Bewegung. Was heute noch zu den Favoriten der größten Investoren gehört, kann in einem Jahr schon überholt sein. Neue Unternehmen steigen auf, alte verlieren an Dynamik. Darum ist es entscheidend, dass du dein Top-15-Portfolio jedes Jahr neu prüfst und aktualisierst, genauso wie wir es auch bei der Lüddemann-Liste machen.

Die in diesem Buch genannten Aktien dienen dir als Beispiel. Sie sind Inspiration und keine fixe Empfehlung. Sie zeigen, wie die Strategie funktioniert, aber sie sind kein starres Depot für alle Zeiten. Denn die Stärke der »Reich in 60 Minuten«-Strategie liegt gerade darin, dass sie anpassbar, aber trotzdem einfach bleibt.

DU HAST ZWEI WEGE, WIE DU DEINE NEUEN TOP-15-AKTIEN FINDEST

1. Du folgst der Strategie aus diesem Buch Schritt für Schritt.

Das bedeutet: Du rufst die 13F-Daten der größten Investoren ab, vergleichst ihre Positionen und ermittelst die Überschneidungen – also jene Aktien, die von mehreren Superinvestoren gleichzeitig gehalten werden. So baust du dir deine eigene Liste mit den aktuell stärksten Qualitätsaktien der Welt.

Oder – und das ist der einfachere Weg:

2. Du nutzt die fertige Liste von Lüddemann Investments.

Diese Liste basiert nicht nur auf einer Auswahl der 10 bekanntesten Investoren wie Buffett, Dalio oder Soros, sondern auf 144 der erfolgreichsten Investoren weltweit. Sie wird jedes Jahr aktualisiert, nach festen Kriterien ausgewertet und bietet dir eine geprüfte Vorauswahl der besten 15 Aktien. Objektiv, datenbasiert und sofort umsetzbar. Und die Backtests zeigen, dass unsere Liste mehr Rendite bringt als die Top 15 von nur 10 Top-Investoren. (Den Backtest findest du hier im Buch.)

Warum sich dieser Aufwand lohnt

Vielleicht klingt das auf den ersten Blick nach »nur« ein paar Prozent Unterschied in der Rendite. Aber genau diese paar Prozent entscheiden über enorme Vermögensunterschiede, wenn du langfristig investierst.

Denn wer mit System investiert, profitiert doppelt: Vom Zinseszinseffekt und von der kollektiven Intelligenz der erfolgreichsten Kapitalverwalter der Welt.

Die jährliche Aktualisierung sorgt dafür, dass dein Depot immer auf dem neuesten Stand ist, ohne dass du selbst stundenlang Analystenberichte lesen oder Finanznachrichten verfolgen musst. Einmal im Jahr die neue Liste abrufen, dein Depot abgleichen, Rebalancing durchführen – fertig.

So einfach kann professionelles Investieren sein.

Die Vorteile unserer Liste auf einen Blick

- **Mehr Breite, mehr Präzision:** Statt nur von 10 oder 15 fließen die Daten von 144 Top-Investoren ein.
- **Mehr Validität:** Je häufiger eine Aktie bei den Profis vorkommt, desto größer das Vertrauen in deren Qualität.
- **Weniger Aufwand:** Du bekommst die fertige Auswahl und kannst dich auf die Umsetzung konzentrieren.
- **Mehr Disziplin:** Keine Bauchentscheidungen, kein tägliches Trading, kein Stress.

Die Zahlen lügen nicht – mach es dir einfach

Warum bauen wir bei Lüddemann Investments die Liste auf Basis des Wissens von 144 Investoren und nicht nur 10 auf? Ganz einfach, weil das Wissen von vielen hier noch mehr Rendite bringen kann als das Wissen von wenigen, auch wenn es die Top-Investoren der Welt sind. Lass uns einmal genauer hinschauen: In der folgenden Aufstellung siehst du den Vergleich der Renditen der Equal-Weight-Methode von 10 Top-Investoren mit den Top-15-Aktien, die am häufigsten in den Portfolios der Superinvestoren auftauchen, und einmal mit der erweiterten Auswahl von ebenfalls 15 Aktien aus der Analyse von 144 der erfolgreichsten Investoren der Welt.

Diese Liste basiert auf echten 13F-Daten der SEC – also den offiziellen Offenlegungen, in welche Aktien die Profis ihr Geld stecken.

Und ja, auf den ersten Blick ist es vielleicht nur ein minimaler Unterschied bei der Rendite. Aber unterschätze das nicht. Ein paar Prozent mehr – Jahr für Jahr – können dich auf Dauer finanziell komplett in eine andere Liga bringen.

Ein wichtiger Zusatz an dieser Stelle:

Mit der Conviction-Weight-Methode auf Basis der Daten von 144 Superinvestoren wurde im Backtest eine durchschnittliche Rendite von 15,88 % pro Jahr erreicht.

Wie diese Conviction-Weight-Methode im Detail funktioniert und warum sie langfristig so wirkungsvoll ist, zeige ich dir im Bonus-Kapitel »Conviction Weight« noch mal genauer. Hier reicht eine Erkenntnis: Ein gutes System plus ein Prozent mehr macht auf lange Sicht einen enormen Unterschied.

Backtest der Top-Investoren

Stand: 11.12.2025

Jahr	Strategie Top 10 Investoren	Strategie Top 144 Investoren
2010	16,53 %	3,64 %
2011	–2,35 %	–4,75 %
2012	21,66 %	17,90 %
2013	30,18 %	30,65 %
2014	7,58 %	18,25 %
2015	–1,58 %	2,46 %
2016	10,31 %	14,57 %
2017	27,95 %	30,05 %
2018	–4,45 %	–0,61 %
2019	27,20 %	40,50 %
2020	34,40 %	20,86 %
2021	21,37 %	21,71 %
2022	–26,48 %	–21,34 %
2023	29,09 %	37,33 %
2024	35,27 %	27,43 %
2025	21,92 %	18,53 %
Rendite p.a.	**14,35 %**	**15,13 %**

WAS DU HEUTE UMSETZEN KANNST

Jetzt bist du dran: Die »Reich in 60 Minuten«-Strategie funktioniert nur, wenn du sie konsequent umsetzt. Die Daten, Backtests und Beispiele zeigen eindeutig, dass 15 sorgfältig ausgewählte Aktien ausreichen, um langfristig Vermögen aufzubauen, ohne stundenlang Charts zu studieren und ohne Spekulationen.

Lade dir die aktuelle Top-15-Liste herunter:

https://marioludedemann.com/bonus-reich-in-60-minuten

- Prüfe, ob dein Depot bereits optimal aufgestellt ist. Wenn nicht, richte es nach dieser Strategie aus.
- Verabschiede dich von unnötigen Bauchentscheidungen und setze stattdessen auf das System.
- Oder entscheide dich dafür, dein Depot selbst nach dem 7-Schritte-Umsetzungsplan aufzubauen, wenn du unsere Liste nicht nutzen möchtest.

Erinnere dich an diesen Grundsatz:

Es geht nicht darum, das nächste Meta zu finden.
Es geht darum, die richtigen Unternehmen
lange genug zu halten.

Wichtig ist: Halte dich an deinen Plan, bleib konsequent und überprüfe dein Depot einmal pro Jahr. Das ist alles, was du brauchst, um die volle Kraft dieser Strategie zu nutzen.

Hier zwei Beispiele, damit du noch mal schwarz auf weiß siehst, was möglich ist:

Startkapital 10.000 €

Laufzeit: 20 Jahre

Rendite	Depotwert
14,35 %	146.124,61 €
15,13 %	167.405,64 €

Sparplan: 200 € mtl.

Laufzeit: 20 Jahre

Rendite	Depotwert
14,35 %	245.361,06 €
15,13 %	270.147,82 €

KAPITEL 8

ENTSPANNT INVESTIEREN

Im letzten Kapitel hast du gesehen, wie viel Klarheit und Struktur in der Auswahl von nur 15 herausragenden Aktien steckt. Jetzt geht es darum, dass du diese Strategie auch langfristig gelassen durchhältst, ohne dich ständig verrückt machen zu lassen.

Denn Fakt ist: Nicht nur die Auswahl der Aktien entscheidet über deinen Erfolg, sondern auch dein Verhalten danach.

Genau hier scheitern die meisten Anleger. Sie reagieren auf jede Schlagzeile, jeden TikTok-Finanzguru, jede Empfehlung vom Schwager beim Grillen. Sie verwerfen gute Strategien, nur weil eine Aktie mal drei Wochen seitwärts läuft. Oder weil der Markt crasht – was er in gewissen Abständen immer tut.

Stell dir vor, du sitzt abends auf dem Sofa, scrollst durch Social Media und plötzlich poppen sie auf, die Horror- oder auch Geheimtipp-Meldungen:

»Crash-Warnung! Jetzt raus aus Aktien!«

»Geheimtipp: Diese Aktie wird sich verdoppeln!«

»Experte warnt: Das große Bankenbeben steht bevor!«

Dazu hast du noch die Stimme deines Kollegen aus der Mittagspause in den Ohren: »Ich hab gehört, Amazon ist durch, hast du deine Aktien schon verkauft?« Oder die deines Onkels auf dem Familienfest: »Ich setze ja jetzt voll auf Gold. Aktien sind mir zu heiß.« Erst neulich habe ich auf TikTok noch einen angeblichen Hedgefonds-Manager angezeigt bekommen, der in seinem Auto saß und sagte: »Alles verkaufen! Und in Gold anlegen. Sonst hast du bald gar nichts mehr.«

Kennst du solche Situationen? Willkommen im echten Anlegeralltag. Die schlechte Nachricht: Solche Reize werden nie aufhören. Die gute Nachricht: Wenn du die »Reich in 60 Minuten«-Strategie umsetzt, musst du darauf nicht mehr reagieren.

Die Fähigkeit, nicht zu handeln, wenn alle anderen nervös werden, ist einer der größten Erfolgsfaktoren beim Investieren.

Denn entspannt investieren heißt: Nicht ständig schauen zu müssen, wie deine Aktien stehen. Nicht ständig zwischen Tipps und vermeintlichen Aktien-Geheimtipps hin- und her navigieren. Sondern ein System haben, das auch dann für dich arbeitet, wenn du gerade im Urlaub bist, auf der Arbeit oder einfach keine Lust hast, Börsennews zu konsumieren.

Doch wann ist der richtige Zeitpunkt zu handeln und wann ist es besser, einfach nichts zu tun? Genau diese Frage beschäftigt viele Anlegerinnen und Anleger, vor allem dann, wenn sich im Außen gerade besonders viel bewegt. Die Börsen reagieren auf politische Entwicklungen, wirtschaftliche Daten, Social-Media-Diskussionen, geopolitische Krisen und noch vieles mehr. Und viele Investoren hören auf persönliche Empfehlungen selbst ernannter Experten aus dem eigenen Umfeld. Wer sich in solchen Momenten beeinflussen lässt – von Panik,

Euphorie oder gut gemeinten Ratschlägen –, verliert schnell die klare Linie und beginnt, das Fundament seiner Geldanlage zu untergraben.

Die »Reich in 60 Minuten«-Strategie wurde genau für diese Phasen entwickelt. Sie ist nicht nur ein Investmentsystem, sondern auch ein Schutzmechanismus gegen emotionale Fehlentscheidungen. Es ist absolut wichtig, dass du dich nicht vom äußeren Lärm beeinflussen lässt. Wenn du nämlich alle paar Wochen dein Depot umbaust, weil irgendein Experte in einem Interview eine neue Meinung äußert, wirst du langfristig verlieren. Nicht, weil du zu »dumm« bist, Informationen zu verarbeiten, sondern weil du kein System hast, das stärker ist als deine Emotionen.

Die Börse lebt von Bewegungen. Es wird immer Zeiten geben, in denen die Kurse stark schwanken, Medien einen Crash herbeischreiben, Freunde plötzlich alles in Gold investieren wollen oder neue Wunderaktien durchs Netz geistern. Genau dann zeigt sich, ob deine Strategie Substanz hat und ob du ihr vertraust. Die »Reich in 60 Minuten«-Strategie nimmt dir genau in diesen Momenten die Entscheidung ab. Du brauchst nicht zu raten, nicht zu spekulieren und nicht auf Gerüchte zu reagieren, denn du folgst einem klaren Procedere: Du investierst einmal im Jahr auf Basis harter Daten, gleich gewichtet, in 15 herausragende Unternehmen, die regelmäßig aktualisiert werden. Und dann lässt du das Kapital arbeiten.

Natürlich darfst du dich mit den Märkten beschäftigen, wenn du das möchtest. Aber du musst es nicht. Du darfst Finanznachrichten lesen, YouTube-Videos anschauen oder in Börsenforen stöbern. Doch das Entscheidende ist: Deine Investitionsentscheidungen sind davon nicht abhängig. Du hast bereits alles Wesentliche getan und musst nichts weiter tun, als dranzubleiben.

Ruhe ist ein Wettbewerbsvorteil.

Die meisten Investoren verlieren Geld nicht, weil sie eine schlechte Aktie gekauft haben, sondern weil sie eine gute Aktie zu früh verkauft haben, meist aus Angst, Unsicherheit oder Ungeduld. Mit deiner neuen Strategie lernst du, das auszuhalten. Du lernst, über Phasen hinaus zu denken, und zwar in Jahrzehnten, nicht in Tagen.

Deshalb lautet die wichtigste Regel in turbulenten Zeiten: Handle nicht aus dem Impuls heraus. Handle aus Prinzip. Und dein Prinzip ist deine Methode. Wenn du einmal im Jahr für 60 Minuten innehältst, dein Depot überprüfst und dich an die Regeln hältst, hast du bereits mehr getan als 95 Prozent aller Privatanleger und wirst langfristig dafür belohnt.

Wer dauernd handelt, macht vor allem eins: Verluste.

Denn laut einer Dalbar-Studie[79] aus den USA schneiden Privatanleger im Schnitt deutlich schlechter ab als der Markt, weil sie im falschen Moment kaufen und verkaufen. Warum? Sie folgen Emotionen, den Nachrichten oder »todsicheren« Tipps. Und steigen dann ein oder aus, wenn es gerade gar nicht sinnvoll ist.

Genau hier setzt unsere Strategie an. Sie ist wie ein Sicherheitsgurt gegen Aktionismus, denn sie basiert nicht auf Meinungen, sondern auf klaren Regeln:

→ Nur 1x im Jahr wird gehandelt.
→ Nur anhand der aktuellen Top-15-Liste.
→ Nur auf Basis von echten Unternehmenskennzahlen.

79 Gemäß dem aktuellen Quantitative Analysis of Investor Behavior (QAIB)-Bericht von Dalbar unterlag der durchschnittliche Aktienfondsanleger dem S&P 500 im Jahr 2023 um 5,5 Prozentpunkte. Andere Formen des Anlegerverhaltens – insbesondere emotionale Entscheidungen wie Panikverkäufe oder das Kaufen nach starken Kursgewinnen – werden als Hauptursachen für diese Unterperformance benannt. Quelle: dalbar.com.

Crashs? Gehören dazu.
Krisen? Werden überstanden.
Hypes? Lassen wir andere mitreiten.
»Geheimtipps«? Sind für dich ab sofort kein Thema mehr, denn du investierst nicht in Träume, sondern in bewiesene Qualität.

WAS DU TUN KANNST, WENN ES WIEDER LAUT WIRD

Wenn du das nächste Mal einen Panikpost liest oder dein Nachbar dir einen heißen Aktientipp geben will, dann atme kurz durch und stell dir drei Fragen:

- Ist diese Information relevant für meine Strategie?
- Ändert sich dadurch etwas an den Fundamentaldaten meiner 15 Aktien?
- Ist heute mein Rebalancing-Tag?

Wenn du alle drei Fragen mit Nein beantworten kannst – dann ist die Antwort klar: Tu nichts.

Du musst nicht gegen den Lärm ankämpfen. Du darfst ihn einfach ignorieren. Deine Strategie ist so konzipiert, dass sie dich gerade dann schützt, wenn andere nervös werden.

An der Börse gewinnt nicht der Schnellste,
sondern der Ruhigste.

Ich erinnere mich noch gut an einen Moment im Herbst 2022. Die Börsen standen unter Druck: hohe Inflation, Diskussionen um Gaslieferungen, Krieg in Europa. Die Medien überschlugen sich mit Negativmeldungen, und auch in meinem Umfeld war viel Unruhe zu spüren.

Ein befreundeter Unternehmer rief mich damals an. Er war völlig nervös, sprach davon, sein Depot aufzulösen, um »Schaden zu begrenzen«. Er hatte vor zwei Jahren begonnen, nach meiner Strategie zu investieren, zumindest teilweise. Aber er war nie wirklich konsequent geblieben. Stattdessen beobachtete er jeden Tag die Kurse, hörte auf Ratschläge aus dem Internet, ließ sich treiben von Meinungen und Prognosen.

Ich habe ihn nur gefragt: »Hast du die Unternehmen, in die du investiert bist, überprüft? Haben sie ihren Wettbewerbsvorteil verloren? Sind die Zahlen eingebrochen?« Er antwortete: »Nein, eigentlich nicht. Aber es ist halt gerade so unsicher.«

Und genau das ist der Punkt. Ich selbst hatte in dieser Phase auch Positionen im Minus, das gehört eben dazu. Aber ich habe nichts verändert. Keine Verkäufe, kein hektisches Rebalancing. Warum? Weil ich wusste: Die Unternehmen, in die ich investiert habe, waren keine Zufallsinvestitionen. Ich habe sie nach festen Kriterien ausgewählt. Und solange sich an der Substanz nichts ändert, ändere ich auch nichts an meiner Strategie.

Ein paar Monate später waren die Kurse wieder gestiegen. Mein Depot hatte sich erholt, und mein Unternehmerfreund musste teuer zurückkaufen, was er zuvor in Panik verkauft hatte.

Das war für mich ein weiteres Mal die Bestätigung: Wer die »Reich in 60 Minuten«-Strategie wirklich versteht und umsetzt, braucht keine täglichen Kurs-Updates, keine Tipps aus Facebook-Gruppen und keine hektischen Reaktionen auf den Nachrichtenticker. Entscheidend ist, dass du ein solides System hast und dann diszipliniert dabeibleibst. Gerade dann, wenn es draußen stürmt.

In den letzten drei Jahrzehnten habe ich so ziemlich jede erdenkliche Krise an den Märkten miterlebt: den Zusammenbruch der Dotcom-Blase zur Jahrtausendwende, die Anschläge vom 11. September, die weltweite Finanzkrise 2008, die Coronapandemie – ganz zu schweigen von zahllosen politischen und wirtschaftlichen Turbulenzen, von Kriegen bis hin zu Energieengpässen.

Und weißt du was? In all diesen Phasen bin ich nie panisch ausgestiegen. Nicht ein einziges Mal.

Warum? Weil ich eines früh verstanden habe: Die täglichen Schlagzeilen mögen laut sein, aber sie sind selten hilfreich, wenn du dein Vermögen langfristig aufbauen willst.

Mein Fokus lag nie auf dem, was kurzfristig für Aufregung sorgt. Ich habe stattdessen gelernt, mich auf das zu konzentrieren, was wirklich zählt: die Fundamentaldaten der Unternehmen. Ich lese keine hektischen Marktberichte, sondern die Geschäftsberichte. Ich verfolge keine Meinungen auf Social Media, sondern schaue mir an, ob ein Unternehmen seine Umsätze und Gewinne stabil entwickelt, ob es einen klaren Wettbewerbsvorteil hat, ob es solide wirtschaftet.

Diese Haltung – ruhig bleiben, wenn andere die Nerven verlieren – ist ein zentraler Bestandteil meiner »Reich in 60 Minuten«-Strategie. Denn wenn du Aktien von hervorragenden Unternehmen besitzt, die langfristig wachsen und Gewinne erzielen, dann brauchst du keine Angst vor einem Kursrückgang zu haben.

Natürlich ist es nicht immer leicht. Auch bei mir gab es Phasen, in denen mein Depot im Minus war – teilweise deutlich. Aber genau in diesen Zeiten zahlt sich die Disziplin aus. Denn die Statistik zeigt klar: Wer in den schlechtesten Tagen verkauft, verpasst oft auch die besten Tage. Und wer einfach investiert bleibt, wird in der Regel belohnt.

Meine Strategie:

→ Tägliche Nachrichten ignorieren
→ Jahresberichte lesen, keine Schlagzeilen
→ Fokus auf das große Ganze

Es geht nicht darum, die Zukunft vorherzusagen. Es geht darum, langfristig die richtigen Unternehmen zu halten.

Deshalb: Wenn du dir sicher sein willst, dass du auf dem richtigen Weg bist, dann folge keiner Schlagzeile, sondern dem System.

Die »Reich in 60 Minuten«-Strategie entkoppelt dein Handeln von äußeren Reizen. Sie ersetzt Hektik durch Klarheit. Und sie funktioniert genau deswegen so gut, weil du nur einmal im Jahr aktiv wirst und dazwischen einfach nicht auf jede Marktbewegung reagieren musst.

Im nächsten Kapitel schauen wir uns an, was alles in einem Jahr passieren kann und warum du trotzdem entspannt bleiben darfst.

WAS TUN, WENN ALLES CRASHT?

Es ist menschlich, in Krisenzeiten Angst zu haben. Wenn die Kurse fallen, die Medien Panik verbreiten und selbst im Freundeskreis hektische Gespräche über Finanzkrisen, Kriege oder Inflationen geführt werden, geraten viele Menschen in einen emotionalen Ausnahmezustand. Die reflexhafte Reaktion vieler ist dann: raus aus dem Markt, weg vom Risiko, hin zur vermeintlichen Sicherheit. Doch genau das ist langfristig der teuerste Fehler.

Ich habe, wie ich dir bereits berichtet habe, in den letzten drei Jahrzehnten jede Art von Crash erlebt. Die Dotcom-Blase im Jahr 2000, 9/11, die Finanzkrise 2008, Corona, den Ukrainekrieg, geopolitische Schocks. All das wirkt bedrohlich, ist aber historisch betrachtet nichts Neues. Jedes Mal hieß es: »Jetzt ist es anders«, »Jetzt stürzt alles ein«, »Jetzt wird alles schlimmer als je zuvor«. Und jedes Mal erholte sich der Markt wieder. Nicht sofort. Aber immer.

Ich hatte Leute in meinen Workshops, die wollten mitten im Ukrainekrieg alles verkaufen, weil die Medien durchgedreht sind. Aber ich habe ihnen gesagt: Bleibt ruhig, das ist genau der Moment, wo andere verlieren und ihr gewinnen könnt.

In meinem Depot habe ich in keiner dieser Phasen panisch verkauft. Warum? Weil ich eine Strategie habe. Und weil ich weiß: In solchen Phasen werden Vermögen nicht zerstört, sondern aufgebaut. Es ist kein Zufall, dass gerade in Crashphasen reiche Investoren kaufen, während die breite Masse verkauft. Bitte denke immer daran: Die Aktienmärkte schwanken und Investitionen in Aktien solltest du immer langfristig planen. Halte immer Reserven bereit. So kannst du ggf. im Crash nachkaufen.

LANGFRISTIGKEIT FÜHLT SICH NICHT IMMER GUT AN

Und jetzt möchte ich noch mit einem Irrglauben aufräumen. Viele Menschen glauben, Investieren müsse sich immer gut anfühlen. Aber das tut es nicht. Langfristiges Investieren bedeutet, durchzuhalten, auch wenn es unangenehm ist. Ich erinnere mich an Wochen, in denen ich über 30 Prozent im Minus war und nichts getan habe. Genau das war im Rückblick die beste Entscheidung. Die Kunst besteht darin, in solchen Momenten nicht zu handeln, sondern sich an das System zu halten.

Die Märkte schlagen aus. Mal stärker, mal weniger stark. Aber langfristig kehrt immer Ruhe ein. Wer dabeibleibt, wird belohnt. Wer aussteigt, verpasst die Erholung.

SO BLEIBST DU RUHIG, WENN ANDERE DIE NERVEN VERLIEREN

Wohlhabende Menschen müssen nicht mehr auf jeden Trend reagieren. Sie denken in Dekaden, nicht in Quartalen. Sie wissen, dass Märkte schwanken. Sie wissen aber auch, dass sich Qualität durchsetzt.

Und genau deshalb funktioniert unsere »Reich in 60 Minuten«-Strategie auch so gut. Sie basiert auf Qualität. Auf Unternehmen, die nicht vom Zufall leben, sondern konstant liefern. Die die starken Marken, großen Margen und robusten Geschäftsmodelle besitzen. Unternehmen, die auch in der Krise noch Geld verdienen – oder sogar gestärkt aus ihr hervorgehen.

Die große Frage ist natürlich: *Wie schaffst du es, in all dem Trubel ruhig zu bleiben? Wie gelingt es dir, rational zu handeln, wenn die Märkte verrücktspielen?*

Die Antwort liegt in der Regelhaftigkeit der »Reich in 60 Minuten«-Strategie.

Denn was dir in Krisen Halt gibt, ist nicht ein »gutes Gefühl«, sondern ein klares System. Du brauchst keine täglichen Nachrichten, keine Wirtschaftsstudien und auch keine Kristallkugel. Was du brauchst, ist ein strukturierter Fahrplan, den du *einmal jährlich* umsetzt und dann laufen lässt.

Die »Reich in 60 Minuten«-Strategie ist dein Sicherheitsgurt auf der Achterbahn der Börse. Sie funktioniert, wenn du ihr vertraust und sie konsequent anwendest. Ich reite deshalb so auf diesem Thema herum, weil ich täglich sehe, welche Fehler Menschen machen, die ihr Vermögen aufbauen wollen. Ich erinnere mich noch gut an das Frühjahr 2020. Die Märkte stürzten ab, überall Panik. Ich bekam jeden Tag Mails von Menschen, die wissen wollten, ob sie jetzt alles verkaufen sollen. Ich saß damals in meinem Büro, draußen war Lockdown, drinnen liefen die Ticker rot. Und weißt du, was ich gemacht habe? Nichts. Ich habe mir einen Kaffee gekocht, tief durchgeatmet und mein Depot überprüft: lauter Qualitätsaktien. Unternehmen mit Cashflow, Markenwert und Burggraben. Ich wusste, dass sie wieder aufstehen würden, weil sie es immer tun.

WAS DU HEUTE UMSETZEN KANNST

In turbulenten Zeiten sind drei Dinge entscheidend. Sie unterscheiden erfolgreiche Anleger von Mitläufern, Profis von Panikern, und sie helfen dir, den Kurs zu halten, auch wenn die Märkte schwanken. Die folgenden Prinzipien und Fragen sollen dir dabei helfen, ruhig, klar und strategisch zu bleiben.

SYSTEM SCHLÄGT EMOTION

Wenn du die »Reich in 60 Minuten«-Strategie anwendest, musst du nicht bei jeder Schlagzeile neu entscheiden. Du hast einen Fahrplan: Deine Top-15-Liste ist geprüft und belastbar, egal, ob du sie selbst nach der Anleitung aus diesem Buch ermittelt hast oder als Abkürzung unsere Liste nutzt.

Dein Rebalancing findet einmal im Jahr statt.

Deine Positionen sind gleich gewichtet, und du bleibst investiert.

Denk noch mal darüber nach:

- Habe ich ein System, das mich trägt, oder reagiere ich noch spontan?
- Kenne ich meinen nächsten Investment-Zeitpunkt (zum Beispiel Rebalancing-Termin)?
- Weiß ich, was ich tue – oder lasse ich mich von Meinungen treiben?

Wenn du kein System hast, hast du Emotionen – und die kosten dich Geld.

PERSPEKTIVE STATT PANIK

Ein Crash wirkt in dem Moment wie ein Weltuntergang. Doch wenn du zurückblickst – auf die Dotcom-Krise, die Finanzkrise 2008, Corona –, dann erkennst du: Es waren Rücksetzer, keine Endpunkte. Die Kurse brechen ein, die Nerven liegen blank, doch langfristige Charts zeigen: Märkte kommen zurück. Wer bleibt, gewinnt. Das zeigt die Börsengeschichte.

***Dow Jones – 120 Jahre Börsengeschichte auf einen Blick*[80]**

Was du hier siehst, ist kein gewöhnlicher Chart. Das ist die Geschichte des Dow Jones, des ältesten Aktienindex[81] der Welt. Seit seiner Einführung 1896 zeigt er, wie stark Unternehmen und Wirtschaft über Jahrzehnte wachsen können.

Damals startete der Dow Jones mit gerade einmal 12 Industrieaktien, darunter Firmen wie General Electric oder American Cotton Oil. Heute

80 Quelle: Tradingview

81 Aktienindex ist eine Kennzahl, die die Wertentwicklung einer Gruppe von Aktien zusammenfasst. Er zeigt, wie sich ein Markt oder ein bestimmter Sektor insgesamt entwickelt.

umfasst er 30 der größten US-Unternehmen – von Apple über Microsoft bis Coca-Cola. Und obwohl sich die Zusammensetzung ständig verändert hat, zeigt der Trend klar: Innovation, Anpassung und Disziplin zahlen sich aus.

Jede große Krise ist hier sichtbar: der Crash von 1929, die Ölkrise in den 1970ern, die Dotcom-Blase, die Finanzkrise 2008, Corona. Und doch: Nach jedem Einbruch kam ein neues Hoch.

Wenn du also doch einmal beim Check deiner Aktien panisch wirst, dann:

Denk noch mal darüber nach:

- Schaue ich auf kurzfristige Kurven oder auf langfristige Entwicklungen?
- Welche Krise habe ich (vielleicht sogar mehrfach) überstanden?
- Welche Aktie habe ich irgendwann einmal nicht gekauft und bereue es heute noch?

ANTIZYKLISCHES DENKEN TRAINIEREN

Wenn alle verkaufen, ist deine Zeit zu handeln. Nicht impulsiv, sondern strategisch.

Frag dich nicht: Wie fühlt es sich an?

Frag dich: Was sagt mein System? Ist das Unternehmen wirklich weniger wert geworden oder ist das nur die aktuelle Stimmung? Meist ist das Unternehmen nicht schlechter, der Kurs ist nur günstiger.

Denk noch einmal nach:
- Habe ich schon einmal zu früh verkauft und es später bereut?
- Was würde Mario jetzt tun? Emotionen ausschalten und Zahlen sprechen lassen!

Wenn du diese Fragen für dich beantwortest, wirst du merken: Du brauchst keine Panik, keine dauernden Nachrichten-Updates, keine neuen »Geheimtipps«. Du brauchst nur Klarheit, Vertrauen in dein System und Disziplin.

Dein nächster Schritt:
Wenn der Markt crasht oder du nervös wirst, dann halte jetzt inne. Atme tief durch. Lies dir deine Regeln noch einmal durch. Und erinnere dich daran, warum du investierst: für deine Zukunft. Nicht für die nächste Schlagzeile.

Dein neuer Glaubenssatz:

»Ich lasse mich nicht mehr stressen.
Ich weiß, mein System funktioniert,
und ich bleibe konsequent dabei.«

Meine wichtigsten Lehren aus Börsenkrisen:

- »Wer verkauft, wenn's kracht, verpasst den Aufschwung.«
- »Nach jedem Rückschlag kam eine Phase der Outperformance.«
- »Die echten Gewinne entstehen in der Zeit, in der du NICHTS tust.«

Ich erinnere mich an 2008: Alle sprachen vom großen Crash, ich habe gekauft. Heute weiß ich, dass das einer meiner größten Hebel in Richtung Erfolg war.

Wenn du der Strategie vertraust, brauchst du dem Lärm draußen keine Aufmerksamkeit mehr zu schenken.

Bevor wir nun gleich zu den deutlichen Zahlen kommen, die dir zeigen werden, wie gut die »Reich in 60 Minuten«-Strategie funktioniert, möchte ich dich an etwas erinnern: Strategien entstehen nicht im Rückspiegel, sie beweisen sich auf der Straße. Und genau das hast du jetzt in der Hand. Du hast verstanden, worum es wirklich geht: Struktur statt Stress, Ruhe statt Aktionismus, System statt Zufall.

Wenn du dich an deine Regeln hältst, wirst du sehen, dass Märkte sich ständig verändern, doch Prinzipien bleiben. Die »Reich in 60 Minuten«-Strategie ist kein kurzfristiger Trick, sondern dein langfristiger Begleiter.

Und jetzt wird's konkret. Denn nach all den Prinzipien, Regeln und Beispielen kommt der Moment, auf den jeder Investor wartet: Was hat das System in der Praxis wirklich gebracht?

Im folgenden Kapitel habe ich also nun die Backtesting-Ergebnisse der »Reich in 60 Minuten«-Strategie nach der Lüddemann-Liste mit einigen Erläuterungen für dich. Ich hoffe, du erkennst: Zahlen müssen nicht langweilig sein.

BACKTESTING-ERGEBNISSE DER »REICH IN 60 MINUTEN«-STRATEGIE NACH DER LÜDDEMANN-LISTE

Papier ist geduldig. Zahlen sprechen eine klare Sprache. Nun weißt du alles über die »Reich in 60 Minuten«-Strategie. Wie versprochen, hier nun die Backtesting-Ergebnisse aus den letzten 15 Jahren, damit du schwarz auf weiß siehst, was möglich ist:

DAS JAHR 2010 – EIN TURBULENTER START IN DIE NEUE DEKADE

DURCHSCHNITTLICHE RENDITE IM BACKTEST: 5,10 PROZENT

Nr.	Aktie	Ticker	Rendite
1	Pfizer	PFE	0,54 %
2	Microsoft	MSFT	–6,53 %
3	Bank of America	BAC	–11,17 %
4	Johnson & Johnson	JNJ	–0,58 %
5	WalMart	WMT	3,23 %
6	Wells Fargo	WFC	15,62 %
7	Exxon Mobil	XOM	10,14 %
8	Conoco Phillips	COP	38,80 %
9	Anthem	ANTM	–2,45 %
10	JP Morgan Chase	JPM	2,30 %
11	Merck	MRK	2,86 %
12	American Express	AXP	7,83 %
13	HP	HPQ	–17,67 %
14	Philip Morris International	PM	27,20 %
15	Cisco Systems	CSCO	–15,50 %

2010 war ein Jahr, das eindrucksvoll zeigte, wie eng Politik, Märkte und Psychologie miteinander verwoben sind. Nach der Finanzkrise 2008/09 schien die Welt kurz durchzuatmen – doch die Ruhe war trügerisch.

Euro-Schuldenkrise und Griechenland: Die Staatsschuldenkrise in Europa brachte die Finanzmärkte erneut ins Wanken. Griechenland musste mit massiven Sparauflagen leben, nachdem es gemeinsam mit der EU und dem IWF ein milliardenschweres Rettungspaket geschnürt hatte. Die Angst vor einem Flächenbrand war groß, weshalb internationale Entscheidungsträger im Mai einen Rettungsfonds über rund 1 Billion US-Dollar auflegten, um das Vertrauen in die Stabilität des Euroraums zu sichern (*Quelle: Reuters*).

Flash Crash und Regulierung: Am 6. Mai 2010 kam es zum sogenannten *Flash Crash*: Der Dow Jones verlor innerhalb weniger Minuten fast 1000 Punkte und erholte sich ebenso schnell wieder. Auslöser war ein computergesteuerter Verkaufsalgorithmus, der eine Kettenreaktion im Hochfrequenzhandel auslöste (*Quelle: Reuters*). Das war ein Weckruf für die Aufsicht: Der Markt war längst technischer, als vielen bewusst war.

Geldpolitik (QE2): Die US-Notenbank startete das zweite große Anleihekaufprogramm (*Quantitative Easing 2*) und pumpte 600 Milliarden US-Dollar in langfristige Staatsanleihen, um die Wirtschaft zu stabilisieren (*Quelle: Reuters*).

Aktien im Fokus:

ConocoPhillips – Disziplin statt Größenwahn

Der Öl- und Gaskonzern senkte 2010 seine Investitionen um 12 Prozent auf rund 11 Milliarden US-Dollar und kündigte den Verkauf von Vermögenswerten im Wert von 10 Milliarden US-Dollar an, um Schulden zu reduzieren und die Bilanz zu stärken (*Quelle: Reuters*). Analysten sahen das als Zeichen von Management-Disziplin – ein Unternehmen, das lieber solide wirtschaftet, statt blindem Wachstum hinterherzulaufen.

Philip Morris International – Streit mit Uruguay, stark im Geschäft

Der Tabakkonzern verklagte Uruguay vor dem Schiedsgericht der Weltbank (ICSID) wegen strenger Anti-Tabak-Gesetze (*Quelle: Reuters*). Gleichzeitig meldete PMI robuste Quartalsergebnisse – die Aktie stieg nach der Veröffentlichung um 2,7 Prozent. Ein Beispiel dafür, dass selbst rechtliche Turbulenzen solide Zahlen nicht aus der Spur bringen.

Wells Fargo – Gebühr statt Gratismentalität

Wells Fargo führte 2010 für Neukunden eine monatliche Kontogebühr von 5 US-Dollar ein, nachdem neue Regulierungen Überziehungsgebühren begrenzten (*Quelle: Reuters*). Bestandskunden waren nicht betroffen. Ein früher Hinweis darauf, wie Banken Ertragsquellen schützen, wenn sich die Spielregeln ändern.

2010 war kein Jahr für Helden, sondern für Strategen. Wer ruhig geblieben ist und an Qualität festgehalten hat, musste nichts retten – der hat einfach weiter Rendite gemacht.

DAS JAHR 2011 – ERSCHÜTTERUNGEN AUF ALLEN EBENEN

DURCHSCHNITTLICHE RENDITE IM BACKTEST: –2,96 PROZENT

Nr.	Aktie	Ticker	Rendite
1	Microsoft	MSFT	–4,52 %
2	Johnson & Johnson	JNJ	9,89 %
3	Pfizer	PFE	29,06 %
4	Exxon Mobil	XOM	18,71 %
5	Citigroup	C	–44,33 %
6	WalMart	WMT	13,87 %
7	Apple	AAPL	25,56 %
8	HP	HPE	–37,88 %
9	Merck	MRK	–9,54 %
10	Bank of America	BAC	–58,13 %
11	Berkshire Hathaway	BRK.B	–4,76 %
12	Cisco Systems	CSCO	–9,63 %
13	JP Morgan Chase	JPM	–19,97 %
14	Conoco Phillips	COP	10,95 %
15	Wells Fargo	WFC	–9,54 %

2011 war ein Jahr, das zeigte, wie sensibel die Märkte auf Unsicherheit reagieren – politisch, wirtschaftlich und emotional. Nach einem kurzen Aufschwung 2010 schlug die Realität zurück: Schulden, Naturkatastrophen und politische Machtspiele bestimmten die Schlagzeilen.

US-Haushaltsstreit und Bonitätsherabstufung: Im Sommer stritten Demokraten und Republikaner monatelang über die Anhebung der US-Schuldengrenze. Das Ergebnis: ein politisches Tauziehen, das das Vertrauen der Investoren massiv erschütterte. Im August stufte Standard & Poor's[82] die Kreditwürdigkeit der USA erstmals in der Geschichte von AAA auf AA+ herab – ein Schock für die Finanzwelt und ein kurzfristiger Auslöser für heftige Kursverluste (*Quelle: Reuters*).

Eurokrise und Japan-Katastrophe: Die Schuldenkrise in Europa weitete sich aus – Griechenland, Portugal und Italien gerieten unter Druck. Gleichzeitig erschütterten das schwere Erdbeben und der Tsunami in Japan im März 2011 die Weltwirtschaft. Lieferketten brachen ein, Produktionsstandorte fielen aus, und Anleger suchten Sicherheit in Gold und Staatsanleihen (*Quelle: Reuters*).

Aktien im Fokus:

Apple – Führungswechsel und iPhone-Erfolg

Im August trat Steve Jobs als CEO zurück – eine Nachricht, die den Aktienkurs kurzfristig um fast 3 Prozent einbrechen ließ und rund 10 Milliarden US-Dollar an Börsenwert vernichtete (*Quelle: The Guardian*). Doch schon wenige Wochen später drehte die Stimmung: Das im Oktober veröffentlichte iPhone 4S verkaufte sich binnen drei Tagen

82 Standard & Poor's (S&P) ist eine der weltweit führenden Ratingagenturen mit Sitz in New York. Sie bewertet die Kreditwürdigkeit von Staaten und Unternehmen anhand von Bonitätsnoten (Ratings), die das Risiko eines Zahlungsausfalls widerspiegeln.

vier Millionen Mal – ein klarer Beweis, dass Apple auch ohne Jobs weiterliefern konnte (*Quelle: Reuters*).

Pfizer – Patentverlust mit Plan

Für Pfizer endete im November eine Ära: Das Patent für Lipitor, das meistverkaufte Cholesterinmedikament der Welt, lief aus. Trotz der drohenden Konkurrenz durch Generika erhöhte das Unternehmen seine Gewinnprognose und setzte auf Wachstumsmärkte sowie eine starke Kundenbindung während der 180-Tage-Exklusivphase (*Quelle: Reuters*). Ein Beispiel dafür, dass kluge Planung selbst in Umbruchphasen Stabilität schafft.

2011 war das Jahr, in dem die Welt Kopf stand – politisch, wirtschaftlich und emotional. Wer da nicht panisch wurde, sondern ruhig blieb und Qualität hielt, hat den wahren Sinn von Langfristigkeit verstanden – trotz negativer Zahlen.

DAS JAHR 2012 – VERTRAUEN KEHRT ZURÜCK

DURCHSCHNITTLICHE RENDITE IM BACKTEST: +18,53 PROZENT

Nr.	Aktie	Ticker	Rendite
1	Microsoft	MSFT	5,84 %
2	Johnson & Johnson	JNJ	10,83 %
3	Pfizer	PFE	20,66 %
4	Apple	AAPL	32,59 %
5	Exxon Mobil	XOM	4,72 %
6	WalMart	WMT	16,97 %
7	Bank of America	BAC	109,83 %
8	Wells Fargo	WFC	27,37 %
9	Conoco Phillips	COP	19,99 %
10	Cisco Systems	CSCO	11,60 %
11	HP	HPQ	–43,11 %
12	JP Morgan Chase	JPM	36,18 %
13	Berkshire Hathaway	BRK.B	17,56 %
14	Alphabet	GOOGL	9,52 %
15	Intel	INTC	–12,03 %

2012 war das Jahr, in dem die Zuversicht zurückkam – zumindest ein Stück weit. Nach Jahren der Unsicherheit schafften es Politik und Notenbanken, den Märkten wieder Halt zu geben. Der Euro stand auf der Kippe, die USA rangen mit ihrer Schuldenpolitik, und trotzdem kehrte das Vertrauen langsam zurück.

Eurokrise und »Whatever it takes«: Im Juli sorgte ein einziger Satz für Erleichterung an den Finanzmärkten. EZB-Präsident Mario Draghi versprach, die Notenbank werde »alles Notwendige tun«, um den Euro zu retten, und fügte hinzu: »Glauben Sie mir, es wird genug sein« (*Quelle: Reuters*). Diese Worte wirkten stärker als jedes Rettungspaket: Die Risikoaufschläge für südeuropäische Staatsanleihen fielen, Investoren atmeten auf, und die Börsen erholten sich sichtbar.

US-Fiskalklippe: In den USA drehte sich alles um die drohende *Fiscal Cliff* – eine Kombination aus Steuererhöhungen und Ausgabenkürzungen, die zum Jahresende drohten. Ende Dezember kam Bewegung in die festgefahrenen Haushaltsverhandlungen, was die Aktienmärkte beflügelte. Der S&P 500[83] schloss das Jahr mit einem Plus von 13,4 Prozent ab – das Vertrauen in die US-Wirtschaft war zurück (*Quelle: Reuters*).

Weitere Themen: Trotz anhaltender Rezession in Europa, politischer Unsicherheiten in den USA und schwacher globaler Nachfrage blieben die Märkte stabil. Anleger honorierten Unternehmen mit klaren Bilanzen und berechenbarem Wachstum.

---

83 Der S&P 500 (Standard & Poor's 500) ist der bekannteste Aktienindex der Welt. Er umfasst die 500 größten börsennotierten US-Unternehmen, gemessen an Marktkapitalisierung, Liquidität und Branchenrepräsentanz.

Aktien im Fokus:

Bank of America – das große Comeback

Nach Jahren der Krise meldete sich die Bank of America eindrucksvoll zurück. Die Finanztitel im S&P 500 legten über 26 Prozent zu, und die Bank of America verdoppelte ihren Aktienkurs im Jahresverlauf, was sie zum besten Dow-Jones-Wert des Jahres machte (*Quelle: Reuters*). Ein klares Signal: Wer 2012 Mut hatte, wurde belohnt.

JPMorgan – der »London Whale«

Nicht alle Banken kamen unbeschadet durchs Jahr. JPMorgan verlor durch eine riskante Derivatewette[84], den berüchtigten *»London Whale«*, rund 2 Milliarden US-Dollar, was den Börsenwert um etwa 13 Milliarden US-Dollar schrumpfen ließ. Aufsichtsbehörden leiteten Untersuchungen ein, und Ratingagenturen reagierten prompt mit Herabstufungen (*Quelle: The Guardian*).

Wells Fargo – Rekordgewinn, aber Druck auf die Marge

Wells Fargo meldete im dritten Quartal einen Rekordgewinn von 4,9 Milliarden US-Dollar, getrieben durch boomende Hypothekengeschäfte. Doch die sinkenden Zinsmargen sorgten für Unsicherheit, und der Kurs reagierte mit einem Dämpfer (*Quelle: Reuters*). Erfolg ja – aber nicht ohne Wermutstropfen.

---

*2012 hat gezeigt: Manchmal reicht ein einziger Satz,
um Märkte zu drehen – aber am Ende zählt,
wer nach den Worten auch liefert.*

---

84 Derivatewette bezeichnet den spekulativen Einsatz von Finanzderivaten – also Verträgen, deren Wert sich von einem Basiswert (zum Beispiel Aktie, Index, Rohstoff oder Zins) ableitet. Solche Geschäfte ermöglichen es, auf steigende oder fallende Kurse zu setzen, ohne den Basiswert selbst zu besitzen.

DAS JAHR 2013 – DAS VERTRAUEN KEHRT MIT MACHT ZURÜCK
DURCHSCHNITTLICHE RENDITE IM BACKTEST: +31,55 PROZENT

Nr.	Aktie	Ticker	Rendite
1	Microsoft	MSFT	44,28 %
2	Johnson & Johnson	JNJ	34,62 %
3	Apple	AAPL	8,06 %
4	Wells Fargo	WFC	36,71 %
5	Exxon Mobil	XOM	20,14 %
6	American International	AIG	45,21 %
7	Alphabet	GOOGL	58,43 %
8	Bank of America	BAC	34,51 %
9	Berkshire Hathaway	BRK.B	32,17 %
10	Citigroup	C	31,84 %
11	Cisco Systems	CSCO	16,72 %
12	Pfizer	PFE	26,45 %
13	WalMart	WMT	18,71 %
14	JP Morgan Chase	JPM	36,71 %
15	Oracle	ORCL	15,68 %

2013 war das Jahr, in dem die Märkte endgültig wieder Fahrt aufnahmen. Nach Jahren der Krisenstimmung kehrten Zuversicht und Risikofreude zurück, auch wenn die Notenbanken weiterhin das Steuer fest in der Hand hielten.

Taper Tantrum: Im Mai sorgte ein einziger Halbsatz von Fed-Chef Ben Bernanke[85] für Turbulenzen. Er deutete an, das milliardenschwere Anleihekaufprogramm der US-Notenbank allmählich zurückzufahren, und löste damit das berüchtigte »*Taper Tantrum*« aus. US-Zinsen schossen nach oben, der S&P 500 fiel kurzfristig um 8 Prozent und besonders die Schwellenmärkte[86] litten unter Kapitalabflüssen (*Quelle: Reuters*). Doch die Panik hielt nicht lange an: Die Märkte erholten sich rasch, weil klar wurde, dass die US-Wirtschaft stabil genug war, um auf eigenen Beinen zu stehen.

Themen des Jahres:

2013 war geprägt von der Debatte um den Ausstieg aus der ultralockeren Geldpolitik. Während Europa noch mit den Folgen der Schuldenkrise rang, zeigten USA und China solides Wachstum. Anleger begannen wieder, stärker auf Unternehmensgewinne zu achten und weniger auf die Notenbank.

Aktien im Fokus:

Google/Alphabet – Kurs über 1000 US-Dollar

Im Oktober meldete Google beeindruckende Quartalszahlen und übertraf sämtliche Erwartungen. Die Aktie schoss um 13,8 Prozent nach oben – erstmals über die magische Marke von 1000 US-Dollar.

---

85 Ben S. Bernanke war von 2006 bis 2014 Vorsitzender der US-Notenbank (Federal Reserve). Unter seiner Führung steuerte die Fed durch die Finanzkrise von 2008 / 2009 und leitete außergewöhnliche Maßnahmen ein, darunter die Senkung der Leitzinsen auf nahezu null und das sogenannte Quantitative Easing – den großangelegten Ankauf von Staats- und Hypothekenanleihen zur Stabilisierung der Finanzmärkte.

86 Schwellenmärkte (Engl. *Emerging Markets*) bezeichnen Volkswirtschaften, die sich in der Übergangsphase zwischen Entwicklungs- und Industrieländern befinden. Sie zeichnen sich durch überdurchschnittliches Wirtschaftswachstum, wachsende Mittelschichten und zunehmende Integration in den Welthandel aus.

Damit trieb das Unternehmen den Nasdaq[87] auf ein neues Allzeithoch (*Quelle: Reuters*). Für viele Investoren war das ein Symbol: Die Internetgiganten waren endgültig gekommen, um zu bleiben.

Microsoft – CEO-Rücktritt bringt Aufwind

Im August kündigte Steve Ballmer überraschend seinen Rücktritt als CEO an. Die Aktie reagierte mit einem Sprung von 7 Prozent, weil Anleger auf eine Neuausrichtung in Richtung Cloud-Computing und mehr Innovationskraft hofften (*Quelle: Reuters*). Eine neue Ära zeichnete sich ab, und sie begann mit einem Paukenschlag.

AIG[88] – zurück im Privatsektor

Nach der Finanzkrise galt AIG als Inbegriff des systemischen Risikos. 2012 verkaufte das US-Finanzministerium schließlich seine letzten Anteile für 7,6 Milliarden US-Dollar – mit einem Gewinn von insgesamt 22,7 Milliarden US-Dollar (*Quelle: Reuters*). Dank Beteiligungsverkäufen und besserer Versicherungsgewinne hatte AIG die Grundlage für Stabilität gelegt. 2013 war das Jahr, in dem das Vertrauen endgültig zurückkehrte – auch in den Finanzsektor.

2013 war das Jahr, in dem die Märkte gelernt haben, wieder zu atmen. Wer in Panik verkauft hat, weil die Notenbank ein paar Worte geändert hat, hat das Spiel nicht verstanden. Trends ändern sich – Disziplin bleibt.

---

87 Der *Nasdaq-100-Index* ist ein Aktienindex, der die 100 größten und liquidesten Nicht-Finanzunternehmen umfasst, die an der US-Technologiebörse Nasdaq gelistet sind. Er bildet vor allem Technologie-, Kommunikations-, Konsum- und Biotech-Konzerne ab und gilt als wichtigster Indikator für die Entwicklung des globalen Technologiesektors.

88 AIG steht für **American International Group, Inc.**, einen der weltweit größten Versicherungskonzerne mit Sitz in New York.

DAS JAHR 2014 – WANDEL MIT RÜCKENWIND

DURCHSCHNITTLICHE RENDITE IM BACKTEST: +18,02 PROZENT

Nr.	Aktie	Ticker	Rendite
1	Microsoft	MSFT	27,54 %
2	Alphabet	GOOGL	–5,67 %
3	Apple	AAPL	39,24 %
4	Johnson & Johnson	JNJ	17,34 %
5	Oracle	ORCL	18,98 %
6	Wells Fargo	WFC	24,09 %
7	Exxon Mobil	XOM	–6,07 %
8	Bank of America	BAC	15,73 %
9	Berkshire Hathaway	BRK.B	26,64 %
10	Citigroup	C	3,92 %
11	Cisco Systems	CSCO	27,91 %
12	American International	AIG	10,73 %
13	Intel	INTC	44,30 %
14	WalMart	WMT	11,86 %
15	PepsiCo	PEP	17,26 %

2014 war ein Jahr voller Gegensätze: geopolitische Spannungen, der Ölpreis im freien Fall und gleichzeitig neue Rekordstände an den Aktienmärkten. Die Anleger hatten gelernt, Turbulenzen auszuhalten. Während Krisen früher Schockwellen auslösten, sah man sie nun als Kaufchance.

Ende der US-Anleihekäufe: Die Federal Reserve begann, ihr Anleihekaufprogramm schrittweise zu reduzieren. Im April erreichte der Dow Jones trotzdem ein neues Rekordhoch, obwohl die US-Wirtschaft zu Jahresbeginn wetterbedingt geschwächelt hatte. Die Botschaft war klar: Die Märkte trauten der Wirtschaft zu, aus eigener Kraft weiterzuwachsen (*Quelle: Reuters*).

Rohstoff-Crash: Der Ölpreis halbierte sich in nur wenigen Monaten, nachdem die OPEC[89] sich im November entschied, die Produktion trotz Überangebots nicht zu senken. Für Energie- und Schwellenmarktaktien war das ein Schock, aber für Verbraucher und Industrie eine Entlastung (*Quelle: Reuters*).

Geopolitik: Die Annexion der Krim durch Russland sorgte im März für heftige Kursausschläge und eine Flucht in sichere Häfen wie den US-Dollar und Staatsanleihen. Trotzdem blieben die Märkte erstaunlich stabil – ein Zeichen für die wiedererstarkte Risikotoleranz der Anleger.

Aktien im Fokus:

Intel – der PC ist nicht tot

Zu Jahresbeginn kündigte Intel an, 5 Prozent der Belegschaft abzubauen – die Aktie fiel um 2,6 Prozent (*Quelle: Reuters*). Doch die Wende kam schneller als gedacht: Der PC-Markt stabilisierte sich, das Datencenter-Geschäft boomte, und im Juli überraschte Intel mit einem star-

89 OPEC steht für Organization of the Petroleum Exporting Countries (Organisation erdölexportierender Länder).

ken Ausblick. Ein Aktienrückkauf über 20 Milliarden US-Dollar ließ die Aktie um 7 Prozent steigen – auf ein Zehnjahreshoch (*Quelle: Reuters*). Ein Paradebeispiel für Disziplin im Wandel.

Apple – der iPhone-6-Effekt

Mit der Einführung des iPhone 6 und 6 Plus startete Apple den nächsten Produktzyklus. Schon am ersten Verkaufswochenende gingen über 10 Millionen Geräte über den Ladentisch, ein neuer Rekord (*Quelle: Reuters*). Analysten erwarteten ein starkes Weihnachtsquartal, und Apple zeigte einmal mehr, wie stark Markentreue in Gewinne übersetzt wird.

Berkshire Hathaway – Rekorde und clevere Deals

Im August überschritt die Berkshire-Hathaway-Class-A-Aktie erstmals die Marke von 200.000 US-Dollar, gestützt durch einen Rekordgewinn von 6,4 Milliarden US-Dollar (*Quelle: Reuters*). Im November tauschte Warren Buffett dann seine Procter-&-Gamble-Anteile gegen Duracell, ein Steuertrick, mit dem er über 1 Milliarde US-Dollar sparte. Sowohl Berkshire als auch P&G notierten auf einem Allzeithoch.

2014 war ein Jahr, das gezeigt hat: Märkte steigen nicht, weil alles perfekt ist, sie steigen, weil die Starken ruhig bleiben, während andere nervös werden. Und genau da liegt die Rendite.

DAS JAHR 2015 – DIE RÜCKKEHR DER SCHWANKUNG

DURCHSCHNITTLICHE RENDITE IM BACKTEST: +6,03 PROZENT

Nr.	Aktie	Ticker	Rendite
1	Microsoft	MSFT	22,70 %
2	Wells Fargo	WFC	1,85 %
3	Berkshire Hathaway	BRK.B	−12,06 %
4	Alphabet	GOOGL	46,60 %
5	Apple	AAPL	−3,02 %
6	American International	AIG	12,16%
7	Citigroup	C	−4,08 %
8	Exxon Mobil	XOM	−12,76 %
9	Cisco Systems	CSCO	0,62 %
10	Mastercard	MA	13,80 %
11	Oracle	ORCL	−17,63 %
12	Bank of America	BAC	−4,78 %
13	Johnson & Johnson	JNJ	1,16 %
14	Visa	V	18,97 %
15	WalMart	WMT	−26,64 %

2015 war ein Jahr zwischen Euphorie und Ernüchterung. Nach Jahren stetigen Aufschwungs meldete sich die Volatilität eindrucksvoll zurück. Märkte, die lange nur eine Richtung kannten – nach oben –, wurden wieder nervös. Trotzdem: Wer diszipliniert blieb, wurde am Ende belohnt.

China-Crash und Volatilität: Im Sommer erschütterte der Einbruch der chinesischen Aktienmärkte die Weltbörsen. Der Shanghai Composite Index[90] verlor an einem einzigen Tag 9 Prozent, und der Dow Jones eröffnete daraufhin mit einem Minus von über 1000 Punkten. Die Schwankungsindizes[91] schossen nach oben (*Quelle: Reuters*). Es war eine Erinnerung daran, dass Märkte auch nach Jahren der Ruhe jederzeit kippen können.

Erste US-Zinserhöhung seit 2006: Im Dezember hob die Federal Reserve unter Janet Yellen erstmals seit fast einem Jahrzehnt die Leitzinsen an – auf 0,25 bis 0,50 Prozent (*Quelle: Federalreserve.gov*). Der Schritt markierte das Ende der Nullzinsära in den USA. Die Börsen reagierten mit gemischten Gefühlen: Erleichterung über die wirtschaftliche Stärke – aber auch Respekt vor der neuen Unsicherheit.

Themen des Jahres: Die EZB startete im Januar ein gewaltiges Staatsanleihekaufprogramm über 60 Milliarden Euro pro Monat, um Deflation zu bekämpfen und die Eurozone zu stabilisieren. Während Europa auf Stimulus setzte, begann Amerika, die Zinsen zu normalisieren. Zwei Welten, ein Markt.

Aktien im Fokus:

Alphabet (Google) – Premiere für Rückkäufe

2015 war das Jahr, in dem Google zur Holding Alphabet wurde und erstmals ein Aktienrückkaufprogramm ankündigte. Unerwartet gute Ergebnisse, angetrieben durch YouTube und mobile Werbung, ließen die Aktie

---

90 Der Shanghai Composite Index ist der Hauptaktienindex der Volksrepublik China. Er bildet die Kursentwicklung aller an der Börse Shanghai (Shanghai Stock Exchange) gelisteten Aktien ab – sowohl staatlicher Großunternehmen als auch privater Konzerne.

91 Schwankungsindizes messen, wie stark die Märkte voraussichtlich schwanken werden. Sie gelten als »Angstbarometer« der Börse: Steigen sie, rechnen Anleger mit größeren Bewegungen; fallen sie, erwarten sie ruhigere Märkte.

nachbörslich[92] um 9 Prozent steigen (*Quelle: Reuters*). Der Konzern bewies, dass er nicht nur innovativ, sondern auch aktionärsfreundlich denken kann.

Microsoft – die Cloud hebt ab

Mit der klaren Neuausrichtung auf Cloud-Services unter Satya Nadella kam der große Erfolg: Zum neunten Mal in Folge übertraf Microsoft die Erwartungen. Im Oktober stieg die Aktie um über 10 Prozent – auf den höchsten Stand seit 15 Jahren (*Quelle: Reuters*). Die neue Segmentstruktur (»Productivity & Business Processes«, »Intelligent Cloud«, »More Personal Computing«) zeigte, wohin die Reise geht: weniger Windows, mehr Zukunft.

Visa – Konsumboom und Aktiensplit

Ein starkes Weihnachtsgeschäft und explodierende E-Commerce-Umsätze sorgten für glänzende Zahlen. Visa übertraf die Erwartungen, kündigte einen 4:1-Aktiensplit[93] an, woraufhin die Aktie nachbörslich um 4 Prozent zulegte (*Quelle: Reuters*). Das Konsumverhalten blieb robust, und Visa kassierte an jeder Transaktion mit.

2015 hat wieder gezeigt: Märkte sind keine Einbahnstraße. Wer sich von jedem Rücksetzer verrückt machen lässt, verpasst die Erholung. Volatilität ist nur ein anderes Wort für Gelegenheit.

---

92 Nachbörslich bezeichnet den Handel außerhalb der regulären Börsenzeiten.

93 Ein Aktiensplit bezeichnet die Aufteilung einer bestehenden Aktie in mehrere neue Aktien, ohne dass sich der Gesamtwert des Unternehmens oder die Marktkapitalisierung ändern. Ziel ist es, den Kurs pro Aktie zu senken und die Handelbarkeit zu erhöhen. Beispiel: Bei einem 1:10-Split werden aus einer Aktie im Wert von 1000 Euro zehn Aktien zu je 100 Euro. Der Anteil des Anlegers am Unternehmen bleibt unverändert. Aktiensplits werden häufig von Unternehmen mit stark gestiegenen Kursen durchgeführt, um die Aktie für breitere Anlegerkreise attraktiver zu machen.

DAS JAHR 2016 – ÜBERRASCHUNGEN ALS NORMALZUSTAND

DURCHSCHNITTLICHE RENDITE IM BACKTEST: +13,29 PROZENT

Nr.	Aktie	Ticker	Rendite
1	Microsoft	MSFT	15,07 %
2	Alphabet	GOOGL	1,86 %
3	Apple	AAPL	12,48 %
4	Wells Fargo	WFC	4,67 %
5	Bank of America	BAC	33,33 %
6	Johnson & Johnson	JNJ	15,32%
7	Berkshire Hathaway	BRK.B	23,43 %
8	Pfizer	PFE	4,68 %
9	Visa	V	1,37 %
10	Cisco Systems	CSCO	15,19 %
11	American Express	AXP	8,57 %
12	Citigroup	C	15,91 %
13	JP Morgan Chase	JPM	34,57 %
14	Mastercard	MA	6,91 %
15	Intern. Business Machines	IBM	25,19 %

2016 war das Jahr, in dem Anleger endgültig lernten, mit dem Unerwarteten zu leben. Erst der Brexit, dann die Wahl von Donald Trump: zwei Ereignisse, die vermeintlich Chaos bringen sollten, aber am Ende neue Aufwärtstrends auslösten. Es war ein Paradebeispiel dafür, dass Märkte Emotionen blitzschnell einpreisen und dann zur Tagesordnung übergehen.

Brexit-Schock: Am 23. Juni stimmten die Briten für den Austritt aus der Europäischen Union. Die Folge: Das britische Pfund fiel auf ein 31-Jahres-Tief, und weltweit wurden rund 2 Billionen US-Dollar an Börsenwert ausgelöscht (*Quelle: Reuters*). Doch die Panik währte nur kurz – der FTSE 100[94] erholte sich schneller als erwartet, auch weil viele britische Konzerne global aufgestellt waren. Ein klassisches Beispiel dafür, wie Märkte zunächst übertreiben und dann wieder auf Fundamentales schauen.

Trump-Wahl: Die US-Präsidentschaftswahl im November begann mit einem Schockmoment: Futures[95] stürzten ab, der Peso fiel, doch schon am nächsten Tag drehten die Kurse. Anleger setzten auf Steuersenkungen, Deregulierung und Infrastrukturprogramme, und der Dow Jones erreichte neue Höchststände (*Quelle: Reuters*).

OPEC-Kürzungen: Nach acht Jahren Stillstand einigten sich die OPEC-Staaten Ende November auf eine Produktionskürzung von 1,2 Millionen Barrel pro Tag. Der Ölpreis sprang sofort um über 10 Prozent. Damit kam Bewegung in eine Branche, die jahrelang unter Preisdruck stand.

---

94 Der FTSE 100 (Financial Times Stock Exchange 100 Index) ist der führende Aktienindex des Vereinigten Königreichs.

95 Futures sind Verträge über zukünftige Käufe oder Verkäufe. Käufer und Verkäufer vereinbaren dabei schon heute, einen bestimmten Vermögenswert – zum Beispiel Öl, Gold oder einen Aktienindex – zu einem festgelegten Preis und zu einem bestimmten Zeitpunkt in der Zukunft zu handeln. Solche Verträge können genutzt werden, um sich gegen Preisschwankungen abzusichern oder um auf Kursbewegungen zu spekulieren.

Aktien im Fokus:

JPMorgan Chase – Kosten runter, Gewinne rauf

Dank Kostendisziplin und sinkender Rechtskosten meldete JPMorgan ein unerwartet gutes Quartalsergebnis. Nach der US-Zinserhöhung rechnete das Management mit einem Zinsüberschuss von 2 Milliarden US-Dollar, und die Aktie stieg um 3,5 Prozent (*Quelle: Reuters*). Es war der Beweis, dass konservatives Bankmanagement wieder Rendite bringen kann.

Bank of America – Brexit hilft beim Bond-Handel[96]

Das Brexit-Votum sorgte nicht nur für Unsicherheit, sondern auch für Bewegung an den Anleihemärkten, und genau davon profitierte die Bank of America. Der Gewinn im dritten Quartal stieg um 6,6 Prozent, die Handelsumsätze im Anleihegeschäft legten sogar um 39 Prozent zu.

Johnson & Johnson – Pharma als Wachstumsmotor

Mit Medikamenten wie Imbruvica und Xarelto gelang J&J 2016 ein starkes Jahr. Im Juli hob das Unternehmen seine Umsatz- und Gewinnprognose an, die Aktie erreichte ein neues Rekordhoch (*Quelle: Reuters*). Der Pharmabereich wuchs um 8,9 Prozent und zeigte Stabilität mit Wachstum, genau das, was Anleger lieben.

2016 hat gezeigt: Prognosen sind nett, aber Märkte entscheiden anders. Wer auf die Schlagzeilen reagiert, verliert. Wer auf die Fundamentaldaten schaut, bleibt ruhig, und genau das bringt Rendite.

---

96 Bonds sind festverzinsliche Anleihen – also Schuldscheine von Staaten oder Unternehmen. Beim Bond-Handel werden diese Anleihen gekauft und verkauft. Banken verdienen daran, wenn viel Bewegung im Markt ist, etwa durch Zinsänderungen oder politische Ereignisse, weil dann mehr Kunden Anleihen handeln oder sich absichern wollen.

DAS JAHR 2017 – DAS PERFEKTE BÖRSENJAHR

DURCHSCHNITTLICHE RENDITE IM BACKTEST: +31,47 PROZENT

Nr.	Aktie	Ticker	Rendite
1	Microsoft	MSFT	40,72 %
2	Alphabet	GOOGL	32,93 %
3	Apple	AAPL	48,48 %
4	Bank of America	BAC	35,67 %
5	Johnson & Johnson	JNJ	24,40 %
6	Visa	V	47,17 %
7	Wells Fargo	WFC	13,19 %
8	Cisco Systems	CSCO	31,27 %
9	Facebook	FB	53,38 %
10	JP Morgan Chase	JPM	26,73 %
11	Oracle	ORCL	24,93 %
12	American Express	AXP	36,20 %
13	Comcast	CMCSA	17,44 %
14	Pfizer	PFE	16,13 %
15	Qualcomm	QCOM	2,03 %

2017 war das, was Börsianer ein »*Goldilocks-Jahr*« nennen – nicht zu heiß, nicht zu kalt, einfach perfekt. Die Weltwirtschaft brummte, die Unternehmensgewinne sprangen an, und gleichzeitig blieben Inflation und Zinsen niedrig. Das Ergebnis: ein Traumjahr für Anleger mit steigenden Kursen, minimaler Volatilität und einem Rekord nach dem anderen.

Goldilocks und globale Stärke: Weltweit legten Aktien im Schnitt rund 20 Prozent zu (*Quelle: Reuters*). Die Volatilität fiel auf Rekordtiefs, und wer investiert blieb, hatte kaum etwas zu befürchten. Es war eines dieser seltenen Jahre, in denen fast alles funktionierte, egal ob Tech, Industrie oder Finanzen.

US-Steuerreform: Die Pläne von Präsident Donald Trump, die Unternehmenssteuern drastisch zu senken, lösten eine regelrechte Rallye an der Wall Street aus. Banken und Einzelhändler zählten zu den größten Gewinnern. Im Dezember erreichte der Dow Jones neue Allzeithochs (*Quelle: Reuters*).

Themen: Trotz populistischer Risiken verliefen die Wahlen in Frankreich und den Niederlanden unspektakulär, die Märkte reagierten erleichtert. Besonders die großen Technologiewerte dominierten die Gewinne – die sogenannte »FAANG«-Gruppe (Facebook, Apple, Amazon, Netflix, Google) trieb die Indizes in ungeahnte Höhen.

Aktien im Fokus:

Facebook (heute Meta Platforms) – Werbemacht im Quadrat
Ein Gewinnsprung von 71 Prozent im zweiten Quartal und ein 50-Prozent-Anstieg der mobilen Werbeerlöse hievten die Aktie auf ein Rekordhoch von 175 US-Dollar (*Quelle: Reuters*). Der Börsenwert stieg um 27 Milliarden US-Dollar, und Analysten überboten sich mit höheren Kurszielen. Facebook war zu diesem Zeitpunkt nicht einfach ein soziales Netzwerk – sondern die größte Werbemaschine der Welt.

Microsoft – die Cloud trägt das Wachstum

Der Umsatz mit Azure wuchs um 89 Prozent, Office 365 florierte, und die Aktie legte zweistellig zu (*Quelle: Reuters*). Microsoft hatte sich endgültig neu erfunden – vom Software-Giganten zum Cloud-Pionier. Die Basis für die All-Time-Highs 2018 war gelegt.

American Express – mehr Umsatz, mehr Vertrauen

Ein 8-Prozent-Anstieg der Kartenausgaben bescherte AmEx einen unerwartet hohen Quartalsgewinn. Die Aktie stieg nachbörslich um 2,3 Prozent (*Quelle: Business Insider*). Das Unternehmen setzte gezielt auf Prämienprogramme und Kundenbindung – mit Erfolg.

2017 war das Jahr, in dem man fast nichts falsch machen konnte. Aber genau das ist die größte Gefahr: Wenn alles läuft, wird man leichtsinnig. Ich sag's mal so – an der Börse ist Demut oft der beste Schutz vor Übermut.

JAHR 2018 – RÜCKSCHLÄGE UND LEKTIONEN

DURCHSCHNITTLICHE RENDITE IM BACKTEST: +0,12 PROZENT

Nr.	Aktie	Ticker	Rendite
1	Microsoft	MSFT	20,80 %
2	Alphabet	GOOGL	–0,80 %
3	Apple	AAPL	–5,39 %
4	Visa	V	16,48 %
5	Comcast	CMCSA	–12,74 %
6	Wells Fargo	WFC	–21,82 %
7	Bank of America	BAC	–14,98 %
8	Facebook	FB	–25,71 %
9	Johnson & Johnson	JNJ	–5,14 %
10	Amazon	AMZN	28,43 %
11	Mastercard	MA	25,32 %
12	Oracle	ORCL	–2,97 %
13	Alibaba	BABA	–20,51 %
14	Cisco Systems	CSCO	16,57 %
15	JP Morgan Chase	JPM	–6,65 %

2018 war das Jahr, in dem viele Anleger merkten, dass die Börse eben doch keine Einbahnstraße ist. Nach dem Traumjahr 2017 folgte die Realität – Handelskonflikte, Zinserhöhungen und eine nervöse Wall Street. Die Märkte schwankten so stark wie seit Jahren nicht mehr.

Handelskonflikt und Unsicherheit: Der eskalierende Handelsstreit zwischen den USA und China sorgte das ganze Jahr über für Schlagzeilen und Kursrückgänge. Vor allem Technologieaktien litten unter den drohenden Zöllen. Auch Sorgen über ein nachlassendes globales Wachstum und die Aussicht auf weitere US-Zinserhöhungen belasteten die Stimmung (*Quelle: Reuters*).

Volatilität kehrt zurück: Nach Jahren der Ruhe meldete sich die Schwankung zurück: Die monatliche Volatilität im S&P 500 sprang von 7 Prozent im Vorjahr auf 21 Prozent. Im Dezember kam es zu einem abrupten Einbruch – der schlimmste Jahresausklang seit der Finanzkrise. Trotzdem blieb der Gesamtrückgang überschaubar (*Quelle: Reuters*).

Themen: Während die Fed weiter die Zinsen anhob, suchten Anleger Orientierung. Das Jahr endete nervös, aber nicht katastrophal, ein Beweis dafür, dass selbst Nullrendite manchmal ein Erfolg ist, wenn man das Kapital schützt.

Aktien im Fokus:

Amazon – der Billionenmoment

Am 4. September 2018 knackte Amazon als zweites börsennotiertes Unternehmen weltweit die Marke von 1 Billion US-Dollar Marktkapitalisierung. Der Kurs erreichte kurzzeitig 2050 US-Dollar (*Quelle: The Guardian*). Mit 178 Milliarden US-Dollar Umsatz im Vorjahr zeigte Jeff Bezos, was Skalierung bedeutet – vom Buchladen zum globalen System.

Microsoft – Cloud bleibt Wachstumstreiber

Ein starkes Quartal ließ die Aktie im Juli um 5 Prozent auf ein Rekordhoch steigen. Die Azure-Umsätze legten erneut um 89 Prozent zu, und auch Office 365 wuchs zweistellig (*Quelle: Reuters*). Microsoft war endgültig in der Cloud-Zukunft angekommen und bewies, dass Disziplin in der Transformation Dividenden zahlt.

Mastercard – mit Konsum und E-Commerce im Rückenwind

2018 war ein solides Jahr für Mastercard: Steigendes Zahlungsvolumen in allen Regionen, wachsender Online-Handel und Investitionen in Betrugsprävention sowie B2B-Zahlungslösungen sorgten für Stabilität. Auch in turbulenten Phasen floss der digitale Zahlungsverkehr weiter, und mit jeder Transaktion verdiente Mastercard mit.

2018 hat mich daran erinnert: Stabilität ist kein Stillstand, sondern die Kunst, in unruhigen Zeiten ruhig zu bleiben. Null Prozent Rendite sind manchmal besser, als in der Panik die falsche Entscheidung zu treffen.

DAS JAHR 2019 – COMEBACK DES OPTIMISMUS
DURCHSCHNITTLICHE RENDITE IM BACKTEST: +42,17 PROZENT

Nr.	Aktie	Ticker	Rendite
1	Microsoft	MSFT	57,57 %
2	Alphabet	GOOGL	28,18 %
3	Apple	AAPL	88,97 %
4	Facebook	FB	56,57 %
5	Wells Fargo	WFC	21,41 %
6	Visa	V	43,32 %
7	Bank of America	BAC	46,16 %
8	Comcast	CMCSA	34,04 %
9	Amazon	AMZN	23,03 %
10	JP Morgan Chase	JPM	47,27 %
11	Johnson & Johnson	JNJ	16,21 %
12	Mastercard	MA	59,16 %
13	Alibaba	BABA	54,74 %
14	UnitedHealth Group	UNH	19,99 %
15	Berkshire Hathaway	BRK.B	10,93 %

2019 war das Jahr, in dem die Börsen ihre schlechte Laune aus dem Vorjahr endgültig abschüttelten. Handelskrieg, Rezessionsangst, Brexit – all das schien plötzlich keine Rolle mehr zu spielen, als die Märkte in eine der stärksten Jahresendrallyes der Dekade übergingen. Die Weltwirtschaft wuchs moderat, die Notenbanken unterstützten, und Anleger entdeckten wieder ihre Risikofreude.

Phase-1-Handelsabkommen: Nach monatelangen Drohgebärden und Strafzöllen einigten sich die USA und China Ende des Jahres auf ein Teilabkommen. Die Aussicht auf Entspannung trieb die Märkte nach oben. Weltaktien erzielten ihr bestes Jahr seit 2009 mit einem Plus von 24 Prozent (*Quelle: Reuters*). Die Stimmung drehte von Skepsis zu Erleichterung.

Zinswende und Rezessionsängste: Im Sommer war die Zinskurve in den USA vorübergehend »auf den Kopf gestellt« – ein typisches Warnzeichen für eine mögliche Abschwächung der Wirtschaft. Doch statt in Panik zu verfallen, senkte die US-Notenbank Federal Reserve die Zinsen dreimal und gab damit den Märkten neuen Auftrieb. (Quelle:Reuters)

Brexit-Wahl und globale Entspannung: Die klare Wahlnacht in Großbritannien im Dezember 2019 brachte Gewissheit – der Brexit würde kommen, aber geordnet. Das Vertrauen in europäische Märkte stabilisierte sich: ein versöhnlicher Abschluss eines turbulenten Jahrzehnts.

Aktien im Fokus:

Apple – Services und Wearables treiben den Rekord

2019 brachte Apple die iPhone-11-Generation auf den Markt und überraschte mit Rekorden außerhalb des Kerngeschäfts. Die Erlöse aus Services und Wearables (AirPods, Apple Watch) stiegen rasant. Damit bewies Apple, dass Markenstärke weit über Hardware hinausgeht. Die Aktie legte über das Jahr deutlich zu und zementierte Apples Rolle als Cash-Maschine des Marktes.

Alibaba Group – Konsumriese trotz Konflikt

Trotz des Handelsstreits zwischen den USA und China schrieb Alibaba weiter Wachstumsgeschichte. Der Singles' Day[97] brachte erneut Rekordumsätze, und sowohl Cloud als auch E-Commerce wuchsen zweistellig. Alibaba blieb ein Symbol für den wachsenden asiatischen Konsum, unbeeindruckt von politischen Schlagzeilen.

Facebook (Meta) – Kritik von außen, Stärke von innen

Zwar sorgten Datenschutz- und Wettbewerbsverfahren immer wieder für Schlagzeilen, doch das Werbegeschäft blieb ungebrochen stark. Die Aktie schwankte, blieb aber auf Wachstumskurs: ein weiteres Beispiel dafür, dass starke Geschäftsmodelle kurzfristige Stürme aushalten.

2019 war der Beweis: Märkte steigen nicht, weil alles perfekt ist sondern weil sie mit weniger Negativem rechnen als gedacht. Wer auf die Panik hört, verpasst die Rallye. Wer auf die Daten schaut, bleibt investiert.

---

97 Der Singles' Day ist ein chinesischer Onlineshopping-Feiertag, der jedes Jahr am 11. November (11/11) stattfindet.

DAS JAHR 2020 – DER CRASH, DER KEINER BLIEB

DURCHSCHNITTLICHE RENDITE IM BACKTEST: +22,70 PROZENT

Nr.	Aktie	Ticker	Rendite
1	Microsoft	MSFT	42,53 %
2	Alphabet	GOOGL	30,85 %
3	Facebook	FB	33,09 %
4	Wells Fargo	WFC	–41,66 %
5	Amazon	AMZN	76,26 %
6	Alibaba	BABA	9,73 %
7	Apple	AAPL	81,37 %
8	Berkshire Hathaway	BRK.B	2,37 %
9	Comcast	CMCSA	19,16 %
10	Visa	V	17,13 %
11	UnitedHealth Group	UNH	21,20 %
12	Bank of America	BAC	–11,62 %
13	Bank of New York Mellon	BK	–12,91 %
14	Walt Disney	DIS	25,27 %
15	Mastercard	MA	20,17 %

2020 begann wie ein normales Börsenjahr und endete im Ausnahmezustand. Die Coronapandemie ließ die Weltwirtschaft binnen Wochen stillstehen, Aktienmärkte stürzten ab, Panik machte sich breit. Doch kaum jemand hätte geahnt, dass dieser historische Einbruch sich ebenso spektakulär wieder erholen würde. Es war das Jahr, in dem Anleger lernten: Selbst der schlimmste Crash ist nur temporär, wenn genug Cash fließt.

COVID-19-Crash: Am 16. März 2020 verlor der S&P 500 über 12 Prozent, der MSCI World rund 10 Prozent – einer der heftigsten Tagesverluste der Börsengeschichte (*Quelle: Reuters*). Die Pandemie legte ganze Volkswirtschaften lahm. Produktionsketten brachen ein, Flüge wurden gestrichen, Städte abgeriegelt. Binnen weniger Wochen fiel der S&P 500 um fast 35 Prozent – die schnellste Baisse[98] aller Zeiten.

Geld- und Fiskalpakete: Dann folgte die Gegenreaktion – die Federal Reserve senkte im März die Zinsen auf 0 bis 0,25 Prozent und kündigte Anleihekäufe[99] im Volumen von mindestens 700 Milliarden US-Dollar an (*Quelle: Federalreserve.gov*). Parallel beschlossen Regierungen weltweit gigantische Hilfspakete – in Summe Billionenbeträge. Damit war klar: Niemand würde die Märkte fallen lassen.

Erholung: Bereits im April starteten die Börsen durch. Der Glaube an Impfstoffe, digitale Geschäftsmodelle und die massive Liquiditätsflut trieben eine Rallye an, die kaum jemand erwartet hatte. Aus dem Corona-Crash wurde der wohl schnellste Bullenmarkt[100] der Geschichte.

---

98 Eine Baisse bezeichnet eine längere Phase fallender Aktienkurse an der Börse. Das Gegenteil davon ist eine Hausse, also ein anhaltender Aufwärtstrend.

99 Anleihekäufe sind Käufe von Staats- oder Unternehmensanleihen durch Zentralbanken, um die Wirtschaft zu stützen. Durch diese Käufe sinken die Zinsen, Kredite werden günstiger, und die Geldmenge im Umlauf steigt.

100 Ein Bullenmarkt bezeichnet eine längere Phase steigender Kurse an der Börse. Der Begriff stammt vom Bild des Bullen, der mit seinen Hörnern von unten nach oben stößt – so wie die Kurse nach oben drängen. Er steht für Optimismus, Wachstum und starkes Anlegervertrauen.

Aktien im Fokus:

Apple – der Pandemie-Gewinner

Während viele Branchen kollabierten, boomte das Homeoffice-Geschäft. iPads, Macs und Wearables verkauften sich besser denn je. Mit dem iPhone 12, dem ersten 5G-Modell, setzte Apple noch einen drauf. Im August überschritt das Unternehmen als erstes der Welt die Marke von 2 Billionen US-Dollar Marktkapitalisierung – ein Meilenstein der Börsengeschichte.

Microsoft – die neue Normalität läuft über Teams

Mit dem globalen Wechsel ins Homeoffice wurde Microsoft Teams zum Synonym für digitale Zusammenarbeit. Gleichzeitig explodierten die Umsätze im Gaming-Bereich und in der Cloud. Die Aktie erreichte neue Rekordstände. Microsoft war einer der großen Profiteure der neuen, vernetzten Arbeitswelt.

Alphabet (Google) – vom Werberückgang zur Datenmacht

Im Frühjahr brachen die Werbeerlöse ein. Viele Unternehmen kürzten ihre Budgets. Doch schon im zweiten Halbjahr kehrte das Wachstum zurück. YouTube und Cloud-Services wurden zu Stabilisatoren, und Alphabet bewies, dass Daten, Skalierung und Innovation auch in der Krise funktionieren.

2020 war ein Lehrstück: Panik verkauft am Tief, Geduld kauft am Boden. Wer in der Krise ruhig blieb, wurde reich belohnt und hat verstanden, dass Angst der teuerste Indikator an der Börse ist.

JAHR 2021 – EUPHORIE NACH DEM AUSNAHMEJAHR

DURCHSCHNITTLICHE RENDITE IM BACKTEST: +23,13 PROZENT

Nr.	Aktie	Ticker	Rendite
1	Microsoft	MSFT	52,48 %
2	Facebook	FB	23,13 %
3	Amazon	AMZN	2,38 %
4	Alphabet	GOOGL	65,30 %
5	Bank of America	BAC	49,58 %
6	Visa	V	–0,32 %
7	Comcast	CMCSA	–2,22 %
8	Wells Fargo	WFC	61,12 %
9	Apple	AAPL	34,65 %
10	Walt Disney	DIS	–14,51 %
11	Alibaba	BABA	–48,96 %
12	Berkshire Hathaway	BRK.B	28,95 %
13	UnitedHealth Group	UNH	45,21 %
14	JP Morgan Chase	JPM	27,73 %
15	Mastercard	MA	1,16 %

Nach dem Corona-Schock kam der Aufschwung – und wie! 2021 war ein Jahr, in dem die Börsen scheinbar nur eine Richtung kannten: aufwärts. Trotz Pandemie, Lieferengpässen und Inflation kletterten die Kurse von Rekord zu Rekord. Anleger glaubten wieder an Wachstum, Konsum und den digitalen Wandel. Es war ein Jahr der Zuversicht, manchmal auch des Übermuts.

Rekordjagd und Meme-Aktien: Der S&P 500 legte um 27 Prozent zu und erreichte 70 Allzeithochs – ein Rekordjahr (*Quelle: Reuters*). Gleichzeitig trieben Kleinanleger über Foren wie Reddit Aktien wie GameStop[101] oder AMC[102] in absurde Höhen. Diese sogenannte Meme-Stock-Bewegung wurde zum Symbol einer neuen Anlegergeneration: jung, digital, risikofreudig. Parallel sorgten Lieferengpässe und Nachfrageboom für Inflationsdruck, während neue Virusvarianten die Welt in Atem hielten (*Quelle: Reuters*).

US-Wirtschaftsboom: Die amerikanischen Unternehmen meldeten ein Gewinnwachstum von über 45 Prozent – ein historischer Wert (*Quelle: Reuters*). Trotz dieser Stärke hielten die Notenbanken die Zinsen niedrig. Erst zum Jahresende wurden erste Signale einer geldpolitischen Straffung[103] erkennbar.

101 GameStop (GME) ist eine US-amerikanische Einzelhandelskette für Videospiele, Konsolen und Zubehör.

102 AMC Entertainment (AMC) ist die größte Kinokette der USA.

103 Straffere Geldpolitik bedeutet, dass eine Zentralbank beginnt, die Zinsen zu erhöhen oder weniger Geld in den Umlauf zu bringen, um die Inflation zu bremsen. Das macht Kredite teurer, dämpft Konsum und Investitionen und kühlt so die Wirtschaft gezielt ab.

Aktien im Fokus:

Wells Fargo – Aufräumen nach den Skandalen

Nach Jahren voller Schlagzeilen setzte Wells Fargo 2021 alles auf Stabilität. Kosten senken, Kreditgeschäft stärken, Vertrauen zurückgewinnen, das war die Devise. Die Aktie profitierte von der Bankenrallye und der Rückkehr zu soliden Dividendenzahlungen. Ein klassischer Comeback-Wert in einem Umfeld steigender Zinsen.

UnitedHealth Group – Gesundheit auf Wachstumskurs

Mit ihrer Datensparte Optum und dem Ausbau der Medicare-Mitgliedschaften erzielte UnitedHealth Rekordgewinne. Die Prognosen wurden mehrfach angehoben – ein Beweis dafür, wie gut die Kombination aus Technologie, Daten und Gesundheitsdienstleistungen funktioniert.

Berkshire Hathaway – Rückkäufe und Rekorde

Warren Buffett hielt sich mit neuen Käufen zurück, setzte stattdessen auf eigene Aktienrückkäufe, und das im großen Stil. Die Beteiligungen in Banken und Energie zahlten sich aus, und der Jahresgewinn erreichte ein Rekordniveau. Berkshire blieb der ruhende Pol in einem Markt voller Spekulation.

2021 war das Jahr, in dem jeder glaubte, ein Börsengenie zu sein. Meme-Stocks, Bitcoin, Tech – alles schien zu fliegen. Aber frei nach Buffett gilt: Am Ende zählen nicht Likes oder Hypes, sondern Cashflows und Disziplin.

DAS JAHR 2022 – TURBULENZEN UND SCHOCKS
DURCHSCHNITTLICHE RENDITE IM BACKTEST: -23,32 PROZENT

Nr.	Aktie	Ticker	Rendite
1	Microsoft	MSFT	–28,02 %
2	Amazon	AMZN	–49,62 %
3	Alphabet	GOOGL	–39,09 %
4	Meta	FB	–64,22 %
5	Comcast	CMCSA	–28,69 %
6	Berkshire Hathaway	BRK.B	3,31 %
7	Visa	V	–3,39 %
8	UnitedHealth Group	UNH	6,95 %
9	Apple	AAPL	–26,40 %
10	Johnson & Johnson	JNJ	5,97 %
11	Wells Fargo	WFC	–11,88 %
12	Alibaba	BABA	–25,84 %
13	Walt Disney	DIS	–43,91 %
14	Mastercard	MA	–2,66 %
15	JP Morgan Chase	JPM	–12,61 %

Nach Jahren des Aufschwungs kehrte 2022 die Schwerkraft an die Börsen zurück. Krieg, Inflation und Zinswende beendeten den Traum vom »ewigen Bullenmarkt«. Es war ein Jahr, das Anleger Demut lehrte und zeigte, dass selbst die besten Strategien Durststrecken kennen.

Kriegs- und Inflationsschock: Mit dem russischen Angriff auf die Ukraine im Februar begann eine neue Ära wirtschaftlicher Unsicherheit. Energiepreise explodierten, Lieferketten rissen, und die Inflation kletterte weltweit auf Jahrzehntehochs. Notenbanken reagierten mit der härtesten Straffung seit den 1980ern: Die US-Fed hob die Zinsen um 400 Basispunkte, die EZB um 250 (*Quelle: Reuters*). Das Ergebnis: Weltweit gingen rund 14 Billionen US-Dollar an Börsenwert verloren – der zweitgrößte Jahresverlust der Geschichte (*Quelle: Reuters*).

Zins- und Anleihenturbulenzen: Was jahrelang als »sicher« galt, geriet selbst ins Wanken – US- und deutsche Staatsanleihen verloren 16 Prozent beziehungsweise 24 Prozent (*Quelle: Reuters*). Die Kombination aus steigenden Zinsen, fallenden Kursen und geopolitischem Druck machte 2022 zu einem Jahr, das selbst erfahrene Investoren forderte.

Technologie- und Kryptokrise: Was zuvor als unerschütterlich galt, implodierte – Tech-Giganten verloren 40 bis 60 Prozent ihres Börsenwerts, während die Krypto-Märkte im Chaos versanken. Der Kollaps von FTX und Terra/Luna[104] riss Milliardeninvestitionen mit sich und zeigte, wie gefährlich Leverage[105] und Hype werden können.

---

104 FTX war eine große Kryptobörse, die 2022 nach Betrugsvorwürfen und Missmanagement zusammenbrach – einer der größten Skandale in der Kryptobranche. *Terra/Luna* war ein Kryptowährungsprojekt, dessen Stablecoin-System im selben Jahr kollabierte und massive Verluste bei Anlegern auslöste. Beide Fälle erschütterten das Vertrauen in digitale Währungen weltweit.

105 Leverage (Deutsch: Hebelwirkung) beschreibt den Einsatz von Fremdkapital, um eine Investition zu vergrößern. Schon kleine Kursbewegungen können dadurch überproportional hohe Gewinne, aber auch ebenso große Verluste verursachen.

Aktien im Fokus:

Berkshire Hathaway – Stabilität in der Sturmzone
Während Tech-Werte einbrachen, bewies Warren Buffett erneut Timing. Beteiligungen wie Occidental Petroleum profitierten von den gestiegenen Energiepreisen, und Berkshire setzte seine Aktienrückkäufe fort. Zudem baute Buffett die Investition in Apple weiter aus – in einem Jahr, in dem andere panisch verkauften.

Mastercard – Reisen statt Rezession
Trotz globaler Unsicherheit florierte der internationale Zahlungsverkehr. Der wiedererstarkte Tourismus und das Wachstum im E-Commerce sorgten für zweistellige Umsatzzuwächse. Mastercard investierte zudem in Sicherheitslösungen und Analytik, um das Vertrauen seiner Kunden weiter zu stärken.

Visa – Stabilität durch Volumen
Auch Visa profitierte von der Erholung des grenzüberschreitenden Zahlungsverkehrs. Trotz regulatorischer Hürden blieb das Geschäftsmodell robust: Hohe Transaktionsvolumina, starke Margen, steigende Gewinne – Visa zeigte, dass Qualität selbst in Krisenjahren trägt.

2022 hat vielen gezeigt, wie schnell die Stimmung kippen kann. Für mich war klar: Wenn die Masse in Panik verfällt, bleibe ich ruhig. Denn am Ende gewinnt immer der, der genug Liquidität und Nerven hat, um durchzuhalten.

DAS JAHR 2023 – COMEBACK DER KI-GIGANTEN
DURCHSCHNITTLICHE RENDITE IM BACKTEST: +42,97 PROZENT

Nr.	**Aktie**	**Ticker**	**Rendite**
1	Microsoft	MSFT	58,19 %
2	Alphabet	GOOGL	58,32 %
3	Meta	FB	194,13 %
4	Amazon	AMZN	80,88 %
5	Berkshire Hathaway	BRK.B	15,46 %
6	Visa	V	26,31 %
7	Apple	AAPL	49,00 %
8	UnitedHealth Group	UNH	0,79 %
9	Johnson & Johnson	JNJ	–8,60 %
10	Comcast	CMCSA	29,05 %
11	Walt Disney	DIS	4,26 %
12	Wells Fargo	WFC	22,93 %
13	Bank of America	BAC	4,82 %
14	Mastercard	MA	23,39 %
15	Merck	MRK	1,00 %

2023 war das Jahr, in dem die Bären[106] aufgaben und die künstliche Intelligenz das Kommando übernahm. Trotz hoher Zinsen, geopolitischer Spannungen und Bankenturbulenzen zogen die Märkte kräftig an. Nach dem Schockjahr 2022 kehrten Optimismus, Wachstum und Rendite zurück – getrieben von einer Handvoll Tech-Giganten, die den Ton angaben.

KI-Rally und Bankenturbulenzen: Während viele noch mit den Nachwehen der Inflation kämpften, startete die Börse ihr nächstes Kapitel: die KI-getriebene Rally. Die sogenannten »Magnificent Seven« – Apple, Microsoft, Nvidia, Meta, Amazon, Alphabet und Tesla – stiegen um unglaubliche 97 Prozent (*Quelle: Reuters*). Besonders Nvidia profitierte vom globalen KI-Boom und legte fast 240 Prozent zu – der stärkste Anstieg unter den großen US-Aktien (*Quelle: Reuters*). Doch nicht alles war eitel Sonnenschein: Im März erschütterte der Zusammenbruch der Silicon Valley Bank die Finanzwelt, kurz darauf wurde die Credit Suisse notverkauft. Trotz dieser Schocks setzten die Märkte ihren Aufwärtstrend fort – gestützt durch Liquidität und den Glauben an Technologie.

Zinswende und Soft-Landing-Hoffnung: Gegen Jahresende wuchs die Zuversicht, dass den Notenbanken das Kunststück eines »Soft Landings« gelingen könnte, also sinkende Inflation ohne Rezession. Anleger rechneten mit Zinssenkungen, der Bitcoin legte 160 Prozent zu, und der MSCI World gewann 10 Billionen US-Dollar an Marktwert (*Quelle: Reuters*). Selbst geopolitische Risiken – etwa der Hamas-Angriff auf Israel im Oktober – konnten die Aufwärtsdynamik kaum bremsen.

---

106 An der Börse stehen Bären für Anleger, die fallende Kurse erwarten und auf Rückgänge setzen. Wenn »die Bären aufgeben«, bedeutet das: Die pessimistische Stimmung bricht weg, die Verkäufer ziehen sich zurück, und die Kurse steigen wieder, weil Käufer die Kontrolle übernehmen.

Aktien im Fokus:

Meta Platforms – zurück im Spiel

Nach dem schmerzhaften Absturz 2022 kam Meta mit Wucht zurück. CEO Mark Zuckerberg strich Kosten, setzte auf Effizienz und richtete den Konzern strategisch mit Fokus auf künstliche Intelligenz und Content-Optimierung neu aus. Die Aktie legte deutlich zu und bewährte sich wieder als Teil der »Magnificent Seven«.

Microsoft – KI als Wachstumsmotor

2023 war Microsofts Jahr. Mit seiner Beteiligung an OpenAI und der Integration von Copilot[107] in Office-Produkte schuf das Unternehmen die Brücke zwischen Alltag und KI-Zukunft. Die Cloud-Sparte boomte weiter, und Microsoft zählte zu den großen Treibern des globalen Aufschwungs.

Amazon – Effizienz trifft auf Innovation

Auch Amazon profitierte massiv vom KI-Hype, insbesondere durch AWS, die Cloud-Sparte des Konzerns. Kostensenkungen, Automatisierung und starke Konsumausgaben sorgten für zweistellige Kursgewinne. Nach schwierigen Jahren kehrte Amazon in die Erfolgsspur zurück.

2023 hat gezeigt, dass Innovation keine Pause kennt. Wer 2022 ausgestiegen ist, hat den KI-Boom verpasst. Für mich war klar: Wenn Technologie die Zukunft bestimmt, will ich lieber mitverdienen als zuschauen.

---

107 Copilot ist der KI-Assistent von Microsoft, der in Produkte wie Word, Excel, PowerPoint und Outlook integriert ist.

DAS JAHR 2024 – KI BLEIBT KÖNIG
DURCHSCHNITTLICHE RENDITE IM BACKTEST: +26,17 PROZENT

Nr.	Aktie	Ticker	Rendite
1	Microsoft	MSFT	12,92 %
2	Alphabet	GOOGL	36,01 %
3	Meta	FB	66,05 %
4	Amazon	AMZN	44,39 %
5	Berkshire Hathaway	BRK.B	27,09 %
6	UnitedHealth Group	UNH	–2,41 %
7	Bank of America	BAC	33,86 %
8	Comcast	CMCSA	–11,84 %
9	Walt Disney	DIS	24,45 %
10	Visa	V	22,32 %
11	Apple	AAPL	30,70 %
12	Wells Fargo	WFC	46,48 %
13	Johnson & Johnson	JNJ	–4,80 %
14	Merck	MRK	–6,26 %
15	Taiwan Semiconductor	TSM	92,55 %

Nach dem Rekordjahr 2023 zeigte 2024, dass der Höhenflug noch lange nicht vorbei war. Die Kombination aus KI-Euphorie, robuster US-Wirtschaft und politischem Rückenwind trieb die Märkte auf neue

Höchststände. Trotz geopolitischer Spannungen und globaler Unsicherheiten blieben die Anleger optimistisch, vor allem in den USA, wo Technologie und Wachstum weiter dominierten.

KI-Fieber und starke US-Wirtschaft: US-Aktien erzielten das zweite Jahr in Folge Gewinne von über 20 Prozent (*Quelle: Reuters*). Die Begeisterung rund um künstliche Intelligenz blieb ungebrochen: Unternehmen aus dem Halbleiter-, Cloud- und Softwarebereich setzten den Aufwärtstrend fort. Selbst Konflikte im Nahen Osten und in der Ukraine konnten die Dynamik kaum bremsen. Die US-Wirtschaft blieb widerstandsfähig, die Arbeitsmärkte robust, und die Unternehmensgewinne stiegen auf neue Rekorde.

Politik und Zinserwartungen: Der Wahlsieg von Donald Trump im November löste eine Welle des Optimismus aus, angetrieben von der Hoffnung auf Steuersenkungen, Deregulierung und neue Wachstumsimpulse (*Quelle: Reuters*). Während der US-Dollar an Stärke gewann und europäische sowie Schwellenmärkte darunter litten, flossen Milliarden in amerikanische Aktien. Gold diente als Gegengewicht und stieg um 26 Prozent – ein deutliches Zeichen, dass die Anleger trotz Euphorie auf Absicherung setzten (*Quelle: Reuters*).

China: Im Herbst sorgten neue Konjunkturmaßnahmen aus Peking für einen kurzfristigen Aufschwung chinesischer Aktien. Trotz anhaltender Unsicherheiten schloss der Markt mit einem Plus von 16,5 Prozent ab (*Quelle: Reuters*).

Aktien im Fokus:

Taiwan Semiconductor Manufacturing (TSMC) – die unsichtbare Macht hinter der KI

TSMC blieb das Rückgrat der KI-Revolution. Ob Nvidia, Apple oder AMD – ohne die Chips aus Taiwan läuft nichts. 2024 stieg die Nachfrage weiter, getrieben durch Investitionen in neue Fertigungsstätten in Japan und den USA. TSMC profitierte direkt vom globalen

KI-Boom und zeigte, dass technologische Infrastruktur oft der wahre Gewinner bleibt.

Meta Platforms – KI trifft auf Werbung

Auch Meta setzte seine Erfolgsgeschichte fort. Nach den Sparjahren 2022/23 investierte das Unternehmen gezielt in KI-gestützte Werbesysteme, die den Umsatz deutlich steigerten. Die Plattformen Facebook, Instagram und Threads profitierten von einer neuen Welle digitaler Werbung, während der Aktienkurs dank KI-Fieber und Trumps Wahlsieg zweistellig zulegte (*Quelle: Reuters*).

Wells Fargo – Profiteur der Zinsen

Für Wells Fargo war 2024 ein Jahr der Balance: Steigende Zinsen bremsten das Kreditwachstum, ließen aber die Zinsmargen steigen. Die Bank profitierte von der robusten US-Wirtschaft und zeigte, dass klassische Finanzwerte im KI-getriebenen Umfeld ebenfalls glänzen können.

2024 war das Jahr, in dem viele meinten, KI könne alles lösen. Ich sehe das anders: KI ist kein Ersatz für Strategie – sie ist ihr Werkzeug. Und wer sie richtig nutzt, investiert nicht in Hypes, sondern in Infrastruktur.

DAS JAHR 2025 (STAND: 10. DEZEMBER) – ZÖLLE, SCHOCKS UND DENNOCH STÄRKE

DURCHSCHNITTLICHE RENDITE IM BACKTEST: +17,24 PROZENT

Nr.	Aktie	Ticker	Rendite
1	Microsoft	MSFT	16,42 %
2	Alphabet	GOOGL	66,62 %
3	Amazon	AMZN	2,57 %
4	Meta	FB	11,76 %
5	UnitedHealth Group	UNH	–34,60 %
6	Apple	AAPL	11,73 %
7	Taiwan Semiconductor	TSM	55,25 %
8	Berkshire Hathaway	BRK.B	7,73 %
9	Visa	V	3,52 %
10	Bank of America	BAC	23,98 %
11	Wells Fargo	WFC	28,90 %
12	Walt Disney	DIS	–3,73 %
13	Comcast	CMCSA	–26,44 %
14	Citygroup	C	58,82 %
15	Nvidia	NVDA	36,06 %

2025 war (Stand Oktober 2025) ein Jahr zwischen Chaos und Comeback. Politische Entscheidungen aus Washington wirbelten die Märkte durcheinander, während die Tech-Giganten erneut bewiesen, dass Innovation selbst in Krisen triumphieren kann. Zwischen Zollschocks, politischen Machtspielen und robusten Unternehmenszahlen zeigte sich: Der Markt ist unberechenbar – aber nie chancenlos.

Liberation-Day-Zölle und Marktcrash: Am 2. April 2025 erklärte Präsident Donald Trump den nationalen Notstand und kündigte universelle Einfuhrzölle von 10 Prozent an – gültig ab dem 5. April (*Quelle: whitehouse.gov*). Nur wenige Tage später folgten zusätzliche Gegenzölle ab dem 9. April. Analysten sprachen von der größten Zollanhebung seit den 1930er-Jahren und warnten vor Aktienverlusten, Lieferkettenproblemen und Entlassungen (*Quelle: csis.org*). Die Folge: ein kurzfristiger Crash, vor allem bei Industrie- und Finanzwerten.

Fortgesetzte Handelsschocks: Im Oktober 2025 sorgte Trump erneut für Turbulenzen, diesmal mit 100 Prozent Strafzöllen auf chinesische Importe (*Quelle: reuters.com*). Der S&P 500 und der Nasdaq verloren an einem Tag über 4 Prozent, während Investoren in Anleihen und Gold flohen. Trotz dieser Schwankungen blieb die Grundstimmung erstaunlich stabil: Anleger rechneten mit Gegenmaßnahmen, aber auch mit steuerlichen Entlastungen für US-Unternehmen.

Trotzdem starke Tech-Aktien: Im Spätsommer erholten sich die Märkte überraschend. Der S&P 500 kletterte zurück in Richtung Rekordniveau, getrieben von starken Tech-Zahlen. Apple erreichte dank des iPhone 17 ein neues Allzeithoch (*Quelle: investopedia.com*). Und während Rüstungswerte unter dem anhaltenden Shutdown litten, sprachen Marktkommentatoren bereits von »Kaufgelegenheiten im Chaos« (*Quelle: investopedia.com*).

Aktien im Fokus:

Citigroup – Banken zwischen Politik und Volatilität

Kaum ein Sektor reagierte sensibler auf die neuen Zölle als der Finanzbereich. Citigroup litt unter Konjunktursorgen, höheren Refinanzierungskosten und einem schwächeren Kreditgeschäft. Dennoch blieb die Bank mit einem starken Privatkundengeschäft und einer soliden Kapitalquote solide aufgestellt.

Nvidia – KI trotzt den Zöllen

Die Aktie von Nvidia erlebte ein Wechselbad: einerseits Rekordnachfrage durch künstliche Intelligenz, andererseits heftige Rückschläge durch die neuen 100-Prozent-Zölle auf chinesische Komponenten im Oktober. Kurzfristig kam es zu einem der größten Tagesverluste im S&P 500, doch Analysten sehen weiterhin enormes Wachstumspotenzial im KI-Sektor (*Quelle: reuters.com*).

Taiwan Semiconductor (TSMC) – unter Druck, aber unentbehrlich

Die Halbleiterbranche traf der Handelskonflikt besonders hart. TSMC verlor an Marktwert, blieb aber ein entscheidender Zulieferer für KI-Hardware weltweit. Die Nachfrage nach High-End-Chips hielt an, auch wenn geopolitische Spannungen die Lieferketten belasteten. Experten bezeichneten die »Liberation-Day«-Zölle als die heftigste Zollanhebung seit fast 100 Jahren (*Quelle: csis.org*).

2025 zeigt wieder, wie brutal Politik die Märkte bewegen kann. Aber genau das ist Börse: ein permanenter Stresstest für deinen Plan. Wer in solchen Phasen ruhig bleibt und nicht verkauft, wenn alle schreien, hat verstanden, worum es wirklich geht.

SYSTEM SCHLÄGT ZUFALL – ÜBER ALLE JAHRE HINWEG

Die durchschnittliche Jahresrendite von 15,88 Prozent p.a. über all diese Jahre zeigt klar: Erfolg an der Börse ist kein Glücksspiel.

Nur noch einmal zur Erläuterung: Die 15,88 % p.a. wurden mit der Conviction-Weight-Methode auf Basis der Aktienauswahl von 144 Superinvestoren erreicht. Mit der Equal-Weight-Methode liegt die Rendite bei rund 15,13 % p.a. Der Unterschied wirkt gering, hat aber enorme Wirkung: Ein halbes Prozent mehr pro Jahr entscheidet langfristig über Zehntausende Euro Unterschied im Vermögen, allein durch den Zinseszinseffekt.

Die Backtests belegen eine beeindruckende Stabilität der Aktien meiner Strategie, und das selbst in Krisenjahren. Und um noch mal auf die Durchschnittsrendite zurückzukommen, die ja in den Backtests deutlich höher ausfällt als zu Beginn dieses Buches für die »Reich in 60 Minuten«-Strategie genannt: Langfristig rechne ich – realistisch betrachtet – mit etwa 12 Prozent Rendite pro Jahr.

Börsenerfolg entsteht nicht in Tagen, sondern in Jahrzehnten. Und du hast eben gesehen, dass die Welt in Bewegung ist und mit ihr die Börsen.

KAPITEL 9

WARUM DIE »REICH IN 60 MINUTEN«-STRATEGIE RICHTIG FÜR DICH IST

Es gibt viele Wege, an der Börse Geld anzulegen, aber nicht jeder ist sinnvoll, praktikabel oder langfristig erfolgreich, vor allem nicht für Menschen, die sich nicht hauptberuflich mit dem Thema Investments beschäftigen. In diesem Kapitel erkläre ich dir die wichtigsten Investmentmethoden, die aktuell am Markt populär sind, vergleiche sie mit der »Reich in 60 Minuten«-Strategie und zeige dir, warum diese Strategie einfach und langfristig robust ist.

Vorab noch ein Hinweis in eigener Sache: Viele der hier vorgestellten Strategien – ob Dividendenstrategie, Trendfolge oder Value Investing – sind wertvolle Instrumente, die in meinem eigenen Investmentalltag eine Rolle spielen. Ich bin also absolut kein Gegner dieser Ansätze – im Gegenteil: Als Profi nutze ich sie gezielt, je nach Marktphase und Zielsetzung.

Doch dieses Buch richtet sich nicht an absolute Börsenprofis, sondern an Menschen, die endlich loslegen wollen, und zwar ohne großartiges Vorwissen, ohne ständiges Nachjustieren und ohne Abhängigkeit von Marktnachrichten.

Hier also der direkte Vergleich:

1. DIVIDENDENSTRATEGIEN

Bei einer klassischen Dividendenstrategie investieren Anleger gezielt in Unternehmen, die regelmäßig hohe Dividenden ausschütten. Diese Unternehmen gelten oft als solide, etabliert und eher konservativ. Der Fokus liegt hier auf laufenden Einnahmen, nicht primär auf Kurssteigerung.

Häufig wird dabei jedoch übersehen, dass Dividendenrendite nichts über die Zukunftsfähigkeit eines Unternehmens aussagt. Es gibt Unternehmen, die Dividenden zahlen, obwohl ihre Geschäftszahlen stagnieren. Wer sich nur auf Dividenden konzentriert, verpasst oft Wachstumschancen.

Der Unterschied zur »Reich in 60 Minuten«-Strategie: Statt nur auf Ausschüttungen zu setzen, fokussiert sich diese Strategie auf starke, wachsende Unternehmen mit langfristiger Substanz. Reinvestitionen von Gewinnen über Kurssteigerungen sind oft effizienter als Dividenden – besonders für Menschen, die Vermögen aufbauen wollen und nicht vom Kapital leben müssen.

2. DAYTRADING

Daytrading bedeutet, Aktien oder andere Finanzinstrumente innerhalb eines Tages zu kaufen und wieder zu verkaufen. Ziel ist es, von kurzfristigen Schwankungen zu profitieren. Es klingt aufregend und wird oft als schnelle Möglichkeit beworben, reich zu werden.

In der Praxis verlieren die meisten Daytrader langfristig Geld, insbesondere wenn sie nach Bauchgefühl handeln. Sie entscheiden oft emotional, müssen ständig am Ball bleiben und setzen sich einem enormen Stresslevel aus. Viele unterschätzen die Gebühren, die bei häufigem Handel entstehen, sowie die steuerlichen Konsequenzen. Daytrading ist ein Vollzeitjob, und die meisten Trader scheitern nicht am Markt, sondern an ihrer emotionalen Verfassung. Ohne Disziplin und klare Regeln verliert man schnell den Überblick und trifft impulsive Entscheidungen.

Der Unterschied zur »Reich in 60 Minuten«-Strategie: Unsere Strategie ist das genaue Gegenteil: Kein Stress, keine ständigen Entscheidungen, keine Kurvenjagd. Einmal im Jahr investieren und dann laufen lassen. So bleibt dein Kopf frei für die Dinge, die dir wirklich wichtig sind.

3. ROBO-ADVISORS

Robo-Advisors bieten automatisierte Anlagelösungen über Algorithmen an. Sie versprechen Bequemlichkeit und Objektivität und legen das Geld meist breit gestreut in ETFs an. Die Risikoklasse wird zu Beginn bestimmt und regelmäßig angepasst.

Diese Systeme sind meist teuer – zwischen 0,8 Prozent und 1,5 Prozent jährlich zusätzlich zu den ETF-Kosten. Sie arbeiten standardisiert und oft sehr defensiv. Eine individuelle Auswahl der besten Aktien ist nicht vorgesehen.

Der Unterschied zur »Reich in 60 Minuten«-Strategie: Bei unserer Methode behältst du die Kontrolle, verstehst dein Portfolio und zahlst keine versteckten Gebühren. Die Strategie ist eigenverantwortlich und einfach umzusetzen. Und das einmal im Jahr, nicht täglich.

4. VALUE INVESTING

Value-Investoren suchen nach unterbewerteten Unternehmen mit solidem Geschäftsmodell. Die Idee: Wenn der Markt diese Firmen erkennt, steigen die Kurse stark. Der Ansatz geht auf Benjamin Graham und Warren Buffett zurück.

Value Investing erfordert tiefe Einblicke in Bilanzen, Branchenwissen und Geduld. Viele Anleger erkennen den »inneren Wert« nicht korrekt oder warten jahrelang auf eine positive Marktreaktion. Außerdem ist nicht jede »billige« Aktie wirklich ein gutes Investment.

Der Unterschied zur »Reich in 60 Minuten«-Strategie: Unsere Strategie kombiniert Qualität, Wachstum und Performance. Statt auf Kursfantasie zu hoffen, werden starke Performer mit echter Marktpräsenz ausgewählt. Der Fokus liegt auf belegbarer Stärke – nicht auf Hoffnungen.

5. ETF-BREITENSTREUUNG

Viele Finanzratgeber empfehlen, breit gestreut in ETFs zu investieren – zum Beispiel den MSCI World oder ACWI[108]. Die Idee: Der Markt steigt langfristig, und mit einer globalen Streuung macht man nichts falsch.

Doch ETFs streuen nicht nur in Gewinnerunternehmen, sondern auch in die Verlierer. Gerade in schwachen Marktphasen ziehen schwache Werte das gesamte Portfolio nach unten. Zudem bleibt man immer Durchschnitt – nie besser.

Der Unterschied zur »Reich in 60 Minuten«-Strategie: Die Strategie konzentriert sich gezielt auf die Top-Performer weltweit. Nicht der Durchschnitt zählt, sondern die Besten. Diese Konzentration bringt mehr Wachstum – ohne das Risiko blind auszublenden.

6. TRENDFOLGESTRATEGIEN

Im Trading gibt es ein einfaches Prinzip: »Der Trend ist dein Freund, bis er endet.« Genau darauf basieren Trendfolgestrategien. Sie sind

108 ACWI steht für All Country World Index. Das ist ein weltweiter Aktienindex, der Unternehmen aus Industrie- und Schwellenländern umfasst.

kein Versuch, das Unvorhersehbare zu erraten, sondern das Offensichtliche konsequent zu nutzen.

Statt Tops und Bottoms zu jagen – also die vermeintlich höchsten und tiefsten Punkte eines Kurses zu treffen –, steigen Trendfolger erst dann ein, wenn eine Bewegung bereits bestätigt ist. Läuft der Markt nach oben, suchen sie Long-Chancen. Dreht er nach unten, setzen sie auf Short. Klingt banal, ist aber das, was die wenigsten konsequent durchziehen. Denn die größte Hürde ist nicht der Markt, sondern das eigene Ego.

Ein Trend zeigt dir die Richtung, in die das Kapital gerade fließt. Und genau diese Richtung gilt es zu respektieren. Es gibt drei Varianten:

- **Aufwärtstrends (bullisch):** Höhere Hochs, höhere Tiefs – die Käufer dominieren, und Optimismus treibt die Kurse. Oft stecken dahinter wirtschaftliche Stärke, steigende Gewinne oder schlicht Vertrauen.
- **Abwärtstrends (bärisch):** Tiefere Hochs, tiefere Tiefs – die Verkäufer übernehmen, Angst und Unsicherheit drücken die Preise. Hier siehst du, wie Emotion die Märkte bewegt.
- **Seitwärtstrends:** keine klare Richtung, aber wichtige Vorbereitung. Der Markt atmet, sammelt Kraft, bevor die nächste große Bewegung startet.

Wer Trends versteht, muss nicht dauernd »richtig« liegen, er muss nur *dabei*bleiben, solange der Markt läuft. Trendfolgestrategien sind nicht Teil der »Reich in 60 Minuten«-Strategie, weil sie kurzfristiger und aktiver sind als der Ansatz in diesem Buch. Trotzdem haben sie ihre Berechtigung – vor allem für Trader, die den Markt täglich beobachten und schnell reagieren wollen.

Der Unterschied zur »Reich in 60 Minuten«-Strategie: Dieses Buch richtet sich an Anleger, die langfristig Vermögen aufbauen wollen: mit System, Geduld und klarer Struktur statt täglichem Hin und Her.

7. GROWTH-INVESTING

Growth-Investoren setzen auf wachstumsstarke Unternehmen – häufig im Tech- oder Gesundheitssektor. Sie erwarten überdurchschnittliche Umsatz- und Gewinnzuwächse, oft unabhängig vom aktuellen Kursniveau.

Viele Growth-Aktien sind extrem hoch bewertet. Bei Marktkorrekturen verlieren sie oft massiv an Wert. Außerdem neigen Anleger dazu, Hypes zu folgen, ohne das Geschäftsmodell genau zu prüfen.

Der Unterschied zur »Reich in 60 Minuten«-Strategie: Die Auswahl unserer Aktien basiert nicht auf medialem Hype, sondern auf realer Performance. Nur wer über längere Zeiträume konstant liefert, kommt in die Auswahl.

8. BUY AND HOLD

Die wohl älteste Strategie: Kaufen und jahrzehntelang halten. Unabhängig von Kursschwankungen. Oft in Kombination mit ETFs oder Einzelaktien.

Es wird nichts angepasst, keine Entwicklung hinterfragt. Schlechte Titel bleiben zu lange im Portfolio. Veränderungen in Märkten und Unternehmen werden ignoriert.

Der Unterschied zur »Reich in 60 Minuten«-Strategie: Bei unserer Methode wird einmal jährlich das Depot überprüft und mit einer neuen Top-15-Liste abgeglichen. Das ist mehr als Buy-and-Hold – es ist Buy-and-Refocus.

WENIGER IST MEHR – WENN ES DAS RICHTIGE IST

Die »Reich in 60 Minuten«-Strategie ist keine Zauberformel. Aber sie ist ein erprobter, realistischer Weg, um langfristig Vermögen aufzubauen – mit wenig Zeit, wenig Risiko und hoher Klarheit. Sie vermeidet emotionale Fehler, überhöhte Kosten und komplizierte Tools. Sie richtet sich an Menschen wie dich, die verstehen wollen, was sie tun, ohne ihr Leben der Börse unterzuordnen.

Also investiere 60 Minuten. Einmal im Jahr. In 15 starke Unternehmen. Und werde damit zum echten Investor.

WIE DU ZUM ECHTEN INVESTOR WIRST

»Mario, ich investiere doch schon! Also bin ich auch Investor, oder?«

Jein. Der wichtigste Moment beim Investieren ist nicht dein erster Kauf. Und auch nicht dein erster Gewinn. Sondern der, in dem du innerlich umschaltest: Ich bin ein ECHTER Investor.

Das ist kein Etikett, das du dir verleihst, weil du ein Depot eröffnet hast. Es ist eine Identität, die aus deiner inneren Haltung entsteht. Ein Investor denkt langfristig. Ein Investor trifft Entscheidungen mit Weitblick. Ein Investor hat ein System und ein Ziel. Erinnere dich an Buffett und Co. Sie alle haben Systeme und Ziele, die sie strikt befolgen.

Um Investor zu werden, brauchst du keine Erlaubnis von außen. Du darfst dich selbst ab sofort als Investor sehen, und zwar unabhängig vom Depotstand. Auch wenn du gerade erst beginnst. Auch wenn du noch keine sechsstelligen Beträge anlegst. Auch wenn dein Umfeld alles, was du gerade tust, vielleicht belächelt.

Denn Investor zu sein bedeutet nicht, reich zu sein. Es bedeutet, reich zu denken. Und vor allem Verantwortung zu übernehmen für dein finanzielles Leben.

In den letzten Kapiteln hast du gelernt, wie du mit der »Reich in 60 Minuten«-Strategie ein solides Depot aufbaust. Du weißt, wie du dein Kapital streust. Du kennst die Prinzipien der Superinvestoren. Und du hast Werkzeuge an der Hand, die sich über Jahrzehnte bewährt haben.

Jetzt geht es darum, diese Werkzeuge nicht nur zu nutzen, sondern zu einem Teil deiner Identität zu machen. Denn der Markt belohnt keine Hektik. Er belohnt Klarheit, Geduld und Durchhaltevermögen.

Stell dir vor, du würdest es ab jetzt so sehen:

Du »spielst« ab sofort nicht mehr mit Aktien. Du investierst in Unternehmen, an deren Zukunft du glaubst.

Du »verlierst« nicht in einem Crash. Du kaufst zu Rabattpreisen nach und profitierst langfristig. Als 2020 Corona kam, habe ich nicht gezögert. Ich wusste: Jetzt wird verkauft – und genau deshalb kaufe ich.

Du brauchst kein Bauchgefühl für die Börse. Du brauchst ein System, das für dich arbeitet, auch wenn die Märkte verrücktspielen.

Dein neues Selbstverständnis beginnt mit folgenden Gedanken: »Ich darf Vermögen aufbauen. Ich darf finanziell unabhängig werden. Ich darf investieren – selbst wenn andere nur sparen.«

Hier noch einige stärkende Glaubenssätze für dein Investoren-Ich:

Ich bin jemand, der seine finanzielle Zukunft selbst gestaltet. Ich bin Investor. Ich denke in Dekaden, nicht in Tagen.

Ich darf Geld vermehren – auf eine ethische, fundierte und entspannte Weise.

Ich treffe langfristige Entscheidungen auf Basis von Wissen und Vertrauen, nicht aus Angst oder Gier. Ich handle nach Prinzipien, nicht nach Schlagzeilen.

Ich halte durch – weil ich weiß, wofür ich es tue. Ich lasse mein Geld für mich arbeiten – mit Klarheit, Ruhe und Disziplin.

Lies dir diese Sätze laut vor und spüre, was sich in dir verändert.

Diese Gedanken wirken langsam, aber kraftvoll. Wiederhole sie regelmäßig, und du wirst sehen, wie sich deine Haltung verändert. Wiederhole sie. Verankere sie. Und beobachte, wie sich deine Haltung verändert – nicht nur zum Geld, sondern zu dir selbst.

Wenn du bis hierhin gelesen hast, dann hast du verstanden: Du brauchst keine 100 Aktien. Keine Spekulation. Keine ständigen Nachrichten. Du brauchst ein klares System. Und ein klares Selbstverständnis. Denn ab heute bist du kein Zocker mehr, sondern Investor. Und das bedeutet: Du triffst Entscheidungen, die dein künftiges Ich feiern wird.

Ich habe in über 30 Jahren Börsenerfahrung unzählige Strategien gesehen – viele davon waren komplex, aufwendig, kurzfristig. Nur wenige funktionieren langfristig wirklich. Die folgenden fünf Grundsätze sind mein persönliches Fundament.

Deshalb teile ich sie gerne mit dir, denn wenn du sie verinnerlichst, bist du dem Großteil der Anleger weit voraus.

1. Investieren ist eine Gewohnheit – kein Event.

Ich höre oft:

»Jetzt ist der richtige Moment zum Einsteigen!«

Oder:

»Ich warte noch, bis der Kurs wieder fällt.«

Vergiss es. Den perfekten Moment zu finden, ist kaum möglich. Setze lieber auf Routinen.

Für mich ist Investieren wie Zähneputzen. Es gibt darüber keine Diskussion. Es ist Gewohnheit.

2. Emotionen raus, Logik rein.

An der Börse bringt dich dein Gefühl selten weiter. Die meisten Menschen verkaufen, wenn es kracht, und kaufen, wenn es schon zu spät ist. Ich habe mir über die Jahre eine Regel gesetzt: Ich höre in Börsenfragen nicht auf mein Bauchgefühl.

Mein Werkzeug ist Logik, nicht Intuition. Wenn du ein System hast, brauchst du in Krisen nicht zu denken, sondern nur zu handeln. Oder, besser gesagt: Eben nicht zu handeln. Ruhe bewahren. System einhalten.

3. Rebalancing schlägt Market Timing[109].

Der größte Mythos an der Börse: Man müsse »den perfekten Moment« erwischen. Doch den gibt es nicht. Du wirst ihn nicht treffen und ich auch nicht.

Was du stattdessen tust: Einmal im Jahr Rebalancing. Das bedeutet: Du überprüfst deine Top-15-Liste, gleichst das Depot aus, tauscht eventuell 1 bis 2 Aktien aus – fertig. Das kostet dich 60 Minuten. Und bringt dir langfristig mehr als jedes hektische Umschichten.

4. Antizyklisch denken ist lernbar.

Ich habe in meinem Leben viele Crashes erlebt. Dotcom-Blase. 9/11. Finanzkrise 2008. Corona. Ukrainekrieg. Und weißt du, was ich in all diesen Phasen gemacht habe? Ich habe gekauft.

Weil ich wusste: Nicht der Markt ist das Problem. Sondern unsere Reaktion darauf. Und genau hier trennt sich der Investor vom Mitläufer. Wenn es kracht, kaufen die Reichen, und die Masse verkauft.

5. Langfristiges Denken ist eine Entscheidung.

Langfristig zu denken ist kein Talent. Es ist eine bewusste Entscheidung. Ich habe mich vor Jahren entschieden, als Investor langfristig zu denken, dranzubleiben. Und das hat mir unglaubliche Freiheit gebracht. Weil ich dadurch alles andere ausblenden kann. Tagesnachrichten. Börsengurus. Kurzfristige Trends. All das ist nicht relevant, wenn du weißt, dass du auf Sicht von Jahrzehnten investierst.

Diese fünf Prinzipien begleiten mich jeden Tag. Und sie machen den Unterschied – zwischen nervösem Zocken und souveränem Investieren.

Wenn du willst, kannst du sie ab heute zu deinen eigenen machen. Du musst sie nicht perfekt umsetzen, du musst sie nur verinnerlichen.

---

109 Market Timing bedeutet, den idealen Ein- oder Ausstiegszeitpunkt an der Börse vorherzusagen. Da dies kaum jemand langfristig zuverlässig schafft, ist ein systematischer Ansatz wie die »Reich in 60 Minuten«-Strategie meist erfolgreicher.

Dann wirst du nicht nur Geld investieren. Sondern dich selbst. In dein neues Ich als Investor.

DEIN INVESTMENT-MANIFEST (ZUM AUSFÜLLEN)

Die meisten Menschen scheitern nicht an der Börse, weil sie zu wenig wissen, sondern weil sie ständig hin und her schwanken. Heute motiviert, morgen verunsichert. Heute kaufen, morgen verkaufen. Kein Plan. Keine Klarheit. Kein Durchhaltevermögen.

Ein Manifest ändert das. Es ist deine schriftliche Entscheidung, dich wie ein Investor zu verhalten – nicht wie ein Zocker oder ein Konsument. Du beziehst Position. Du formulierst, warum du das tust. Du verpflichtest dich dir selbst gegenüber. Und genau das verändert dein Verhalten.

Ein Manifest bringt Klarheit – besonders dann, wenn Schlagzeilen crashen, Social Media Panik verbreitet und Freunde plötzlich zu Börsenpropheten mutieren. In solchen Momenten brauchst du kein neues YouTube-Video. Du brauchst einen klaren Fokus.

Dein Manifest ist dein innerer Kompass. Es erinnert dich daran, wer du bist und wer du ab jetzt sein willst. Denn du willst nicht mehr zusehen. Du willst investieren.

Du brauchst keinen Guru.
Du brauchst ein System und Disziplin.

Du willst Vermögen aufbauen? Dann triff eine Entscheidung. Keine Ausreden, keine Ausflüchte. Entscheide dich heute: Bist du Investor oder bist du Zuschauer?

Dann folgt hier dein Investor-Manifest. Lies es durch, ergänze die wesentlichen Punkte, und dann halte dich daran.

MEIN INVESTMENT-MANIFEST

Warum ich investiere:

▢ Ich will unabhängig sein.

▢ Ich will, dass mein Geld für mich arbeitet.

▢ Ich will aufhören zu hoffen – und anfangen zu handeln.

▢ Ich will Vermögen aufbauen. Punkt.

▢ ____

(Eigene Ergänzung)

---

5 Zusagen an mich selbst:

Ich arbeite mit System.
Keine Zockerei. Kein Bauchgefühl. Ich folge der »Reich in 60 Minuten«-Strategie.

Ich bleibe langfristig investiert.
Mindestens 10 Jahre. Besser 20. Kein Hin und Her.

Ich handle nicht aus Panik.
Ich prüfe. Ich entscheide. Ich bleibe ruhig, wenn andere durchdrehen.

Ich automatisiere, was geht.
Sparpläne, Rebalancing, Depotchecks – fertig. Kein Daueraufwand.

Ich verliere mein Ziel nicht aus den Augen.
Ich will Ergebnisse. Keine Ausreden.

So starte ich:

Startkapital / monatlicher Sparplan:

→ ________________________________ Euro

Startdatum:

→ ________________________________

Broker / Depotanbieter:

→ ________________________________

Mein Commitment:

Ich,

________________________________ (Name),

entscheide mich heute dafür, mein Geld strategisch zu investieren.
Ich bleibe ruhig. Ich bleibe dran. Ich folge dem Plan.
Keine Emotion. Kein Drama. Keine Ausreden. Ich bin Investor und verhalte mich auch so.

Datum: ______________________

Unterschrift: __________________

WAS DU HEUTE UMSETZEN KANNST

Jetzt liegt es an dir. Du hast genug gelesen, genug verstanden – jetzt brauchst du Klarheit und Konsequenz. Kein Warten mehr. Kein »Ich überlege noch«. Sondern: Entscheidung.

Mach heute drei Dinge:

1. Füll dein Investment-Manifest aus.
2. Nicht im Kopf – schriftlich. Handschriftlich. Mach es verbindlich.
3. Lies dir die fünf Grundsätze noch mal durch und verpflichte dich dazu.
4. Druck sie aus, häng sie an den Kühlschrank oder speichere sie als Hintergrund auf deinem Handy. Das ist dein neues Investoren-Ich.
5. Frag dich ehrlich: Handle ich bereits wie ein Investor?
6. Wenn nicht: Was ist mein nächster konkreter Schritt, um genau das zu ändern?

WAS IN ZEHN JAHREN MÖGLICH IST UND WAS NICHT

Ich bin in einfachen Verhältnissen aufgewachsen. Als Kind gab es für mich keine Gespräche über Aktien oder Vermögensaufbau, sondern vor allem eins: das Gefühl, dass Geld immer knapp ist. Ich erinnere mich noch gut an das flaue Gefühl im Bauch, wenn am Monatsende mal wieder das Konto leer war. Später, in meinen ersten Berufsjahren, hat mich das Thema Geld weiter beschäftigt. Ich fand es spannend, zu begreifen, welche Möglichkeiten es gibt, Geld zu verdienen, über das hinaus, was die meisten Menschen kennen: arbeiten und Gehalt dafür bekommen.

Die Börse hat mein Leben verändert. Nicht von heute auf morgen, sondern Schritt für Schritt. Und genau deshalb habe ich dieses Buch geschrieben.

Ich will dir zeigen, dass du keine perfekte Herkunft, keine Millionen und keine Glaskugel brauchst, um Vermögen aufzubauen. Was du brauchst, ist Klarheit. Ein System. Und die Bereitschaft, Verantwortung zu übernehmen.

Ich habe unzählige Bücher über Investment gelesen. Viele davon waren kompliziert, elitär oder voller Wörter, die wohl Eindruck machen sollten, die aber kaum verständlich waren. Ich wollte es anders machen. Einfach. Klar. Umsetzbar. Für Menschen wie dich und mich. Menschen, die verstanden haben, dass finanzielle Freiheit kein Luxus ist, sondern eine Entscheidung.

Ich erinnere mich noch genau, wie ich vor etwa 30 Jahren auf meinem alten Sofa saß, den Laptop auf den Knien, und versuchte, die ersten Aktienanalysen[110] zu verstehen. Ich hatte keine Ahnung, wie tief das alles gehen würde. Heute weiß ich: Diese ersten Schritte waren entscheidend.

Diese kleinen Schritte haben mein Leben verändert. Ich kann heute frei entscheiden, wo und wie ich leben will. Ich verbringe Zeit mit meiner Familie, reise, arbeite ortsunabhängig. Für mich ist das echter Reichtum. Und zudem verfolge ich eine Mission, die mich sehr erfüllt: Ich zeige jungen Menschen, dass die Börse keine Bedrohung darstellt, sondern eine Chance.

Und genau das will ich auch dir in diesem letzten Kapitel zeigen: Was möglich ist, wenn du wirklich losgehst. Und was passiert, wenn du es nicht tust.

Stell dir vor, du investierst ab heute 500 Euro im Monat. Einfach nur: investieren. Monat für Monat. Nach der »Reich in 60 Minuten«-Strategie.

110 Eine Aktienanalyse untersucht ein Unternehmen auf Kennzahlen, Geschäftsmodell und Zukunftspotenzial, um die Attraktivität für ein Investment zu bewerten. Bei der »Reich in 60 Minuten«-Strategie wurde dieser Teil bereits vorab durch das Expertenteam erledigt.

Du machst das diszipliniert, ohne zu zocken, ohne auf jede Nachricht hysterisch zu reagieren – einfach nur konsequent. Nach zehn Jahren stehen da über 100.000 Euro. Das verändert dein Leben. Vielleicht noch nicht komplett, aber du hast plötzlich Optionen, die du vorher nicht hattest.

Ich habe in den letzten Jahrzehnten viele Menschen erlebt, die genau diesen Weg gegangen sind. Manche haben mit 250 Euro angefangen. Das waren noch keine großen Sprünge, aber sie sind drangeblieben. Die haben sich nie verrückt machen lassen. Die sind heute so was wie still und heimlich frei geworden, ohne dass es jemand groß bemerkt hätte. Aber sie haben es gemacht.

Diese Menschen sind nicht durch irgendeinen glücklichen Zufall frei geworden, der plötzlich um die Ecke geschaut hat. Sie sind frei geworden, weil sie sich entschieden haben, Verantwortung zu übernehmen. Und weil sie ein System hatten, das sie durch schwierige Zeiten getragen hat.

Natürlich kannst du dir auch die andere Geschichte vorstellen. Die, die leider viel öfter passiert.

Denn weißt du, was die meisten machen? Nichts. Die schieben das Thema finanzielle Freiheit auf. Sie warten auf 10.000 Euro, um anzufangen, und merken nicht, dass sie genau durch dieses Warten nie dort ankommen. Harte Worte? Vielleicht. Aber wahr.

Du wirst keine Ergebnisse sehen, wenn du nicht bereit bist, ins Spiel zu kommen. Du brauchst keine perfekte Entscheidung. Du brauchst eine Entscheidung. Und dann brauchst du 60 Minuten im Jahr, um sie durchzuziehen.

Ich möchte dir zum Abschluss noch einen Ausblick auf dein neues Leben mitgeben.

Stell dir vor, du liest dieses Buch heute und setzt die Strategie wirklich um. Du richtest dein Depot ein, investierst monatlich, bleibst dran. Du rebalancierst jedes Jahr in Ruhe, prüfst die neue Top-15-Liste. Du lässt dich nicht stressen. Du machst einfach und ziehst es durch.

Und jetzt stell dir vor: Zehn Jahre sind vergangen. Kein Lottogewinn hat dich reich gemacht. Kein Börsenwunder ist über Nacht vom Himmel gefallen. Es gibt nur dich mit deinem Depot. Und das ist sechsstellig. Stabil, aufgebaut durch Disziplin, Klarheit und System. Du hast gelernt, mit Geld souverän umzugehen. Du weißt, wie man Vermögen aufbaut und wie man es schützt. Du fühlst dich sicherer, freier und klarer in deinen Entscheidungen. Und vielleicht erkennst du: Heute, jetzt war der Moment, der alles verändert hat.

30 JAHRE BÖRSE

Wenn du bis hierher gelesen hast, ziehe ich den Hut vor dir. Du gehörst zu den wenigen, die nicht nur konsumieren, sondern wirklich verstehen wollen. Und weil du durchgehalten hast, gebe ich dir zum Schluss noch etwas mit, das in keinem Chart steht und in keinem Geschäftsbericht auftaucht:

1. Ergebnisse kommen nicht vom Wissen, sondern vom Dranbleiben

Ich habe in meinem Leben unzählige Menschen kennengelernt, die sich mit der Börse beschäftigt haben. Sie haben Bücher gelesen, Kurse gemacht, Podcasts gehört und trotzdem nie investiert. Warum? Weil sie auf den perfekten Moment gewartet haben. Doch der kam nie.

Und dann gibt es die anderen. Die haben einfach angefangen. Vielleicht nicht perfekt. Vielleicht mit ein paar Anfängerfehlern. Aber sie sind drangeblieben. Und genau diese Menschen sind heute finanziell frei – weil sie umgesetzt haben, nicht weil sie alles wussten.

Learning: Du musst nicht alles verstehen. Du musst anfangen und dann nicht mehr aufhören.

2. Emotionen sind dein größter Feind und dein größter Hebel

Ich habe in Crashs investiert, als andere in Panik verkauft haben. Nicht, weil ich mutiger bin, sondern weil ich ein System hatte. Aber ich kenne auch die andere Seite. Ich war 2008 selbst nervös. Habe Kurse fallen sehen, hatte rote Zahlen im Depot. Doch ich habe gelernt: Wenn du deine Emotionen managen kannst, hast du einen unfairen Vorteil an der Börse.

Heute weiß ich: Nicht Wissen oder Intelligenz entscheidet, sondern die Fähigkeit, ruhig zu bleiben, wenn andere nervös werden.

Learning: Investieren ist zu 80 Prozent Psychologie. Lerne, deine Emotionen zu beherrschen, und du wirst belohnt.

3. Wirklicher Reichtum entsteht leise und mit Klarheit

Vergiss das Bild vom hektischen Daytrader mit sechs Monitoren. Die wirklich Reichen, die ich kenne, sind leise, klar, diszipliniert. Sie reden nicht viel. Sie machen einfach.

Ich selbst habe mir in den letzten Jahren ein Leben aufgebaut, das ich mir früher nicht hätte vorstellen können: Ich bestimme über meine Zeit. Ich arbeite mit Menschen, die ich selbst auswähle. Und ich habe eine Strategie, die mich trägt, egal, was da draußen passiert.

Learning: Reichtum ist kein Glückstreffer. Es ist eine Entscheidung – für Klarheit, Disziplin und Verantwortung.

Wenn du dir nur diese drei Punkte merkst und danach handelst, wirst du es weiterbringen als 90 Prozent der Menschen da draußen. Nicht irgendwann. Sondern heute. Weil du jetzt weißt, worauf es wirklich ankommt.

Und wenn du in zehn Jahren auf diesen Tag zurückschaust, wirst du sagen können:

Das war der Moment, in dem ich Investor geworden bin.

Wenn du dich jetzt erinnerst, wie dieses Buch begonnen hat – mit dem Bild vom Hamsterrad, vom Geld, das auf dem Konto liegt und nichts tut –, dann weißt du auch, warum ich das alles hier aufgeschrieben habe. Ich saß damals auf meinem alten Sofa und wollte nur eins: raus aus dem Mangel, rein in die Freiheit. Vielleicht geht es dir heute genauso, und nun hast du mit der »Reich in 60 Minuten«-Strategie dein Handwerkszeug, um finanziell frei zu werden.

Du musst dabei nicht alles perfekt machen. Du musst nur aufhören, dich im Kreis zu drehen. Ich habe es geschafft, heute das Leben zu führen, das ich führen will, und wenn ich das kann, dann kannst du das auch. Dafür brauchst du keine Millionen. Dafür brauchst du eine Entscheidung.

Dieses Buch ist der Beweis: Auch für dich ist finanzielle Freiheit möglich. Und du bist näher dran, als du denkst.

WAS DU HEUTE UMSETZEN KANNST

Jetzt liegt es an dir.

Drei Fragen zum Abschluss dieses Kapitels und dieses Buchs:

1. **Willst du in zehn Jahren neue Möglichkeiten haben – oder dich über verpasste Chancen ärgern?**
2. **Willst du Spielgeld verzocken – oder Kapital verwalten?**
3. **Willst du 60 Minuten pro Jahr investieren – oder weiterhin deine Zeit mit Ausreden verschwenden?**

Du hast jetzt alles, was du brauchst. Eine Strategie und ein System.

Jetzt ist der Moment für deine Entscheidung.

Ich will dir zum Schluss nichts vormachen.

Wenn du dieses Buch liest, zustimmend nickst und dann trotzdem nichts tust, wirst du exakt da bleiben, wo du heute stehst. Vielleicht mit etwas mehr Börsenwissen. Vielleicht mit ein paar klugen Sprüchen auf Lager. Aber ohne Ergebnisse.

Denn Wissen allein verändert nichts. Umsetzung tut es.

Ich kenne so viele Leute, die seit Jahren über ETFs reden und noch nie auch nur einen Cent investiert haben. Die warten immer noch auf den perfekten Moment. Der kommt aber nicht.

Und genau hier scheitern die meisten. Nicht, weil sie zu wenig verdienen. Nicht, weil sie zu spät dran sind. Sondern weil sie zögern. Weil sie glauben, sie müssten noch mehr lernen, noch mehr analysieren, noch den perfekten Moment abwarten.

Der beste Moment war gestern. Der zweitbeste ist jetzt.

Der größte Fehler ist nicht, eine falsche Aktie zu kaufen. Der größte Fehler ist, gar keine zu kaufen.

Wenn du weiterhin nichts tust, verlierst du:

- die Chance, Kapital aufzubauen, das für dich arbeitet;
- die Möglichkeit, frei über deine Zeit zu bestimmen;
- das gute Gefühl, die Kontrolle übernommen zu haben.

Ich kann den ersten Klick nicht für dich machen. Ich kann dir nicht die Angst nehmen, wenn dein Depot mal rot ist. Aber ich kann dir garantieren: Wenn du dieses System durchziehst, wirst du dir selbst beweisen, dass es geht.

60 Minuten. 15 Aktien. Einmal pro Jahr.

Mach was draus. Und in zehn Jahren meldest du dich bei mir und erzählst mir deine Erfolgsgeschichte.

Ich freue mich drauf. Also – bleib mutig. Bleib dran.

Dein Mario

KAPITEL 10

R.E.I.C.H. – DIE 5 PRINZIPIEN FÜR LANGFRISTIGEN VERMÖGENSAUFBAU

In den letzten Kapiteln hast du die »Reich in 60 Minuten«-Strategie kennengelernt. Du weißt jetzt, wie sie funktioniert und warum sie funktioniert. Damit du dranbleibst, hier noch mein einfacher Merksatz für dich, basierend auf den fünf klaren Prinzipien, die dich daran erinnern, worauf es wirklich ankommt, wenn du Vermögen aufbauen willst.

Ich nenne diese Prinzipien: R.E.I.C.H.

R = Rational bleiben

Investiere nicht emotional, sondern nach einem klaren System. Keine Panik bei roten Zahlen, kein Hype bei steigenden Kursen. Die Strategie funktioniert, wenn du ruhig bleibst.

E = Einfach umsetzen

Kein kompliziertes Chartlesen oder Markt-Timing. Die »Reich in 60 Minuten«-Strategie ist bewusst so gestaltet, dass du sie ohne Vorwissen umsetzen kannst – einmal pro Jahr.

I = Intelligent streuen

Statt Einzelwetten auf vermeintliche Highflyer setzt du auf 15 starke Unternehmen aus der Top-Liste – gleichgewichtet und breit diversifiziert.

C = Committen und durchziehen

Ein Depot allein bringt dir nichts, wenn du es nach drei Monaten wieder umbaust. Wer dranbleibt, wird belohnt, und zwar nicht durch Glück, sondern durch Disziplin.

H = Halte durch

Auch in schwierigen Marktphasen. Die größten Gewinne entstehen, wenn andere verkaufen. Wer seine Positionen hält, profitiert langfristig vom Zinseszinseffekt.

Investor zu sein heißt nicht, reich zu starten – sondern klüger zu handeln als der Durchschnitt.

KAPITEL 11

DIE HÄUFIGSTEN FRAGEN ZUR »REICH IN 60 MINUTEN«-STRATEGIE

Brauche ich viel Startkapital, um mit der »Reich in 60 Minuten«-Strategie loszulegen?

Nein. Du kannst bereits mit kleinen Beträgen wie 50 oder 100 Euro pro Monat starten. Wichtig ist, dass du beginnst – nicht, wie groß der erste Schritt ist.

Wie viel Zeit kostet mich die Umsetzung wirklich?

Weniger, als du denkst. Nach der ersten Einrichtung brauchst du im Jahr etwa 60 Minuten für Rebalancing und Anpassungen – das war's.

Kann ich auch monatlich investieren oder muss ich alles auf einmal anlegen?

Beides ist möglich. Viele starten mit einer Einmalanlage und besparen dann monatlich per Sparplan – genauso wurde die Strategie auch entwickelt.

Was passiert, wenn die Börse crasht?

Dann bleibst du ruhig. Die »Reich in 60 Minuten«-Strategie ist darauf ausgelegt, Krisen zu überstehen und sogar davon zu profitieren. Panik war noch nie eine gute Anlagestrategie.

Was ist, wenn ich keine Ahnung von Aktien habe?

Perfekt, dann bist du unvoreingenommen. Die Strategie ist so aufgebaut, dass du ohne Vorwissen starten kannst. Du brauchst kein Börsenexperte zu sein, sondern nur die Bereitschaft, Verantwortung zu übernehmen.

Muss ich jedes Jahr die gleichen 15 Aktien behalten?

Nein. Beim jährlichen Rebalancing überprüfst du deine Liste. Aktien, die nicht mehr den Kriterien entsprechen, werden ersetzt – klar strukturiert, ohne emotionale Entscheidungen.

Was, wenn ich schon investiere? Ist die Strategie auch für Fortgeschrittene sinnvoll?

Absolut. Viele Fortgeschrittene nutzen die »Reich in 60 Minuten«-Strategie als solides Kern-Investment, um Ruhe und Struktur in ihr Depot zu bringen. Du musst das Rad nicht neu erfinden – du brauchst eine Strategie, die funktioniert.

Wie sicher ist das Ganze?

Sicherheit gibt es an der Börse nie, aber systematisches Handeln ist sicherer als Zocken oder Bauchgefühl. Wer langfristig investiert, reduziert sein Risiko automatisch.

Kann ich die Strategie auch für mein Kind umsetzen?

Ja – viele Eltern nutzen ein Junior-Depot und investieren monatlich mit der gleichen Strategie. In 18 Jahren können daraus sechsstellige Beträge werden.

Muss ich mich wirklich nur einmal im Jahr mit meinem Depot beschäftigen?

Ja. Genau das ist die Idee. Du brauchst 60 Minuten pro Jahr für dein Rebalancing: Liste checken, Depot prüfen, ein bis zwei Werte gegebenenfalls austauschen – fertig. Der Rest läuft über Automatismen.

Was, wenn der Markt crasht – soll ich dann trotzdem nichts tun?

Richtig. Wenn du dich an die Strategie hältst, brauchst du in Krisen nicht panisch zu reagieren.

Wie finde ich die aktuelle Top-15-Liste?

Die Liste wird regelmäßig aktualisiert und basiert auf objektiven Kriterien. Du bekommst sie über folgenden Link oder, indem du den folgenden QR-Code scannst:

https://marioludemann.com/bonus-reich-in-60-minuten

Und natürlich kannst du jederzeit mit der Anleitung aus diesem Buch auch deine eigene Liste erarbeiten.

Kann ich auch mit kleinen Beträgen starten, zum Beispiel 50 oder 100 Euro?

Absolut. Die Strategie funktioniert unabhängig von der Höhe deines Startkapitals. Je früher du beginnst, desto mehr profitierst du vom Zinseszinseffekt – egal, ob mit 50 oder 500 Euro im Monat.

Was unterscheidet die »Reich in 60 Minuten«-Strategie von anderen Strategien?

Es gibt viele Wege, an der Börse zu investieren. Manche setzen auf Dividenden, andere auf ETFs oder technische Trends. Viele dieser Methoden haben ihre Berechtigung, aber sie sind oft entweder zeitintensiv, kompliziert, teuer oder für emotionale Fehlentscheidungen anfällig. Die »Reich in 60 Minuten«-Strategie ist bewusst so angelegt, dass sie einfach bleibt, ohne oberflächlich zu sein. Sie richtet sich an Menschen, die ein robustes, wachstumsstarkes Depot aufbauen wollen, ohne sich ständig damit beschäftigen zu müssen.

Hier noch mal eine Übersicht für dich über gängige Investmentstrategien[111] und was die »Reich in 60 Minuten«-Strategie anders macht:

1. Dividendenstrategien: Fokus auf regelmäßige Ausschüttungen.

Nachteil: Verzicht auf Kurswachstum, oft stagnierende Unternehmen.
»Reich in 60 Minuten«-Strategie: Setzt auf langfristiges Wachstum durch Kurssteigerung – für echten Vermögensaufbau.

---

111 Alle diese Strategien haben ihre Daseinsberechtigung. Ich empfehle nur das, was ich selbst getestet und für gut befunden habe. In diesem Buch geht es um eine einfache Methode für Menschen, die sich nicht täglich stundenlang mit ihren Investments beschäftigen wollen.

2. Daytrading: Kauf und Verkauf innerhalb eines Tages.
Nachteil: Hoher Stress, emotionale Fehler, Zeitaufwand, hohe Kosten.
»Reich in 60 Minuten«-Strategie: Einmal pro Jahr investieren, dann in Ruhe laufen lassen – kein tägliches Handeln.

3. Robo-Advisors: Automatisierte ETF-Vermögensverwaltung.
Nachteil: Hohe laufende Kosten, wenig Individualisierung, kaum Outperformance.[112]
»Reich in 60 Minuten«-Strategie: Du behältst die Kontrolle, wählst gezielt die Top-Aktien aus – ohne unnötige Gebühren.

4. Value Investing: Kauf unterbewerteter Unternehmen.
Nachteil: Erfordert tiefes Bilanzwissen und viel Geduld, die Bewertung ist unsicher.
»Reich in 60 Minuten«-Strategie: Nutzt reale Marktperformance als Entscheidungskriterium – keine spekulativen Hoffnungen.

5. ETF-Breitenstreuung: Weltweit gestreut in ETFs investieren.
Nachteil: Durchschnittliche Rendite, auch schwache Unternehmen im Portfolio.
»Reich in 60 Minuten«-Strategie: Fokussiert auf die stärksten 15 Aktien der Welt – gezielte Auswahl statt Gießkanne.

6. Trendfolgestrategien: Investieren auf Basis technischer Indikatoren.
Nachteil: Komplexe Tools, viel Aktivität nötig.
»Reich in 60 Minuten«-Strategie: Kein Chart-Studium, sondern klare, nachvollziehbare Kriterien – basierend auf Profis.

---

112 Outperformance bedeutet, dass eine Anlage besser abschneidet als ihr Vergleichsmaßstab (z. B. ein Index oder die durchschnittliche Marktrendite)

7. Growth-Investing: Setzt auf Wachstumswerte mit viel Fantasie.
Nachteil: Hohes Risiko bei Überbewertung und Hypes.
»Reich in 60 Minuten«-Strategie: Performance statt Fantasie – nur Titel mit nachweislicher Stärke kommen in die Auswahl.

8. Buy and Hold: Einmal kaufen, ewig halten.
Nachteil: Keine Anpassung an Veränderungen, veraltete Portfolios.
»Reich in 60 Minuten«-Strategie: Einmal jährlich neu ausrichten – bewusst und fokussiert.

Fazit:
Viele dieser Methoden funktionieren, wenn du Zeit, Nerven und Wissen mitbringst. Die »Reich in 60 Minuten«-Strategie ist der Gegenentwurf, denn sie ist einfach und klar. Und sehr effektiv. Du handelst nur einmal im Jahr mit dem Wissen der Besten im Rücken.

Wie viel Zeit brauche ich am Anfang zur Einrichtung?
Rechne mit ein bis zwei Stunden zum Einrichten deines Depots, Verstehen des Systems und dem ersten Kauf. Danach: 60 Minuten im Jahr. Kein Dauerstress, kein Rumoptimieren.

Was passiert, wenn ich doch mal emotional reagiere oder vom Plan abweiche?
Dann komm zurück zum System. Fehler passieren. Entscheidend ist, dass du dich wieder ausrichtest. Das Manifest (siehe voriges Kapitel) hilft dir, die innere Haltung zu stärken.

Ist diese Strategie wirklich für Anfänger geeignet?
Ja – gerade für Anfänger. Die Strategie wurde so entwickelt, dass du kein Börsenprofi sein musst. Alles ist Schritt für Schritt erklärt. Du brauchst nur eines: die Entscheidung, wirklich loszulegen.

ANHANG

PROFI-WISSEN FÜR DICH

CONVICTION WEIGHTING – DIE METHODE FÜR FORTGESCHRITTENE

Bei der »Reich in 60 Minuten«-Strategie arbeitest du erst einmal mit der Equal-Weight-Methode. Das ist für Einsteiger einfach und stressfrei. Conviction Weighting ist dagegen die Profi-Variante: Hier bekommen Aktien mehr Gewicht, je stärker sie von den Superinvestoren gehalten werden.

So funktioniert Conviction Weighting:

→ Du schaust dir an, welche Aktien unsere Top-Investoren halten.
→ Du zählst, wie oft eine Aktie bei den Superinvestoren auftaucht.
→ Je häufiger eine Aktie vertreten ist, desto mehr Gewicht gibst du ihr in deinem Depot.

Beispiel:

- Microsoft taucht bei zehn Superinvestoren auf → höchstes Gewicht
- Alphabet bei neun → zweithöchstes Gewicht
- Meta bei acht → dritthöchstes Gewicht
- ... und so weiter, bis du 15 Aktien zusammenhast.

Das Ergebnis ist eine Rangliste, bei der die »Lieblingsaktien« der erfolgreichsten Investoren automatisch den größten Anteil in deinem Depot haben. Mehr Überzeugung = mehr Gewicht.

Wenn du die Conviction-Methode anwenden möchtest, brauchst du also eine Übersicht, welche der zehn Superinvestoren welche Aktien halten. Aus der Häufigkeit ergibt sich dann die Gewichtung[113], die wie folgt aussieht:

Conviction Weighting

Aktien Rangliste	Gewichtung
1	10 %
2	9 %
3	8 %
4	8 %
5	7 %
6	7 %
7	7 %
8	6 %
9	6 %
10	6 %
11	6 %
12	5 %
13	5 %
14	5 %
15	5 %

113 Wir verwenden hier bewusst eine vereinfachte Gewichtung. Es ist auch möglich, die Gewichtung ganz exakt zu berechnen, diese Methode ist jedoch sehr aufwendig, deshalb gehen wir in diesem Buch nicht näher darauf ein.

Die Vorteile von Conviction Weighting:

- Du nutzt die kollektive Überzeugung der besten Investoren der Welt.
- Dein Kapital fließt automatisch in die Aktien mit der größten Zustimmung.
- Potenzial für höhere Renditen, wenn du es sauber umsetzt.

Hier einige interessante Zahlen für dich:

- Equal Weight mit 10 Investoren: 14,35 %
- Equal Weight mit 144 Investoren: 15,13 %
- Conviction Weight mit 10 Investoren: 14,40 %
- Conviction Weight mit 144 Investoren: 15,88 %

Nachteile:

- Etwas höherer Aufwand in der Datenerhebung.
- Etwas höheres Risiko: Wenn eine »Top-Aktie« abstürzt, trifft es dein Depot stärker.

Meine Empfehlung: Starte mit Equal Weight – das ist einfach, stabil und hat sich über Jahrzehnte bewährt. Wenn du irgendwann tiefer einsteigen willst, kannst du mit Conviction Weighting arbeiten. Oder du machst es dir noch einfacher: Wir bei Lüddemann Investments haben dir bereits die fertige Liste erstellt, die schon nach Conviction aufgebaut ist und zudem nicht nur die Daten von 10 oder 15, sondern von 144 Top-Investoren enthält. Wenn du willst, kannst du diese Liste nutzen – das spart dir Zeit, Nerven und Fehler. Lade sie hier herunter:

https://marioludddemann.com/bonus-reich-in-60-minuten

REBALANCING MIT DER CONVICTION-METHODE

Damit du immer von den aktuellsten Top-Picks der Top-Investoren profitierst, musst du dein Depot einmal jährlich ausgleichen, genauso wie du es auch bei der Equal-Weight-Methode machst. Und genauso wie bei der Equal-Weight-Methode musst du dafür identifizieren, welche Aktien nicht mehr in deinem Depot verbleiben und welche du dafür kaufst oder nachkaufst. Das entsprechende Rebalancing führst du einmal im Jahr durch, nur eben nicht zu gleichen Teilen je Aktie, sondern mit der obigen Gewichtung.

Warum Rebalancing so wichtig ist

Mit der Zeit entwickeln sich Aktien unterschiedlich. Eventuell gibt es auch Aktien, die die Top-Investoren nicht mehr in ihren Portfolios haben, die du verkaufen musst. Ohne regelmäßiges Rebalancing würde dein Depot irgendwann ein verzerrtes Risikoprofil haben. Du hättest zu viel Kapital in den Gewinnern und zu wenig in den Nachzüglern oder gar Aktien, in die du gar nicht mehr investieren solltest. Einmal pro Jahr nach der Conviction-Verteilung zu rebalancieren, hält deine Strategie konsequent und logisch.

Beispiel: Rebalancing mit neuen Aktien im Depot (Conviction-Methode oder Lüddemann-Liste)

- **Neue Conviction-Daten prüfen:** Welche Aktien kommen neu in die Top 15, welche fallen raus?
- **Nicht mehr vertretene Aktien verkaufen:** Das schafft Liquidität.
- **Bestehende Positionen ausgleichen:** Übergewichtete Aktien werden teilweise reduziert, untergewichtete gegebenenfalls aufgestockt.

- Neue Aktien mit Sollgewicht kaufen: Frei gewordene Liquidität umsetzen.
- **Gesamt prüfen:** Summe aller Positionen = 100 Prozent.

Ergebnis

Nach dem Rebalancing enthält dein Depot jetzt die neuesten Favoriten der Superinvestoren. Dein Kapital ist damit wieder optimal verteilt – mehr Gewicht für die Überzeugungstitel, aber trotzdem breit gestreut.

BEISPIEL: REBALANCING IN ZAHLEN

Zuerst einmal ermittelst du die Aktien, die in dein Depot sollen, hier siehst du eine Rangliste (Aktien nur beispielhaft zur besseren Erläuterung).

Ausgangssituation:

Gesamtwert deines Depots: **30.000 Euro**
Die Sollverteilung wäre also wie folgt:

Rebalancing in Zahlen (Sollverteilung)

Rang	Aktie	Gewichtung	Sollwert
1	Microsoft	10 %	3.000 €
2	Alphabet	9 %	2.700 €
3	Meta	8 %	2.400 €
4	Amazon	8 %	2.400 €
5	Visa	7 %	2.100 €
6	Johnson & Johnson	7 %	2.100 €
7	Berkshire Hathaway	7 %	2.100 €
8	ASML	6 %	1.800 €
9	LVMH	6 %	1.800 €
10	Nestlé	6 %	1.800 €
11	Apple	6 %	1.800 €
12	Nvidia	5 %	1.500 €
13	Unilever	5 %	1.500 €
14	Procter & Gamble	5 %	1.500 €
15	Novo Nordisk	5 %	1.500 €
Gesamt		**100 %**	**30.000 €**

So geht es weiter:

Ein Jahr ist vergangen. Du nutzt deine eigene Liste oder die Lüddemann-Liste, die jährlich auf Basis der aktualisierten Superinvestoren-Daten angepasst wird. Zwei neue Unternehmen schaffen es in die Top 15: Eli Lilly (wegen starkem Momentum im Pharmasektor) und Adobe (aufgrund stabiler Gewinne im KI-Bereich).

Dafür fliegen **Unilever** und **Procter & Gamble** aus der Liste heraus, weil sie bei den Superinvestoren an Bedeutung verloren haben.

Dein Depotwert beträgt immer noch 30.000 Euro, es war kein gutes Börsenjahr, aber du hast auch keine Verluste gemacht. Deine aktuelle Zielgewichtung bleibt bestehen:

Rebalancing in Zahlen (Sollverteilung)

Rang	Aktie	Gewichtung	Sollwert
1	Microsoft	10 %	3.000 €
2	Alphabet	9 %	2.700 €
3	Meta	8 %	2.400 €
4	Amazon	8 %	2.400 €
5	Visa	7 %	2.100 €
6	Johnson & Johnson	7 %	2.100 €
7	Berkshire Hathaway	7 %	2.100 €
8	ASML	6 %	1.800 €
9	LVMH	6 %	1.800 €
10	Nestlé	6 %	1.800 €
11	Apple	6 %	1.800 €
12	Nvidia	5 %	1.500 €
13	Novo Nordisk	5 %	1.500 €
14	Eli Lilly (neu)	5 %	1.500 €
15	Adobe (neu)	5 %	1.500 €
Gesamt		**100 %**	**30.000 €**

So sah dein Depot in Zahlen vor dem Rebalancing aus

Rebalancing in Zahlen (Istzustand)

Rang	**Aktie**	**Aktueller Wert**	**Status**
1	Microsoft	3.600 €	bleibt
2	Alphabet	2.700 €	bleibt
3	Meta	2.200 €	bleibt
4	Amazon	2.100 €	bleibt
5	Visa	2.000 €	bleibt
6	Johnson & Johnson	1.800 €	bleibt
7	Berkshire Hathaway	2.300 €	bleibt
8	ASML	1.600 €	bleibt
9	LVMH	1.900 €	bleibt
10	Nestlé	1.700 €	bleibt
11	Apple	2.400 €	bleibt
12	Nvidia	1.600 €	bleibt
13	Novo Nordisk	1.200 €	bleibt
14	*Unilever*	1.500 €	*verkaufen*
15	*Procter & Gamble*	1.400 €	*verkaufen*
Gesamt		**30.000 €**	

Nun gilt es noch die Aktien, die im Depot verbleiben, einem Rebalancing zu unterziehen. Aktien, die gut gelaufen sind, müssen entsprechend der Gewichtung durch Teilverkäufe angepasst werden und Aktien, die einen Buchverlust vorweisen, sollten aufgestockt werden. Die Verkäufe von **Unilever (1500 Euro)** und **Procter & Gamble (1400 Euro)** bringen dir **2900 Euro** Kapital für neue Aktien.

Neue Aktien in der Liste

Mit dem freigewordenen Kapital kaufst du die beiden neuen Aktien ein:

Neuaufnahme

Neue Aktie	Gewichtung	Sollwert	Aktion
Eli Lilly	5 %	1.500 €	Neuaufnahme
Adobe	5 %	1.500 €	Neuaufnahme

Damit ist dein Depot wieder vollständig und auf dem neuesten Stand.

Überprüfung des gesamten Depots nach dem Rebalancing

Überprüfung des Depots nach Rebalancing

Aktie	**Soll-Gewichtung**	**Ist-Wert**	**Soll-Wert**	**Aktion**
Microsoft	10 %	3.600 €	3.000 €	–600 € verkaufen
Alphabet	9 %	2.700 €	2.700 €	unverändert
Meta	8 %	2.200 €	2.400 €	+200 € aufstocken
Amazon	8 %	2.100 €	2.400 €	+300 € aufstocken
Visa	7 %	2.000 €	2.100 €	+100 € aufstocken
Johnson & Johnson	7 %	1.800 €	2.100 €	+300 € aufstocken
Berkshire Hathaway	7 %	2.300 €	2.100 €	–200 € verkaufen
ASML	6 %	1.600 €	1.800 €	+200 € aufstocken
LVMH	6 %	1.900 €	1.800 €	–100 € verkaufen
Nestlé	6 %	1.700 €	1.800 €	+100 € aufstocken
Apple	6 %	2.400 €	1.800 €	–600 € verkaufen
Nvidia	5 %	1.600 €	1.500 €	–100 € verkaufen
Novo Nordisk	5 %	1.200 €	1.500 €	+300 € aufstocken
Eli Lilly (neu)	5 %	0 €	1.500 €	neu kaufen
Adobe (neu)	5 %	0 €	1.500 €	neu kaufen
Gesamt		**27.100 €**	**30.000 €**	

Ergebnis

Nach dem Rebalancing enthält dein Depot wieder die 15 Top-Aktien der aktuellen Lüddemann-Liste. Die Gewichtung bleibt systematisch, du bist auf dem neuesten Stand und hast die neuen Trends der Superinvestoren (zum Beispiel KI und Pharma) automatisch integriert.

Mit dieser Methode bleibst du voll investiert, aber immer aktuell – ganz ohne Bauchentscheidungen. Das Rebalancing nach der Conviction Methode sorgt dafür, dass dein Kapital dorthin fließt, wo die Profis gerade das meiste Vertrauen haben.

BONUS: DIESE PLATTFORMEN ERLEICHTERN DIR DIE ARBEIT

Dieses Kapitel ist ein Sonder-Bonus für dich, wenn du einen Blick hinter die Kulissen wagen möchtest oder nicht mit den Daten aus der 13F-Liste oder der Lüddemann-Liste arbeiten möchtest.

Ganz wichtig vorweg: Du brauchst die Plattformen, die ich dir nachfolgend weiter vorstellen möchte, nicht, um die »Reich in 60 Minuten«-Strategie erfolgreich umzusetzen. Du kannst komplett ohne sie arbeiten.

Du hast bereits alles, was du wirklich brauchst:

- die öffentlichen 13F-Daten (EDGAR)
- und die kostenlose Lüddemann-Liste, die dir bereits eine enorme Vorarbeit abnimmt und den gesamten Prozess stark vereinfacht.

Wenn du also lieber der klaren Strategie folgst, kannst du dieses Kapitel problemlos überspringen, ohne etwas zu verpassen.

Wenn du aber gern selbst recherchierst, vergleichst oder einfach ein besseres Gefühl für die Mechanik hinter den Zahlen entwickeln willst, dann können dir spezialisierte Plattformen die Arbeit erleichtern.

Zwei davon stelle ich dir im Folgenden vor.

WHALEWISDOM

WhaleWisdom ist eine Plattform, die sich darauf fokussiert, Investoren und Händlern Transparenz darüber zu geben, was große institutionelle Investoren und Hedgefonds in ihren Portfolios halten.

Hauptfunktionen von WhaleWisdom:

- **13F-Holdings-Daten:** Zeigt vierteljährliche SEC-Formulare (13F), in denen große Investoren ihre Aktienpositionen offenlegen müssen.
- **Portfolioübersichten:** Du siehst, welche Aktien ein bestimmter Investor hält, wie stark die Position ist und wie sie sich über die Zeit verändert hat.
- **Ranglisten & Überschneidungen:** Du kannst analysieren, welche Aktien von vielen Investoren gleichzeitig gehalten werden – also die »gemeinsamen Favoriten«.
- **Performance- und Statistikanalyse:** Charts und Kennzahlen für Portfolios, Positionen, Konzentrationen etc.
- **Alerts / Benachrichtigungen:** Du kannst Aktien oder Fonds beobachten und wirst informiert, wenn sich etwas Grundlegendes ändert.

Warum ist WhaleWisdom ideal für die »Reich in 60 Minuten«-Strategie?

1. **Zugriff auf institutionelle Daten:** Durch geeignete Nutzung der 13F-Daten bekommst du Einblick in die Entscheidungen der großen Player, ohne dass du selbst in teure Tools investieren musst.
2. **Schnittmengenanalyse leicht gemacht:** Da das Herzstück deiner Strategie auf Überschneidungen beruht (welche Aktien von mehreren Top-Investoren gehalten werden), bietet WhaleWisdom genau das Werkzeug, um solche Schnittmengen schnell zu identifizieren.

3. **Historie und Trends sichtbar machen:** Du siehst nicht nur aktuelle Positionen, sondern auch, wie sich diese über Quartale entwickeln – ob Investoren einsteigen, aufstocken oder aussteigen.
4. **Zeit sparen, Fehler vermeiden:** Anstatt jede 13F-Datei manuell zu durchsuchen und zu vergleichen, liefert WhaleWisdom dir strukturierte Daten und Filteroptionen – perfekt für eine Strategie, die in kurzer Zeit (60 Minuten im Jahr) umsetzbar sein will.
5. **Bestätigung statt Raten:** Wenn deine eigene Analyse mit den Daten vieler institutioneller Investoren übereinstimmt, bekommst du zusätzliche Sicherheit – du investierst nicht allein mit Bauchgefühl, sondern mit kollektiver Verifikation.

DATAROMA – DER EINFACHE EINSTIEG IN DIE WELT DER SUPERINVESTOREN

Dataroma ist eine frei zugängliche Website, die sich darauf spezialisiert hat, die Anlagestrategien der bekanntesten US-Investoren übersichtlich und verständlich aufzubereiten. Die Plattform sammelt die offiziellen 13F-Daten der SEC (Securities and Exchange Commission) und stellt sie in einem benutzerfreundlichen Format dar – komplett kostenlos und ohne Registrierung.

Während die Rohdaten auf der SEC-Seite (EDGAR) eher technisch und unübersichtlich wirken, bietet Dataroma eine visuelle und intuitive Darstellung. Dadurch kannst du mit wenigen Klicks sehen, welche Aktien die erfolgreichsten Fondsmanager aktuell halten, kaufen oder verkaufen.

Hauptfunktionen von Dataroma

- **Top Holdings der Superinvestoren**: Du siehst auf einen Blick die größten Positionen von Legenden wie Warren Buffett, Bill Ackman oder Mohnish Pabrai.

- **Kauf- und Verkaufsaktivitäten**: Neben der reinen Auflistung der Bestände zeigt Dataroma auch neue Käufe, Aufstockungen oder Verkäufe der jeweiligen Investoren. Das ist besonders hilfreich, wenn du nachvollziehen willst, welche Ideen aktuell neu in den Portfolios auftauchen.

- **Aktien-Überschneidungen (»Stock Intersection«):** Unter dem Menüpunkt »*Grand Portfolio*« kannst du erkennen, welche Aktien besonders häufig in den Portfolios der Top-Investoren vorkommen – also genau die Schnittmenge, auf der die »Reich in 60 Minuten«-Strategie aufbaut.

- **Tracking der Portfolioveränderungen über Zeit:** Dataroma archiviert mehrere Jahre an 13F-Daten. Du kannst also auch historisch sehen, wie sich die Gewichtung und Zusammensetzung der Portfolios verändert hat.

- **Marktwert- und Prozentangaben:** Für jede Aktie werden der prozentuale Anteil am Gesamtportfolio und der geschätzte Marktwert angezeigt. So erkennst du schnell, welche Positionen Kerninvestments sind und welche nur kleine Beimischungen.

Warum Dataroma ideal für die »Reich in 60 Minuten«-Strategie ist

1. **Kostenlos und einsteigerfreundlich**
   Kein Account, keine Gebühren – du kannst sofort starten. Ideal für alle, die die Methode ohne großen Aufwand umsetzen wollen.

2. **Klares visuelles Layout**
   Im Gegensatz zur SEC-Seite (EDGAR) ist Dataroma intuitiv aufgebaut. Alles Wesentliche – Investoren, Aktien, Gewichtungen – ist in Sekunden sichtbar.

3. **Schneller Überblick über die Schnittmengen**
   Du kannst direkt prüfen, welche Aktien mehrfach bei verschiedenen Superinvestoren auftauchen – der Kernschritt deiner Strategie.

4. **Zeitersparnis**
   Statt sich mühsam durch 13F-Berichte zu klicken, bekommst du auf Dataroma die fertig aufbereiteten Kerninformationen – sortierbar nach Investor, Aktie, Marktwert oder Gewichtung.

5. **Keine Fachkenntnisse nötig**
   Dataroma übersetzt komplexe Finanzberichte in eine leicht lesbare Tabellenform – perfekt für alle, die ein professionelles Ergebnis wollen, ohne Excel-Profi zu sein.

Typischer Workflow für deine Strategie

1. Website öffnen: www.dataroma.com
2. Menü »Superinvestors« → gewünschten Investor auswählen (zum Beispiel Warren Buffett / Berkshire Hathaway).
3. Top Holdings prüfen: Sieh dir die 15 größten Positionen an – Ticker, Unternehmensname, Anteil am Portfolio.
4. Notieren oder exportieren: Trage sie in deine Liste ein.
5. Vergleiche mehrere Investoren: Prüfe, welche Aktien mehrfach auftauchen.
6. Leite deine eigenen Top 15 ab oder nutze direkt die aktualisierte Liste von Lüddemann Investments für eine noch breitere Basis (144 Top-Investoren).

FAZIT ZU DEN PLATTFORMEN

Alle Plattformen haben ihre Berechtigung – je nachdem, wie tief du einsteigen willst:

- Dataroma ist der beste Einstiegspunkt: einfach, übersichtlich und kostenlos.
- WhaleWisdom liefert Profi-Tiefe, ideal für alle, die mit der Conviction-Methode arbeiten oder eigene Analysen erstellen wollen.

HIER NOCH EINMAL EIN VERGLEICH FÜR DICH:

	whalewisdom.com	**dataroma.com**
Beschreibung	Umfassende Profi-Datenbank für 13F Filings mit tiefen Analysetools. Zeigt Portfolios, Gewichtungen, Veränderungen und Performancevergleiche	Kostenlose, institutive Plattform mit den Portfolios der bekannten US-Superinvestoren, inkl. Käufe, Verkäufe und Überlappungen
Stärken	• Sehr detailliert • Exportfunktion (CSV, Excel) • Vergleich von Fonds, Backtests, Visualisierungen • Ideal für Conviction-Analysen	• Kostenlos & ohne Login • Sehr übersichtlich • »Superinvestor Overlap« zeigt Aktien mit größter Schnittmenge • Ideal zum schnellen Überblick
Schwächen	• Etwas komplizierter in der Bedienung • Teilweise englische Fachbegriffe • Einige Funktionen nur mit kostenpflichtigem Account	• Keine Exportfunktion • Weniger Fonds als WhaleWisdom • Daten leicht verzögert
Ideal für	Fortgeschrittene Anwender, die tiefer einsteigen möchten	Einsteiger und Umsetzer, die visuell arbeiten möchten
Nutzen für die »Reich in 60 Minuten«-Strategie	Zeigt nicht nur, was die Top-Investoren hatten, sondern wie stark sie überzeugt sind. Ideal, um Conviction- und Equal-Weight-Strategien sauber aufsetzen.	Perfekt, um in wenigen Minuten die meistgehaltene Aktien der besten Investoren zu erkennen. Optimaler Startpunkt für deine jährliche Top-15-Liste.

Diese Plattformen sind die Abkürzung. Sie ersparen dir stundenlange Recherchen in den Originaldaten der SEC und machen das, was sonst nur Analysten-Teams leisten könnten, für dich nutzbar – schnell, übersichtlich und verständlich. Mit Dataroma und WhaleWisdom hast du alle Werkzeuge, um die »Reich in 60 Minuten«-Strategie umzusetzen. Du siehst auf einen Blick, welche Aktien von den besten Investoren der Welt gerade gehalten oder neu gekauft werden, und kannst daraus deine eigene Top-15-Liste ableiten.

Die offiziellen SEC-Daten aus der EDGAR-Datenbank bilden zwar die Grundlage aller dieser Plattformen, doch sie sind eher etwas für Fortgeschrittene, die tiefer einsteigen oder die Angaben eigenständig überprüfen möchten. Wenn du allerdings einfach, schnell und klar arbeiten willst, sind Dataroma oder WhaleWisdom deine Abkürzung und damit der direkte Weg zu den wichtigsten Informationen, die du wirklich brauchst, um fundierte Investmententscheidungen zu treffen.

ÜBER DEN AUTOR

Mario Lüddemann startete 1996 mit nur 5000 D-Mark Startkapital als privater Börsenhändler auf dem deutschen Aktienmarkt. Innerhalb von nur fünf Jahren gelang es ihm, als Daytrader an den deutschen Finanzmärkten eine Million D-Mark Gewinn zu erzielen.

Seit 2002 hat der Börsenprofi über 66.000 Trades mit einem Handelsvolumen von mehr als 1 Milliarde Euro umgesetzt. Heute ist Mario Lüddemann finanziell unabhängig.

Als Portfoliomanager, Finanzanalyst sowie Buchautor und hochschulzertifizierter Managementtrainer ist Mario Lüddemann einer der bekanntesten Investment- und Trading-Coaches in Deutschland. Seine Vorträge zum Thema »Kleines Konto groß traden« erreichten bisher mehr als 1,3 Millionen Menschen. In den Jahren 2020 und 2021 wurde er mit dem Black Bull Award als »Trader des Jahres« ausgezeichnet.

Mario Lüddemann hat bereits Tausenden von Menschen dabei geholfen, höhere Renditen zu erzielen und ihren Weg in die finanzielle Unabhängigkeit erfolgreich zu beschreiten.

Mehr Informationen zum Autor: www.mariolueddemann.com